同域与异乡

近代日本作家笔下的中国图像

徐静波 著

社会科学文献出版社
SOCIAL SCIENCES ACADEMIC PRESS (CHINA)

著者前记

1. 本书主要依据日文文献，选取了七位日本近代作家，对他们与中国的关系进行了论述。考察的重点是：这些日本人因何机缘与中国发生关系；他们是如何体验中国的；他们是如何表现中国的。本书同时非常关注他们的中国体验在近代中日关系史上的意义。

2. 本书所选取的七位作家，有半数以上在国内尚未被充分研究，尤其是他们与中国的关系。希望本书的出版能够引起读书界对他们的关注。本书设定的年代是1918~1945年，即基本上是日本的大正时期和昭和前期，因考虑到叙述的完整性，少部分内容也涉及1945年以后。

3. 本书所考察和分析的对象大部分是文学作品，但是本书的重点并不在文学研究。之所以选取了作家，是笔者认为他们在一定程度上扮演了舆论领袖的角色，他们的作品大都发表在日本最有影响的报刊上或以单行本的形式出版，他们对于中国的认知与同时代日本人对中国的认识和相关舆论是互为因果的关系，或者说他们在一定程度上左右了同时代乃至下一代日本人的相关认识，因而其言论具有典型的意义。这些文学作品，在笔者的眼中只是历史文本，笔者试图通过这些文本来寻找出其思想史上的意义。

4. 本书所引述的日文文献，除极少数原文为汉文（书中均有注明）外，均由笔者直接译自日文原文，译文若有错讹，理应由笔者负责。为保持历史的脉络和原貌，笔者对近代日本人对中国的称呼（比如"支那"）等，一般保持原来的汉字表述，不做更改。关于日本人使用"支那"的来龙去脉，日本历史学家佐藤三郎做过比较详尽的考察，请参阅拙译《近代日中交涉史研究》（上海人民出版社，2013）的第二章"对日本人称中国为'支那'的考察"。一般而言，二战之前，日本朝野对中国多用"支那"指称。明治中期以后，此词逐渐带有贬义色彩。侵华战争期间，在与汪伪政府方面签署的文件中，日方称中国为"中华"或"华"，但在大多数场合仍用"支那"。二战后因中国方面的强烈反应，日本于1946年6月13日，分别以外务次官和外务省总务局长的名义发布了《有关避免支那称呼的通知》《有关中华民国称呼的通知》两份文件。根据这两份官方文件，在广播、出版物中停止使用"支那"一词，而改称"中国"，相关机构的名称也做了相应变更。本书所引用的日文文献中，二战之前大抵都用"支那"，偶尔也会将"支那""中华""中国"等混用，引述时，一仍其旧，以保持历史的轨迹。另，明治时期的文献大都留有日语"文语"的痕迹，除原文为明显的口语文外，一般用浅近的文言译出；明治以后的文献，原则上用语文体译出。为便于读者查对原文，注释中的日语文献名均用原文表示。

5. 本书出现的重要日本人名，一般后面标注生卒年，欧美人名，后标注西文原名；中国人名，除少数比较冷僻者外，一般不标注生卒年。

2020年2月

目　　录

第一章　飘移的他者：近代百年日本知识人眼中的中国 / 1
　一　江户时期：从仰视到平视与蔑视 / 2
　二　明治中前期："脱亚"与"兴亚"视野下的中国 / 9
　三　明治后期：武力加持下的国族优劣观 / 16
　四　大正时期：对中国革命和民族主义的回应 / 23
　五　尾崎秀实：昭和时代的异数 / 29

第二章　谷崎润一郎的中国情结和中国意象 / 37
　一　谷崎的中国因缘：古典文化、美食、旅行 / 38
　二　谷崎与中国文坛的交往 / 48
　三　谷崎笔下的中国：亲切的他者 / 64

第三章　从古典到现实：芥川龙之介的中国印象 / 86
　一　古典中国的爱好者 / 87
　二　1921年的中国之行 / 92
　三　从熟识到陌生 / 97

第四章　村松梢风："魔都"意象的制造者 / 120
　一　初到上海，怆然涕下 / 122
　二　沪上文化界、政界印象 / 131

三　"魔都"欲海浮世绘 / 141
　　四　从赞美中国到与日本当局同调 / 149

第五章　金子光晴：不被时代吞没的冷静观察者 / 167
　　一　与中国文艺界的交往 / 170
　　二　上海的大欢喜与大悲哀 / 190
　　三　历经兵燹的旧时江南 / 196
　　四　战时姿态：冷眼旁观，孤军奋战 / 204

第六章　旅华十年，终是过客：草野心平对中国的
　　　　了解与误解 / 216
　　一　广州：诗、青春、远方和沙基惨案 / 217
　　二　卢沟桥事变：一把刀扎进身体 / 232
　　三　汪伪政权的文化官员 / 242

第七章　阿部知二：从北平到上海 / 265
　　一　无产阶级意识与玫瑰花 / 265
　　二　古都印象：闲静中酝酿着风暴 / 270
　　三　三心二意的日军"文化使节" / 277
　　四　大上海的好男好女 / 294
　　五　从自由主义到社会主义：阿部的战后左转 / 321

第八章　他山之石，彼岸之花：武田泰淳的中国认知 / 329
　　一　在战争中听司马迁时代的回响 / 332
　　二　在上海经历战败 / 341
　　三　写不尽的上海 / 348
　　四　以"人间性"概括中国文化 / 365

后　记 / 386

第一章　飘移的他者：近代百年日本知识人眼中的中国

从既有的日本文献可知，对于日本人而言，大海西面的中国始终是一个巨大的存在。在日本的文明进程中，中国也始终是一个极其重要的参照系，它关系到日本自身的生存和发展，因而对于中国的认知与日本自身的命运紧密相关。近代以后，随着欧美的强势崛起以及在西力东渐下中国的渐趋衰退，中国的存在意义发生了戏剧性的变化，但仍在一定意义上左右着日本近代的命运。因而，无论朝野，对中国的观察、审视和评论，在日本人对自我与他者的认知上始终占据十分重要的位置。尔后日本当局制定的对华政策，也都基于在朝野中占主流地位的对华认知。

本书中所论述的七位日本作家，他们与中国发生因缘及试图描绘的中国图像，大抵在日本大正至昭和前期（1910～1940年代），这一时期甚至再往前的一个时期日本社会的对华认知，一定会在有形无形中对他们的中国认识产生了相当的影响。同时，他们所描绘的中国图像又构成了日本社会新的对华认知。换言之，这些作家既是日本社会既有的对华认知的接受者，又是新的中国认知的创造者。就像近代日本人的对华认知并不是一个整齐划一的单色面一样,本书中论述的七位作家,因他们的年龄、所处时代、个人体验、立场和视角的不同,所描绘的中国图像也不是一个单面体。然而一个共同点是,他们都是日本人,他们在观察中国、描绘中国的时候,日本人的意识始终潜藏于他们的血肉中;在他们观察中国时,日本始终是一个无法不在场的参照系。这种个人的差异性与潜意识中身份认同的统一性,正是笔者展开这一研究的兴趣点,或者说是这一主题的价值所在。

在论述这些作家的中国图像之前,笔者想先对这一时期或稍早的日本社会的对华认知做一个概述,以寻求这些作家形成中国图像的背景元素,并试图从日本对华认知的流变中来考察他们所描绘的中国图像的意义。

一 江户时期:从仰视到平视与蔑视

自江户时代初期的1620年代前后开始,为防御基督教势力在日本的蔓延,幕府当局逐渐推行锁国政策。除了在长崎一隅设立与外界隔离的荷兰商馆和"唐人屋敷"分别与荷兰人和中国人做有限的贸易之外,几乎断绝了与海外的联系。但此时,利玛窦等1602年在北京刊刻的《坤舆万国全图》已经传到日本。通过西洋的传教士,大航海时代以后西方人关于世界地理的知识也在一定程度上传到了日本。此外,也有一部分日本商船越洋到东南亚做贸易。所有这一切都突破了早年中国人编制的"华夷"世界的图像。儒学家出身的新井白石在1713年完成了《采览异言》。这部书主要参照了利玛窦的《坤舆万国全图》,地名的标注基本上沿袭了利玛窦的汉译名,同时参

第一章　飘移的他者：近代百年日本知识人眼中的中国

考了由荷兰商人传入的其他各类世界地图。全书分为五卷，分别是欧罗巴、利未亚（非洲）、亚细亚、南亚墨利加（南美）、北亚墨利加（北美），体系比较完整。多年以后的1803年，兰学家山村昌永根据所获得的最新知识对这部书进行了大幅度的增补，完成了《订正增译采览异言》，篇幅是原著的十倍左右。新井白石还撰有《西洋纪闻》，这是根据对1708年悄悄潜入日本的意大利传教士乔万尼·西多契进行的秘密采访（其时德川幕府已经采取了严厉的锁国政策）整理而成的，后来广为流布。1720年，德川幕府解除了对宗教、思想之外的西洋书籍的禁令，以荷兰文为媒介的西方书籍便在日本渐次传播开来。在此基础上兴起了学习研究西方科学的所谓兰学，出现了诸如志筑忠雄编译的《万国管窥》(1802)、箕作省吾编译的《坤舆图识》(1845)等关于世界地理的一批代表性著作。

在这些书刊中，日本人表现出了对外部世界的新认识，对中国的看法也发生了变化。虽然在大航海时代以后的江户时代，中国依然是一个非常受日本人尊敬甚至是憧憬的国家，朱子学在很长的时间里是幕府的主流意识形态之一，但细细考察日本的地理著作中对中国的描述，并且考虑到江户中期后出现的影响甚大的本居宣长等的"国学派"（主张回归日本古典、摈斥外来的儒学和佛教）思想，中国在日本人心目中的地位以及日本人对中国的认识都发生了很微妙的变化。虽然利玛窦的《坤舆万国全图》使日本人看到他们一直视为宏大无比的中华帝国实际上只是更为广大的全球的一部分，但在江户初期的日本人心中，多少还有中华中心的思想。在《采览异言》中，包括中国在内的亚洲部分的内容缩减到了42%，后来的增订版更是降到了 31%，叙述的重心逐渐移到了欧美，且对中国的称谓从原本的"中华"改成了"支那"。到了 19 世纪中叶的《坤舆图识》和《地学正宗》，亚洲的部分分别降到了 22% 和 9%，对中国的称谓也一直是"支那"。1857 年刊行的《万国一览》，以国家的强弱和人口的多寡为基准，用相扑的名位排列法进行了排序，俄国和英国被排在了最高的东西两边的大关，"满清十八省"则被排在了很下面的表示行将退役的"年寄"一列。① 由此可知，进入大航海时代后，随着日本人世界地理知识的增进和西方的逐渐崛起，日本就试图脱离中国人主导的"华夷秩序"，在日本人的心目中，中国的地位已渐次下降。

1840 年的鸦片战争，中国败给了英国。大约 6 个月之后，驶入长崎港的荷兰商船把这一消息带到日本。此时受儒学思想浸淫较深的日本知识阶层大都是支持和同情中国的，但堂堂中华大国败在了英吉利的炮舰之下，这使日本朝野非常震惊。儒学家出身的佐久间象山此时清醒地认识到："清儒，学问考证等虽甚为精密，毕竟多为纸上空谈，甚少可资实用。从其可资实用甚少这一点来推论，日前被英夷大败，成为世界的笑柄，也是很自然的了。"② 这样的认识，在当时日本的朝野还是比较普遍的。1844 年，也是儒者出身的斋藤竹堂撰写了《鸦片之始末》一书，指出：

---

① 鸟井裕美子「近世日本のアジア認識」溝口雄三など編『交錯するアジア』東京大学出版会、1993、232 - 247 頁。本书所引述的日本文献，除原文为汉文外，均由笔者直接译自原文。考虑到幕末和明治时期的文体风格，大都译成浅近的文言文。

② 信濃教育会編『象山全集』卷三、信濃毎日新聞、1934、321 頁。

清英的胜败利钝，其原因在于平日，而非鸦片。……汉土常以"中夏"自居，侮视海外诸国，将他人视如犬豕、猫鼠、顽冥不灵之物，而不知英国有如此机智之敏，器械之精，此皆为中夏未曾识者也。因而茫然未施防御之术。对周边诸国，开口辄曰夷，曰蛮。①

他在分析中国战败的原因时，明显流露出了对中国历来自视甚高、轻视他国的傲慢自大态度的不满。鸦片战争的结局，成了日本人修正中国图像的一个重要契机。

1854年2月，美国东印度舰队司令佩里第二次率领舰队打开了日本的国门，日本不得不在1858年先后与美国、英国、俄国等签订通商条约，日本开始融入西方人打开的新世界。

1862年，幕府派出了国门打开之后第一次驶往中国的官方商船千岁丸，这也是日本人相隔两百多年之后第一次踏上中国的土地。船上除了英国船长、水手外，还有领队的官员、商人和由中下级武士组成的侍从，其中就有在日本近代史上颇为著名的高杉晋作。他的《游清五录》及其他武士撰写的考察记，比较详细地记述了在上海的所见所闻，这也可说是近代日本人最初描绘的中国实地图像。在这些文献中，他们一方面赞叹黄浦江的西侧已经矗立起了巍峨的洋楼、黄埔江上千船竞发、百舸争流的繁盛景象，另一方面又惊讶于中国人集聚的老城区的逼仄、肮脏和拥塞（恰好遇上太平军攻打江南、大批难民涌向上海的时候）。

---

① 『日本思想大系13』岩波书店、1991、3-4頁。

> 上海市坊通路之污秽难以言说。大道间径尤甚，尘粪堆积，无处插足，亦无人清扫。或曰，出市街即为旷野，荒草没路，唯棺椁纵横，或将死尸以草席包裹，四处乱扔。炎暑之时，臭气熏鼻。清国之乱象，由此可知。①

另一令这些日本人感到惊愕和悲哀的现象，是洋人在上海的飞扬跋扈和中国人的退让低下。

> 支那人尽为外国人之使役。英法之人步行街市，清人皆避旁让道。实上海之地虽属支那，谓英法属地，又可也。②

上海官员为了央求洋人用洋枪洋炮来防御上海，不惜把孔庙用来做洋人的兵营。"去此到孔圣庙，庙堂有二，其间空地种草木，结宏颇备，然贼变以来英人居之，变为阵营，庙堂中兵卒枕铳卧炮，观之实不堪感慨也。英人为支那防贼，故支那迁圣孔子像他处，使英人居此云。"③

在上海逗留的两个月间，千岁丸一行考察了英法和中国的兵营及武器，结论是："支那兵术不能及西洋铳队之坚强可知也。"④

经过近两个月的察访，高杉晋作在《外情探索录》的

---

① 纳富介次郎「上海杂记」『文久二年上海日記』全国書房、1946、15页。
② 高杉晋作「遊清五録」『高杉晋作史料』第2卷、マツノ書店、2002、87页。原文为汉文。
③ 高杉晋作「遊清五録」『高杉晋作史料』第2卷、89页。
④ 高杉晋作「遊清五録」『高杉晋作史料』第2卷、90页。

"上海总论"里，归纳了自己对上海的认识。

> 上海位于支那南部海隅僻地，为英夷所掠夺，津港虽繁盛，皆因缘于众多之外国人商馆，城外城里亦多外国人商馆，由此繁盛。观支那人之居所，多贫像，其肮脏不洁难以言状，或一年之中皆居船中，唯富有者在外国人商馆内谋事并居住其中。①

这段文字差不多也是千岁丸一行的日本人对上海的共同认识。这些文字后来在日本刊行，在很大程度上影响了当时日本人对中国的认知。

在幕府末年，曾有一个日本人在上海居住了将近8个月，以汉文、汉诗为媒介，与当地的中国人有过较为深入的交往，因而对以上海为代表的中国有了较为深入的了解，这在当时的日本是极为罕见的。这个人就是日本民间报纸创始人之一、近代日本与中国关系最为深切的企业家之一岸田吟香。1866年9月他随美国传教士平文（J. C. Hepbern）从横滨来到上海，目的是在上海的美华书馆印刷平文编译的《和英语林集成》。不久平文返回横滨，岸田留在上海负责辞书的印制，居住在苏州河北岸的吴淞路上，一本《吴淞日记》详细记载了他在上海的岁月以及对上海的中国人生活的观察。中国女子的缠足让他颇为惊讶："女子的脚从小就被绑起来不让它长大。城里的女子都是行走有障碍的人。农家的妇女好像不是这样。女子走路都是有点弓着腰，脚一点点向前伸出去，看上去很疼的，样子

---

① 高杉晋作「遊清五録」『高杉晋作史料』第2卷、120頁。

很难看。"① 在日记中,岸田还详细记录了他在中国城里看到的过年景象。

> 今天是正月元日,家家户户都休息了,但也有几家开着门,在做着生意。看见几处正在卖年画,显然这也是新年的畅销货。不时地可看到从关着的门户的圆洞口伸出一个黄铜做的吹响器,② 样子像糖果店的喇叭,声音很怪,像是鹤的叫声。此外,有的人家只是在不知所以地敲锣打鼓、击掌。每户人家都传出了开心的笑声,好像是在饮酒吧。只是没见到有日本那样弹着三味线、吟咏诗歌的人家。不过不时也可见到姑娘们一边弹着琵琶、三弦,一边开心地交谈着。新年的拜年仪式,大家都是拿着自己的名片在走家串户,在红纸上写上自己的名字,手里拿着一百来张,递上这样的红纸,彼此鞠躬作揖,口里说着恭喜恭喜。进入人家屋内,可见和日本的案几一样的器具,在圆盘内盛放着橘子、栗子、柿子干、豆子、桂圆、橄榄、瓜子、慈姑等,整齐漂亮地摆放着。另外在台子上也会摆放三样左右,入座后就会敬茶,拿起橘子等请你吃。另外,还有供品,也就是年糕。在支那也有不少制作年糕的店铺。跟日本一样,可见到捣年糕的景象。年糕就像日本的糕团一般。③

---

① 岸田吟香「呉淞日記」第三册上、『社会及国家』第192期、1932年3月、99頁。
② 原文的汉字是"角",注音假名为"ふえ","ふえ"的汉字可写作"笛",根据描述,应该是唢呐吧,也许是吟香此前未见过此种乐器,无以名状。
③ 岸田吟香「呉淞日記」第三册上、『社会及国家』第192期、1932年3月、92-94頁。

这里基本上只是一种客观的描述，并无特别的赞美，也没有任何的贬抑，但在对中国的描述中，日本始终是一个潜在的参照系。据岸田的日记记载，他通过汉字的笔谈（即诗文的唱和）与当地的许多人结为朋友，并深入中国人的家中饮酒喝茶，参加他们的婚礼和各类社交活动。他所描绘的中国图像，正负两面皆有。他当时记日记，并无发表的欲求，只是半个多世纪以后被人发现，并整理刊行了出来，从中可察见1860年代日本人心目中的中国形象。岸田后来又多次来到上海，并开店经营眼药水和杂货。在思想上，他一直是一个主张与中国携手的亚洲主义者，不过一旦中日之间发生利益冲突，他立即就会回归日本人立场。

简而言之，幕府末年的日本人与中国的直接接触还相当少，不过从当时的文献记录中已可感知现实的中国，已经不再让日本人抱有憧憬和敬仰的感觉。这些文字标示着日本人对中国认识的视角已从早年的仰视逐渐转向平视甚至蔑视。

二 明治中前期："脱亚"与"兴亚"视野下的中国

明治时期（1868~1912）日本对中国的认识以及基于此的对华政策，可谓奠定了整个近代日本（止于1945年8月）对中国的认识和政策的基调。当然这种认识和政策并非从一开始就固定不变，也并非自始至终都呈现为单轴的状态。事实上，不同的阶层和不同的利益群体都试图从各自的中国经验和中国观察以及各自的思想背景出发，对近代中国做出各自不同的阐释。就社会思潮而言，在明治中期（1885年前后）大致形成的既彼此乖离而又相互交错叠合的亚洲主义和"脱亚论"是最主要的两种主流意识。

"脱亚论"的倡导者主要是福泽谕吉,他在青年时代曾有机会游历欧美并开始服膺西方文明。出于对日本前途的考量,在导引西方文明的同时,开始将影响日本甚巨的中国传统思想尤其是儒家思想视作现代文明发展的负面因素,并对此发起了猛烈的抨击。他认为"古代的儒教主义已不适合当今的时代"①,要予以摈弃。在1884年6~8月的中法战争中,中国又被法国击溃,福泽谕吉认为这是中国传统文明落伍的表现。他说,"支那人迟钝,对于(西洋)文明毫无所知,近来虽有少许采用西洋之物,但仅止于其器之利用,对文明之主义如何则不加考问",如此,"则对其进步已无法期望","对支那人已无法指望其开化。人民不开化,即便与之为敌亦不足惧,与之为友则于精神上无利。既知其无利,就当勉力与之疏远而防止与其同流混淆,双方的交往仅可止于商业买卖,而当禁绝一切知识上的往来"。② 1884年12月,由日本方面培植的朝鲜"开化派"领袖金玉均等在日本势力的支持下发动政变,因中国方面的武力干预而失败,这使得福泽谕吉在感到愤懑的同时,对中国和朝鲜的"开化"彻底绝望,于是发表了引起后人瞩目的《脱亚论》。他在该文中宣称:

> 我日本的国土虽位于亚细亚的东边,但其国民之精神

---

① 福沢諭吉「儒教主義」『福沢諭吉全集』第9卷、岩波書店、1960、273頁。
② 福沢諭吉「支那風ひんせきすべシ」『福沢諭吉全集』第10卷、49-51頁。

第一章　飘移的他者：近代百年日本知识人眼中的中国 / 11

已脱离了亚细亚的固陋而转往西洋之文明。然而不幸的是，在近邻有两个国家，一曰支那。一曰朝鲜，……此两国于本身及本国均不知改进，在交通极为便利的当今世界，对于外界的文明即便不是充耳不闻，但其所见所闻依然不足以动其心，其对古风旧俗的恋恋之情与百千年之往昔无异。……辅车唇齿乃是邻国相助之喻，然今之支那、朝鲜于我日本国不啻无丝毫之援助，且在西洋文明人看来，因三国地理相接之故，有时会对三国同样看待，……此真可谓我日本国之一大不幸。为今日之谋，我国与其等待邻国的开明来与其共同振兴亚细亚，不如与此脱离而与西洋文明国家共进退，对待支那、朝鲜亦不必因其为邻国而予以特别的顾虑，只需依照西洋人之做法即可。与恶友亲昵难免共蒙恶名，我等应从内心谢绝此等亚细亚东方的恶友。①

脱亚论者竭力营造一个保守落后、顽固守旧（日文的表述是"固陋"）的中国形象，他们并不否认昔日的中国是一个讲究仁义五常的古风大国，但在变化了的世界，尤其是西方文明已经领先全球的今天，"面对文明开化依然故步自封，昔日风俗渐次衰败，不知修德求知，除了自我之外目中无人"。②在日后的整个明治时代，"固陋"几乎成了形容中国的一个常用词。

但是，对于当时的日本而言，中国依然是西边的一个庞大

---

① 福沢諭吉「脱亜論」『福沢諭吉全集』第10卷、239-240頁。
② 福沢諭吉「世界國盡」『福沢諭吉全集』第2卷、594-595頁。

存在，它若要向外伸展，必然会触及中国。同时在文化渊源上，日本毕竟与中国有着两千余年的历史维系，基于地理和文化上的某种认同和对于西方强势的危机意识，"日中提携"的思想也始终没有泯灭。在这样的背景下，1870年7月底日本派遣外务权大丞柳原前光一行出访中国，主动向李鸿章提出希望签订条约，翌年《中日修好条规》签署，两国正式建立邦交。出于上述背景，明治中期，虽然未必是政治的中枢集团，但日本一直有两股力量对中国怀有比较浓厚的兴趣，一个是军部，另一个是诸如九州南部等地方的民间势力。

1874年日本武力干涉台湾获得成功，之后向中国本土扩张的倾向便日益强烈。明治12年（1879），刚刚升任参谋本部管西局长的桂太郎提出向中国派遣陆军留学生的建议。所谓留学生的使命，主要有两项：一是在中国本土学习中文口语（明治时期受过传统教育的日本人一般皆可阅读并撰写汉文），二是时机成熟便深入中国各地调查山川形胜和人文社会的实情，同时探察中国的军事情形。日后，桂太郎在给本部长的报告中有如下表述。

> 清国乃我一大邻邦，自缔交以来，彼我人民往复日益频繁，关系亦日渐扩大。是以兵略上亦当细密涉猎。故在去年明治十二年，为侦探兵备地理，详审政志，曾有向该国派遣军官之建议。彼等奉派遣之命，至该国后，往各地巡回，察地形、探人情，以备他日应机。①

---

① 対支功労者伝記編纂会『対支回顧録』下巻、东亚同文会、1936、214頁。

第一章　飘移的他者：近代百年日本知识人眼中的中国 / 13

　　第一批被派往中国的青年军官共有11人，军衔多为少尉和中尉，分别派往汉口、天津、北京、广州、厦门，同时还有一名监督联络官驻守上海。这些人在中国共待了3年，分别深入派驻地邻近的内地进行巡回调查，如担任监督联络官的志永直在改驻汉口期间，曾深入四川进行了4个月的调查旅行，日后撰成报告书《蜀道指掌》。这些各地的调查报告后来被汇编成集，供军部高层参阅。同年又募集军内和民间人士12人，作为陆军省的留学生被派往北京学习语言，在中国居留4年，日后成为日本最早的一批现代中文教员。①

　　除军部主导外，以九州南部为中心，一批因西乡隆盛等反明治政府兵变而失败的在野力量，对政府主流醉心西洋文明的施政颇为不满，集聚乡党，兴办学校和报纸，主张联手中国等共同振兴东亚，抵御西方的侵入。这是一批政治上比较保守，具有国权主义思想的人士，大抵以熊本出身的佐佐友房为代表。佐佐友房与后来玄洋社的领袖人物头山满以及与军部关系密切的荒尾精被人称为志同道合的三兄弟。② 他于1880年在故乡创办同心学舍，两年后改名为济济黉，特别设有支那语一科，以培养与中国相关的人才。明治中后期曾在中国政治舞台上颇为活跃的所谓"大陆浪人"，很多出自九州地区，这不是偶然的。

　　也有相当一批汉学造诣很深的日本人，从文化的关联和情

---

① 『対支回顧録』下卷。耐人寻味的是，虽然皇皇两大卷的『近代日本海外留学生史』（渡辺実、講談社、1977－1978）也记录了明治时期军部向德、英等国派遣留学生的详情，但上述派往中国的两次只字未提。也许著者觉得这算不上纯粹的海外留学。

② 『対支回顧録』下卷、353－359頁。

感出发，依然努力在为中国辩护。著名的儒者、后以留学生监督的名义在英国居住了几年而成了启蒙思想家的中村正直，1875年在鼓吹启蒙思想的重要刊物《明六杂志》上发表了《支那不可侮论》，认为不可侮辱中国的理由有四点。第一，中国自古以来就是一个圣贤君子、英雄豪杰辈出的国度；第二，中国是一个发明了文字、文辞秀丽的国度；第三，在当时清朝统治下虽然无法人尽其才，但一旦摆脱了昏庸的清朝统治，在推行文明进步、政治革新方面的人才绝不会欠缺；第四，日本自古以来在文化上受中国的恩惠甚多，诸如书籍、笔墨纸砚、天文算学、医药等，中国作为一个文化大国的地位不可置疑。① 此外，杉山繁也于1878年在《邮便报知新闻》上发表了《不可轻视清国》一文，为中国辩护。著名的历史学家和汉学家重野安绎，1879年6月在日本最高等级的学术机构东京学士会院发表了题为"应设立汉学为正则一科，选拔少年俊秀赴清国留学"的演讲，认为日本目前正在疏远中国的学问，为了今后两国通好，亟须培养通晓中国语言文字和文化的人才。

基于中国对日本的现实意义和两千余年的文化维系，在"脱亚入欧"声浪渐起的明治中期，主张与中国及朝鲜半岛联手的人士在朝野均有一定的势力。1878年，在明治政府的大佬大久保利通（时任参议）的倡导下，经与首任驻日公使何如璋商议，成立了"振亚社"。这应该是日本第一个主张东亚联合的团体。但不久大久保即遭人刺杀，振亚社也未能成气候。1880年，在宫岛诚一郎等的发起下，主张"连冲我东洋，

---

① 山室信一·中野目徹校注『明六雜誌』下、岩波書店、2009、178頁。

以振兴亚细亚阖州之大势"①的"兴亚会"成立,主要人物也都有些官方背景。值得一提的是,该会所建立的中文学校,大概是近代日本第一个有规模的中文学校。"兴亚会"后改名为"亚细亚协会",1900年并入东亚同文会。1890年,从中国回来的白井新太郎等发起成立了"东邦协会"。该组织虽也标榜东亚联合,但国家主义的色彩更浓厚,其成立宗旨中说:"日本帝国当以东亚的先进为己任,对近邻诸邦的近况详加了解,以求自己的实力向外部扩张,并以此谋取在东亚地区与泰西诸邦的势力均衡。"②

必须指出的是,亚洲主义是一个比较复杂的思想集合体,但倡导以日本为盟主,携手中国等东亚国家来共同振兴亚洲,以抵抗欧美白种人势力扩张,大概是其基本的主调。而每当日本与中国发生冲突时,张扬国权又是它的基本归宿。在这一点上,它与"脱亚论"可谓殊途同归。

另外,这一时期的日本还出现了另一种动向,即对洋务运动中实力渐趋强大的中国的关注。中国自1860年代开始推行的洋务运动,着力于坚船利炮的建设并取得了一定的成就。这一点很早就受到了福泽谕吉等人的关注,他在1882年出版了《兵论》一书,列举说,至1880年,日本有军舰29艘,而中国已有55艘、大炮共274门。他进而指出:"方今日本与支那之间诚然处于亲睦和平的状态,但国与国之间的亲睦关系并非百年不变,……以此观之,支那也是日本的敌国之一,且是一

---

① 『興亜会公報』第1辑、1880。此处引自安藤彦太郎『中国語と近代日本』岩波書店、1988、18頁。
② 大学史編纂委員会編『東亜同文書院大学史』滬友会、1982、42頁。

水相隔的邻邦，对此邻邦的兵备不可充耳不闻漠然无知。"①

把中国列为威胁对象的当然不只是福泽谕吉这样的文人，日本的军部也察觉到了。被视为日本陆军大佬、时任陆军参谋本部长的山县有朋，在1880年专门上奏明治天皇，列举了中国近年来的实务改革在武力上渐趋强大的事实，认为："邻邦兵备之强大，一则以喜，一则以忧。若能成为亚细亚东方的强援，自然是喜，而一旦彼此有隙，亦足以令我忧惧。"②

通过对以上的分析，大致可知在明治中前期，日本人对中国的认知主要有排斥中国的"脱亚论"和联手中国的亚洲主义两大思潮，同时还夹杂着各种不同的声音，有因中国文化在历史上的灿烂而主张不可看轻中国，有因中国军事力量的逐渐壮大而担心今后有可能成为日本的一大威胁。可以说，这一时期日本人的中国认知相对是多元的、多歧的，但无论是哪一种观点，都认为中国的存在或中国的命运与日本息息相关。

三　明治后期：武力加持下的国族优劣观

然而，日本还是在1894年7月借机挑起了甲午战争（日本称"日清战争"）。战争的起因在于日本与中国在朝鲜半岛的利益发生了激烈的冲突。日本自1875年开始就觊觎朝鲜半岛的利益，先于欧美列强迫使朝鲜对日本做出让步。但历史上朝鲜一直处于中国属国的地位，与中国依然保持着册封和朝贡的关系，虽然这种关系在19世纪中叶以后已经很松弛了，但

---

① 『福沢諭吉全集』第5卷、311頁。
② 山県有朋「進隣邦兵備略表」大山梓編『山県有朋意見書』明治百年史叢書、1966、97頁。

朝鲜依旧属于中国的势力范围。日本为了掌控半岛，就势必对中国发起挑战。

这是甲午战争发生的主要原因。但日本胆敢挑起这场战争，是源于日本朝野此时对中国的认知。1890年代上半期，中国的"固陋"形象在日本差不多已经深入人心。而日本政府敢于开战，在很大程度上是因为通过情报人员已经大致掌握了中国的实际情况。

日本军部自1880年代就开始陆续派遣各类情报人员到中国各地，实地勘察中国的山川形胜，调查政治、经济和军事的实况。1886年3月，在参谋本部支那部供职的荒尾精被派往中国，先在上海，后来以汉口为据点，组织了20余名散居各地的所谓日本"大陆浪人"前往沿海、北方甚至内陆的川西、甘肃等地做实地调查，试图掌握中国的实际国情。经过三年多的工作，1889年归国的荒尾精向当局递交了洋洋数万字的《复命书》，详述中国的现状和日本对中国的对策。荒尾精在报告中已充分注意到了洋务运动开始后中国在一定程度上所出现的新气象："近来支那国势正稳步向前发展，呈鸷鸟磨砺其爪欲试一搏之势。"[①] 文中认为，以曾国藩、左宗棠、李鸿章一脉为主导的洋务运动已给中国带来了变革。

> 尔来锐意向边备倾注全力，其设施各地皆有可观者。举其大者，频频购求军舰，建筑炮台，训练军队，又延聘泰西教师在天津、北京开设海陆军士官学校，在天津、上海、福建等地兴办造船所，并兴办电信学校，生徒常有二

---

① 荒尾精「復命書」『対支回顧録』下卷、471頁。

三百人，修读洋语、算数、理化，各地又设分局，各有学生二三十名，专门培养技师。又在天津、济南、上海、南京、福州、广东、四川、甘肃等地开建机器制造所，制作枪炮、弹药、刀剑等武器。……沿海一带及长江全岸，均已布设电线。……其海军之强，殆可雄视东洋。①

但在中国身居三年的荒尾非常清楚晚清的实际情况。他指出：

窃观清国内治之现状，已承二百余年之积弊，上下已达腐败之极，纲纪松弛，官吏逞私，祖宗建国之基础亦几近倾颓。……犹如积年之痼疾，已陷全身麻痹，肢体无法活动，仅以姑息疗法，只可防其脓溃而已。若不立即施行断然之处法，日后即便扁鹊再世恐亦无可救药。②

荒尾认为，中国最大的积弊，在于中央政府和各级吏治的腐败。朝廷中枢，满汉两族互相猜疑牵制，罔顾民众之疾苦，而各地贿赂公行，政府权威日益低落，直接导致的后果便是税源的枯竭和财政的危机。即使勉力开设了新兴产业，也因贪官污吏的层层盘剥而效果大减。"其弊如此，令人难以指望其事业之旺盛。"③

就兵备而言，虽然武器已稍有改进，但兵法依然因循守旧，不改祖宗之法，军官大都年迈，文盲者比比皆是，浑浑噩

---

① 荒尾精「復命書」『対支回顧録』下卷、472-473頁。
② 荒尾精「復命書」『対支回顧録』下卷、476頁。
③ 荒尾精「復命書」『対支回顧録』下卷、479頁。

噩，不学无术，遑论新式战术，而清国军纪之紊乱，更为世人所熟知，士兵中吸食鸦片者亦非罕见，于内地尤甚，往往占其总数 2/3 以上。

但荒尾精在骨子里是一个亚洲主义者，他并不主张通过武力来征服中国，而认为通过贸易来获取日本的利益乃是上策，于是他竭力呼号奔走、积极筹措，于 1890 年 9 月在上海开办了日清贸易研究所，实际上是一家培训对华贸易人才的教育机构。但是，最高当局从他的《复命书》等调查情报中获得了中国政治、军事腐败的实相，加深了中国"固陋"的印象，决定在军事上挑衅中国，果然迅速取得了大胜。

对于这场日本在海外的扩张，甚至可以说是侵略战争的甲午之战，日本的朝野却努力将其美化为一场"文明对野蛮的战争"。鼓吹最力的是福泽谕吉。他立即写文章表示：

> 战争本身虽然发生于日清两国之间，探其根源，则是谋取文明开化的进步一方，与阻碍其进步的一方之间的战斗，绝非简单的两国之争。日本人原本对支那并无私怨，并无敌意，……无奈他们顽冥不化，不解普通的道理，目睹文明开化的进步不仅不感到欣悦，反而要阻碍其进步，蛮横地表现了对我反抗之意，无奈之下才有如今之举。日本人眼中并无支那人、支那国，只是出于世界文明进步的目的，要打倒反对这一目的并对此加以阻碍的力量。因此这场战争并非是人与人、国与国之间的事，可将此视为一种宗教之争。……倘若支那人能从这次的失败中醒悟到应该对宏大的文明势力抱有畏惧之念，自己痛改前非，那么就可一扫四百余州上的腐云败雾，仰望文明日新的余光，

若如此，就不会在意物质上的一些损失，反而会对文明引导者的日本人感恩戴德，行三叩九拜之礼。①

这一思想在战争期间乃至战后几乎成了日本朝野的主流意识，甚至连倡导和平的基督教主义者内村鉴三也坚决主张对中国开战。在中日交战的前夜，他在《国民新闻》上发表《日支关系》一文，以文明论（也夹杂着部分的进化论）的观点考察了当时的中日两个国家在近代文明史上的定位："日中两国的关系是代表了新文明的小国与代表了旧文明的大国之间的关系。"②他以两千多年前希腊与波斯的战争为例，将日本视为城邦国家希腊，虽然力量较弱，却是代表了新兴的文明，最终战胜了体积庞大的波斯帝国。他认为，"旧的因为其大，往往就轻侮新的，而小的因为其新，往往就厌恶旧的"，最后"促进进步的往往获胜，而阻碍进步的往往失败"。③

战争的胜利将日本朝野的国家主义情绪推到了高潮，一时间举国狂欢。当时担任日本外相、1895 年与伊藤博文一起作为日方全权代表与中国谈判的陆奥宗光在晚年的回忆录《蹇蹇录》中描述了当时日本国内的情景。

> 在平壤（8 月 16 日）、黄海战胜（9 月 17 日）以前私下为胜败而担忧的国民，如今则对将来的胜利毫不怀

---

① 福沢諭吉「日清の戦争は文野の戦争なり」1894 年 7 月、『福沢諭吉全集』第 14 巻、491 – 492 頁。
② 内村鑑三「日支の関係」1894 年 7 月、『内村鑑三全集』第 3 巻、岩波書店、1983、73 頁。
③ 内村鑑三「日支の関係」1894 年 7 月、『内村鑑三全集』第 3 巻、73 頁。

疑，觉得问题只是日本的太阳旗何时进入北京的城门，于是乎，整个社会气象是狂跃于壮心快意，沉溺于骄肆高慢，国民到处沉醉于喊声凯歌之中，对将来的欲望与日俱增。……其间若有深谋远虑之士提出稳妥中庸的意见，则被视为卑怯懦弱之辈，无爱国心之徒，几乎为社会所不齿……①

可以说，甲午战争的结局，使得"日本先进、中国固陋""日本文明、中国野蛮"这样的意识从此深入日本人的心里，中国曾经的泱泱大国、仁义之邦、文化殿堂的形象从此一落千丈，日本对于中国的优势地位完全建立起来了。虽然之后还有东亚会、同文会（1898年合并为东亚同文会）等亚洲主义组织的出现，有同情、扶助中国的势力抬头，但其基本的姿态已经从平等的联手变成了居高临下的援助。即便有所谓的东亚联盟，日本也必须是盟主，这一地位是不可动摇的。甲午一战，日本从中国获得了巨额的赔偿，还占据了台湾（辽东半岛因所谓的三国干涉而未遭割让）。从此，日本就企图将它的势力以武力和非武力的方式扩张到中国本土。

甲午战争之后，日本人心目中的中国形象已不仅仅是"固陋"，而是对整个中国的国家治理能力产生了怀疑。甚至有人认为，以当今的国家形态而言，中国已经不是一个具有完整政治组织的国家了。1884年作为《报知新闻》特派员来中国两个月、1903年担任东京市长的尾崎行雄于1901年在《中

---

① 陸奥宗光『蹇蹇録』岩波書店、1983、178頁。

央公论》杂志上公然发表了《清国灭亡论》。他认为,立国之本有三项:一是民众的"爱国心";二是防御外敌的"战斗力";三是治理国家的"政治能力"。而这三点都是中国原本就缺乏的,因此"支那的命运终究会灭亡,这也是没有办法的"。① 尾崎曾经25次当选国会议员,又在1914年担任过司法大臣,他的言论具有相当的影响力。

与此论调非常相近的是当时的舆论界大佬、明治时期重要的评论家山路爱山。他在1907年发表的《日汉文明异同论》中提出,在中国的历史上,真正由汉族统治的王朝也就是汉、唐、宋、明四朝而已,"其他都是异族统治的,吾人依据这一事实,可知汉族缺乏国家的组织能力,这一点与古希腊人颇为相似"。②

这就把中国整个国家及汉族看得比较低了,不只是顽固保守、不求思变,而是中国人整体上缺乏对自己国家进行管理组织的能力。这一想法日后进一步演变为需要日本来介入中国的国家治理这种帝国主义的思想了。

总之,甲午一战日本的胜利极大地增强了日本人对中国的蔑视意识,完全确立了日本对中国的优势地位,并进一步发展成日本人开始怀疑中国人本身的国家治理能力,激起了日本人进一步干涉中国、介入中国事务的欲望和野心。

需要提及的是,本书所涉及的作家基本上出生于明治时代的中期和后半期,他们在孩童和少年时期所接受的中国形象大抵就是如上的负面意象。

---

① 『尾崎行雄全集』第4卷、平凡社、1926、694-705頁。
② 『山路愛山選集』第3卷、万里閣書房、1928、409頁。

四　大正时期：对中国革命和民族主义的回应

大正时期日本人的对华认知基本上沿袭了明治后期的中国观。但是有两点值得注意。第一是这一时期中国本土发生了一连串巨大的政治变动，即辛亥革命的爆发、清王朝的灭亡、国共两党势力的崛起、民族革命意识的萌发及民族救亡运动的兴起；第二是国际上第一次世界大战的爆发和日本国内民主运动的持续。这两大变化也促使一部分富有良知、具有民主和平思想的日本人提出新的中国认识。

主要由孙中山领导的推翻"满清"恢复中华的革命运动，在19世纪末将其根据地逐渐转移到了日本，得到了以头山满为首的玄洋社和以内田良平为首的黑龙会（这两个组织在思想上和组织上基本上是一脉的）等日本国家主义民间团体的支持。1905年同盟会的成立地点就是内田良平的家里。而实际上支持孙中山革命最为积极的是出生于九州熊本的宫崎滔天等一批纯然的民间志士。支持孙中山、黄兴革命的日本人，其背景、动机和行为各不相同，玄洋社和黑龙会更多的是希望一旦同盟会的革命取得成功并在中国掌权后，日本可以通过这一新政权获得更多的利益。宫崎滔天等则期待革命能在中国大地上掀起一场巨大的变革，开创一个亚洲的新纪元，继而带动日本本身的变革。从广义上来说，也许都可把他们归入亚洲主义一脉，而亚洲主义的多元性、多歧性也由此表现了出来。1911年初，宋教仁在从日本潜回中国之前，曾会见内田良平、北一辉等，希望一旦中国发生武装革命，能得到日本方面的支持。

果然武昌起义发生后，黄兴、宋教仁等立即致电内田良平等，希望日方提供援助，日方也确实派了北一辉等人驰援辛亥革命（事实上他们也没有能够做什么）。当1912年孙中山答应南北议和，将政权奉让给袁世凯时，这些日本人十分失望，也由此减弱了对孙中山革命党的支持力度，并由此加深了对中国的负面感觉。

1913年，内田良平出版了一本《支那观》，表达了这样的观点："支那是一个畸形国家。政治社会与一般的普通社会是完全分离的，形成了另一个社会，彼此之间是风马牛不相及的。"①他认为，政治社会是由那些考取了功名后当官的读书人构成的，他们在意的是科举及第、升官发财，中国的政治是这些人在经营的，而普通人只顾自己的日常营生，埋首于赚钱、娶妻生子和家族的事务，政治与他们无涉，国家也是一个遥远的概念。而在这两个阶级之外还有一个"游民阶级"，他们可以说是绿林好汉，也可以说是土匪盗贼，一旦被统治阶级利用，就有可能成为上层的帮凶；而一旦倒向民众，则可能成为强有力的起义、反叛的力量。内田的结论是，这样的中国不可能成为一个具有现代政治组织的国家，即便为外族所征服，民众大多也麻木不仁，不会有激烈的反抗。他的结论是："他们没有政治的能力，他们没有全体一致的国民精神，他们没有同仇敌忾、自强奋斗的志气。"内田的"支那论"的展开，是在他所认定的"恶劣的国民性"和"支那是一个畸形国家"这两个前提下进行的，现在看来虽然颇为离奇，在当时却有不小的影响力。

---

① 内田良平『支那観』黒竜会、1913、6頁。

第一章　飘移的他者：近代百年日本知识人眼中的中国

被认为是近代日本屈指可数的中国通之一的内藤湖南，不是一般的中国论者，19世纪末曾来中国做深入考察，后来又有《支那绘画史》《支那史学史》这样的学术专著出版。1914年他出版了一部《支那论》，1924年又出版了《新支那论》，1938年两者合为一体出版。与内田颇为武断的论点不同，内藤充分注意到了中国社会地方上的乡绅自治的现实。他认为，要解决中国目前的内治问题，比起严整的中央集权来，比较松散的地方分权治理，即某种形态的联邦制度更合适。他甚至主张在将来20年左右的时期里，中国完全不需要国防。

> 支那即使完全废除了国防，它所遭受侵略的土地也是有限的，绝不会危及它的独立。这是因为有列国的势力均衡。即便它自己拥有四十个师或五十个师的兵力，它的素质会是怎么样，大致也可知晓，如果日本、俄国等下定决心要消灭它，它也根本无法抵御。①

当时以及后来的事实证明，无论是内田良平的"支那观"，还是内藤湖南的"支那论"，推导出的结论对于日本和中国都是非常有害的。这些观点为近代日本对中国的武力扩张或者说侵略提供了理论的支撑。不久日本趁着中国政治的内乱，向袁世凯政府提出了"二十一条"的无理要求就是一个明证。

当然，大正时期日本人的对华认知也并非都是内田良平和内藤湖南的这些声音。大正时代正是日本国内要求政治民主

---

① 内藤湖南『支那論』創元社、1938、161－162頁。

化、争取男子普选权的民主运动高涨的时期。这一运动理论上的旗手是宪政学家吉野作造。毕业于东京帝国大学法科大学政治学科的吉野作造，在很长的时期里对中国一直没有什么兴趣。虽然早年为了生计曾经西渡中国担任了三年多袁世凯儿子袁克定的私人教师，但他内心关注或倾慕的一直是欧洲的政治思想和政治运作。当1915年日本政府向中国提出"二十一条"时，他还觉得从日本帝国的立场来看，"大致来说是最小限度的要求"，"从帝国将来对中国的发展来看，是极其合适的处置"。肯定了"二十一条"的正当性，这一言论后来被看作吉野作造对华观的一个污点，实际上却说明了此时的吉野尚未脱去几乎所有这一时代日本人所具有的国家主义情结。但同时从基督徒及多少有些社会主义思想的宪政主义者的视角，他也明确指出："日本对华政策的根本理想在于帮助中国，与中国合作，中国和日本都作为东亚的强国，在所有领域伸张自己的势力，以此为世界的文明做出贡献。……不可分割中国的领土，要保持中国领土的完整，尊重其独立，充分发挥出他们国家和人民的能力，这必须是我们日本对华政策的根本。"[①] 在这里，吉野表现出了他的两面性：既试图坚持自由平等的基督教甚至是社会主义的立场，同时仍然无法摆脱那一时代几乎所有的日本人都具有的国家主义立场。

从1916年开始，一方面是对中国近代革命史的研究及与中国名人的频繁交往，使吉野认识到中国已经出现了一股勃兴的新生力量；另一方面也是他的基督教思想和宪政主义思想，促使他以平等的姿态看待周边的邻国。1916年3～4月，他奉

---

① 『吉野作造選集』第8卷、岩波書店、1985、134-135頁。

政府之命考察了韩国和中国东北的部分地区，撰写了《对满韩的考察》一文。在文章中，他对日本的所谓"满洲经营"提出了建议，警告日本不可过于露骨地强调日本的利益。对于当时中国人对日本的排斥和抵抗心，他表示："（中国人的行为）虽然有些狂热，但总体来说爱国心的勃发是今天在谈论现代中国时不可忽视的重要方面。因此，现在中国的民心一方面是主张领土的完整和主权的独立，另一方面则是唤起了对外国入侵的强烈反抗。"[①] 同时他认为，这样的爱国心也很容易转化为排外的情绪。作为一个宪政主义思想家，他一直反对暴力和过激的政治行为。

1916年，在述及日本对待中国的政策时，吉野使用了"跋扈""侵略"这样的词语。在《日支亲善论》一文中，他指出，中国原本一直以中华大国自居，看不起小国日本，却不料小国日本如今成了东洋的强国，趾高气扬、飞扬跋扈，有时以高傲的姿态蔑视大国中国，自然无法使中国对日本产生亲切的感情，"而从日本方面来看，其对外扩张的态度有时也就变成了它不得不对外侵略的理由，而对中国持以侵略性的态度，自然就会与中国发生冲突"。[②] 因此，若要与中国建立起真正的亲善关系，日本对华的扩张政策就必须改弦更张。受托开始研究中国革命党的历史后，吉野意识到了中国的新兴力量和未来的希望在于孙中山一派的革命党身上。当时日本的主流看法都把中国南北之间的力量角逐看作权力的争斗，吉野却认为革命党的主张和行动体现了"改革弊政、建设新中国的勃勃富

---

① 『吉野作造選集』第9卷、42頁。
② 『吉野作造選集』第8卷、206頁。

有生气的全民族的诉求",代表了中国未来的新兴力量。①1917年8月,吉野出版了他花了大半年时间撰写的《支那革命小史》,他在"序言"中说:"最近二十年的中国革命运动,可谓催生新中国诞生过程中的一段苦涩经历。中国是否有未来,恐怕将取决于革命运动的前途如何。……《支那革命小史》实际上是我坦直地叙述中国人为达到民族复兴而努力奋斗的一部书,同时也借此机会表示我对支那民族的敬意。"②

也就是说,1916年以后,吉野作造的中国认知发生了重大转变。与内藤湖南等人不同,他较早地洞察到了中国新兴力量的崛起,在孙中山等革命党人身上,他看到了中国的将来。也因此,当五四运动爆发、几乎所有的日本人都在谩骂中国青年的反日暴力时,他却在当年6~7月的《中央公论》和《新人》杂志上发表了《不要谩骂北京学生的行为》《论北京大学生的骚扰事件》《狂乱的惩罚中国论》等文章,对中国青年的"排日"行为表示了与一般舆论相左的看法:"要根绝中国排日的不良事件,其良策不是去帮助章曹诸君的亲日派、压迫民间的不平之声,而是我们要自我抑制军阀、财阀的对华政策,让邻邦的友人了解日本国民内心希望和平的要求。为此吾人多年来一直在努力,力图把我们所爱的日本从军阀、财阀手中解放出来。在这一点上,北京的学生运动与我们的目标志向不也完全是一致的吗?"③"北京最近发生的事件,不能把它看作此前屡屡发生的单纯的、盲目的排日运动。第一,他们的行为完全是自发的,没有受到任何人的煽动;第二,在他们的运

---

① 『吉野作造選集』第8卷、257頁。
② 『吉野作造選集』第7卷、3頁。
③ 『吉野作造選集』第9卷、238頁。

动中涌动着一种明确的精神；第三，它们的运动并不是单一的排日。……只是他们所采取的手段是狂暴的、极端不文明的，我只是对此感到遗憾。"①

从思想上来说，吉野作造既不是一个脱亚论者，也不是一个亚洲主义者。他的思想资源是基督教和平思想、社会主义平等思想和宪政主义思想，在大正时代一片"支那改造论""大陆经营"的国家主义声浪中，吉野作造一开始虽然未能完全摆脱国家主义的立场，但他对中国（包括对朝鲜）的认知，他的基本立场是基于宪政主义的自由主义和民主主义，在同时代日本人中，表现出了相当的异色。异色一，是强调对中国的尊重，即尊重中国人的国民情感及领土完整和主权独立。异色二，是通过革命党人的第二次、第三次革命及五四运动看到了中国新生力量的兴起，看到了五四运动在民族觉醒和思想启蒙上的意义。上述的异色是同时代的日本人中几乎没有的。遗憾的是，吉野作造虽然是一个宪政主义运动的理论旗手，但他的对华认知始终未能在日本朝野成为主流。

五　尾崎秀实：昭和时代的异数

进入昭和时代以后，随着在中国东北南部即所谓的南满地区权益的稳固，日本正越来越表现出其帝国主义的倾向，日本不仅仅是"介入"对中国的改造，而是直接将中国的领土纳入日本的势力范围，至少要把所谓的"满蒙"变成日本在海外的新领地。1927年6~7月，此前担任过陆军大将的田中义

---

① 『吉野作造選集』第9巻、239-240頁。

一首相召开所谓的"东方会议",商定了今后日本的对华政策,制定了《对支政策纲领》,确定将采取军事行动来确保日本在"满蒙"地区的特殊权益,进而以"满蒙"为根据地,伺机向中国进一步扩张。

在这样的大局下,几乎所有日本的中国问题研究专家的立场都转向了政府一边。1906年即以媒体人的身份来到中国、在中国生活了差不多40年的橘朴,除了在报刊上撰写了大量有关中国的报道和评论,还出版了《支那思想研究》(1936)、《支那社会研究》(1936)、《中国革命史论》(橘朴死后的1950年出版)等很有分量的专著。一个被鲁迅认为比中国人还了解中国的日本人,洞察中国的眼光不可谓不深邃,对中国历史和现实的了解也绝不可说是肤浅,却在1931年九一八事变爆发后主动靠拢军部,成了日本当局在中国推行扩张政策的御用顾问和理论家。

一直到1945年8月日本战败,具有独立见解的日本思想界人士在法西斯政策的高压下几乎都被扼杀了。其间,几乎只有一个人以非常独特的面貌出现,对中国抱有异于常人的兴趣,并做出了迥然不同于前人的中国研究。这个人就是后来被卷入佐尔格间谍案、最后被捕入狱并被处死的尾崎秀实。

尾崎秀实差不多是这一时代最优秀的中国研究家。他出生不久,就因为父亲去殖民地台湾担任当地日文报纸的汉文主笔而全家迁居至台北,一直到1919年考入东京的高等学校为止的18年,他的幼年、童年和大半的青少年时代都是在台湾度过的。他在被捕以后做过这样的追述:

> 在我整个少年期只有一点与一般(日本)人相异的经

历。由于台湾的地理政治特点,我经常会接触到台湾人(支那血统的人),既有孩童之间的吵架,也有在日常生活中以具体的形态表现出来而让我直接感受到的统治者与被统治者之间的各种关系。这是一直以来唤起我对民族问题异常关切的起因,似乎也成了我对支那问题理解的一个契机。[1]

1922年毕业后他进入东京帝国大学法学部德国法学科学习,翌年4月转入政治学科。不久他在东京经历了日本当局对共产党组织的第一次大搜捕。1923年关东大地震时他又目睹了当局对左翼人士的迫害甚至杀害,"以这一年为转机,我开始了对社会问题的认真研究"。[2] 这一时期,他阅读了德文版的《共产党宣言》、马克思的《资本论》、列宁的《帝国主义论》等,开始思考日本和世界的前途,他后来说:"我的思想从人道主义转到了共产主义上来,大正十四年(1925)起,我开始信奉共产主义。"[3] 虽然他一生从未在组织上加入过共产党。

1928年11月,他作为《朝日新闻》的特派记者来到了上海,阅读了大量有关中国的书和报刊,并以记者的身份到各地考察,还与具有中共背景的中国学者探讨各种中国社会问题。1931年2月初,他被《朝日新闻》召回日本,陆续在报刊上发表了有关中国问题的评论。这一时期他写的评论主要是中国红军和苏区的动向分析,诸如《支那共产军的问题》《共产军

---

[1] 尾崎秀実「上申書(一)」『尾崎秀実著作集』第四卷、劲草書房、1978、293頁。
[2] 尾崎秀実「上申書(一)」『尾崎秀実著作集』第四卷、294-295頁。
[3] 『現代史資料・ゾルゲ事件』みすず書房、1962、67頁。

的西南移动和今后的支那政局》等，逐渐以中国问题专家的身份为人们所熟知。1936年12月，西安事变爆发，尾崎根据他对中国国情及国共两党错综复杂关系的了解，立即撰写了一篇《张学良政变的意义》，以其分析的鞭辟入里和对事变结果预测的准确性，奠定了其中国问题研究家的权威地位，并因此在具有近卫文麿智库性质的昭和研究会下属的"支那问题研究部会"担任负责人，日后又被聘为近卫内阁的中国问题顾问。在此期间，他多次去中国东北、华北、华南等地考察、旅行，陆续出版了《处于暴风雨中的支那》(1937)、《从国际关系中看到的支那》(1937)、《现代支那批判》(1938)、《现代支那论》(1939)、《最近日支关系史》(1940)、《支那社会经济论》(1940)等6本专著和无数的论文，成了九一八事变以后日本最著名的中国问题研究家之一。

与既往的日本中国问题研究家最大的一个差别是，尾崎认识到了近代以来的中国社会所包含的"半殖民地性"和"半封建性"这两个基本特质。基于这样的视角，他敏锐地察觉或捕捉到了"支那的民族解放运动的新浪潮正在迅速地高涨"这一几乎为所有的日本中国研究专家所忽略的具有根本意义的现象。他指出："日支关系的根本的理解，必须将其重点放在对其经济、社会诸关系的阐明上。……我们在弄清日支关系的时候，也必须排除观念性的方法，而运用与经济、社会相关的具体的方法。"[1]"从触及社会的本质上来理解现代支那……对支那社会做出整体上的综合性把握。"[2] 他在对既往的中国研

---

[1] 尾崎秀実「嵐に立つ支那・最近の段階に於ける日支関係」『尾崎秀実著作集』第1巻、62頁。

[2] 尾崎秀実『現代支那論・緒言』岩波書店、1939、5頁。

究只停留于对浮出的冰山的观察提出了严厉的批评之后表示："以笔者之见，把握与支那利害相关的复杂的国际关系，洞察支那民族运动的动向，是探究横亘在这表面之下的两个重大问题的方法。"①

他的传记作者、胞弟尾崎秀树在评论他的中国研究时说："尾崎秀实中国认识的特色在于科学性、综合性的同时，也是动态性的。……尾崎在对中国的历史和社会的各种状况进行客观把握的同时，还结合国际政局的动向将其真相凸显出来，论说了其与日本的关联，这是贯穿于尾崎中国研究始终的视角。"② 这段话概括地揭示了尾崎中国研究的特性。

当尾崎将近现代中国社会的性质规定为半殖民地半封建之后，便指出整个近现代中国的一个最基本的社会动向就是民族运动，即中华民族（尾崎的理解主要是汉族）寻求解放和发展的运动。"这一民族运动，或者可以宽泛地称之为民族的动向，根本上来说可谓是现在支那政治中最深刻、最大的问题。"③ 他进而指出："近代支那民族主义运动的源泉有两个。其一来自支那（汉）民族自明灭亡以来两百多年受异族满族的统治。另一个则是1840年鸦片战争以来欧美资本主义各国的重压。……近代支那的民族主义运动主要与列强对支那的压迫有关。"④ 尾崎认为，日本人对中国的认识偏差，"最重要的一点是未能理解支那民族运动的方向及其执着性"。⑤

---

① 尾崎秀実「国際関係から見支那・自序」『尾崎秀実著作集』第1卷、159頁。
② 尾崎秀樹「尾崎秀実と中国」『尾崎秀実著作集』第3卷、385頁。
③ 尾崎秀樹「尾崎秀実と中国」『尾崎秀実著作集』第3卷、164頁。
④ 尾崎秀実「最近日支関係史」『尾崎秀実著作集』第3卷、118－119頁。
⑤ 尾崎秀実「支那理解への道」『尾崎秀実著作集』第5卷、82頁。

尾崎这一系列的描述和分析，其目的也许是想要告诉日本的对华政策制定者，因为中国社会半殖民地半封建的特性，导致了近一百年来民族解放运动的此起彼伏、风起云涌，如今这一运动的矛头直指日本帝国主义。这不是一时兴起的盲目的排外运动，而是有它内在的根本动因。"如何解决支那事变的问题，最终将归结为日本如何解决支那的民族问题。"① 限于当时的言论管制，尾崎的具体含义无法明确表述，但明眼人大致能够读懂。

在当时研究中国的日本人中，尾崎还有一个非常突出的特点，就是对于以国民党和共产党为首的近代中国革命史的叙述和分析。与日本既有的研究不同，他对中国的政局，尤其是国民党和共产党的论述往往借助大量最新的情报和经济统计数据，基本上很少带有主观的感情色彩，而是一种十分冷彻的客观分析，因而具有较高的可信性。他撰写过《中国共产党和中国苏维埃》（1935）、《中国共产党》（1936）、《共产军的进入》（1936）、《共产党的诸问题》（1937）等文章，在《处于暴风雨中的支那》一书中则专列了"中国国民党、共产党关系史"一节，在某种程度上，他甚至预测到了共产党以后在中国掌权的可能性。可以说，在当时的日本，他是最具有权威的中国共产党研究者之一，就对情报的敏锐性和分析的透彻性而言，一时间可谓无出其右。

在战败前日本的中国研究专家中，尾崎虽然独树一帜，不同凡响，但未必属于主流一脉。虽然在当时也属于高级智库的一员，但他对中国以及中日关系的认识，在实际的日本对华政

---

① 尾崎秀実『現代支那論』、211頁。

策制定中未必具有举足轻重的影响力。尾崎对中国的关注和研究，其最终目的仍是思考日本和东亚的命运。由于局势的险恶，尾崎在其有关中国的论述中也有不少言辞模糊甚至些许官方的语调，但他后来在狱中回答检察官的讯问时，倒是无所忌惮地表明了他的政治设想："我所说的所谓'东亚新秩序新社会'……就是在日本国内的革命势力非常微弱的现实中，为谋求日本国内的变革，必须要有苏联以及脱离了资本主义体系的日本再加上中国共产党完全掌握了领导权的中国这三个民族的紧密合作和互相帮助，以这三个民族的紧密结合为核心来首先建立东亚各民族的民族共同体。"[①] 尾崎如此的动机和目的一旦揭示出来，其难以成为日本的主流意识形态恐怕也是必然的了。

日本学者野村浩一曾尖锐地指出："近代日本的历史，就是一部对中国认识失败的历史。"[②] 这一论断在一定程度上是成立的。

以上，对幕府末年一直到昭和时代前期的日本社会中各种主流和非主流的对华认知做了一个概要的梳理，意在为以下展开的七位作家的中国因缘及他们描绘的中国图像提供一个社会和思想的背景。这些作家，不管他们个人的经历有着怎样的异同，他们都是在明治或大正时代出生，并在这一时代成长起来的。他们的中国体验和中国认知也一定与这一时代有着难以切割的、错综复杂的关系，而日本人的这一身份认同也会潜移默

[①] 「司法警察官訊問調書」第九回、『現代史資料2・ゾルゲ事件（二）』みすず書房、128-129頁。
[②] 野村浩一『近代日本の中国認識：アジアへの航跡・』研文出版、1981、47頁。

化地渗入他们的血肉。在他们所描绘的中国图像中，非常鲜活而生动地体现了这一代日本人对中国这一与日本密切相关的他者的认知和思考。对他者的认知中，实际上体现了对自我的认知和定位，这也正是本书要探讨的价值所在。

第二章　谷崎润一郎的中国情结和中国意象

谷崎润一郎（1886~1965），出生于明治中期，在明治末年即以其小说《刺青》《麒麟》登上文坛，受到永井荷风的激赏，在大正年间成了一个享誉文坛的大作家，后又历经了昭和的前期和中期，1937年成为日本艺术院会员（院士），1949年获得文化勋章，始终伏案不倦，凭借《春琴抄》《细雪》等在日本文坛上独树一帜，直至晚年仍有《疯癫老人的日记》问世，引起世间的瞩目。谷崎润一郎在生前就设立了以其名字命名的文学奖，是日本近代著名作家。

而他所经历的明治中晚期至昭和前期，正是中日关系起伏跌宕、复杂多变的特殊年代。进入明治时期不久，日本朝野便试图在中国大陆谋求利益，并逐渐以武力为依托，强行扩展在中国的权益，而每一次行动其实都源于日本人对作为他者中国的认知。在这风云跌宕的几十年里，日本的知识人或文化人扮演了极其重要的角色，他们往往是舆论的领袖，在一定程度上影响了日本人对中国的姿态。

谷崎润一郎不算一个有强烈政治关切的作家，却是一个对中国很有兴趣的文人，曾在1918年和1926年两次来到中国，并结识了数名中国文坛的新作家。他虽不如同时代的佐藤春夫或后来的武田泰淳那样撰写过众多与中国相关的文字，但在笔者看来，他对中国的关注和兴趣似乎一点也不亚于他们。只是由于童年、少年乃至后来的人生经验，他对政府一直是抱着某种"反叛"的情绪和姿态，当大半个甚至是整个日本狂热起来的时候，他也始终不屑于与政府或时流同调，一直生活在自己营造的氛围中，没有对中国发出任何鄙视、讽刺、抨击的言论，也始终拒绝成为战地"笔部队"的一员。在这一点上，他与永井荷风有些许相似之处。在这一章里，笔者试图对谷崎润一郎对中国的态度进行较为深入的分析。

一　谷崎的中国因缘：古典文化、美食、旅行

1886年7月，谷崎出生于东京的一个商人家庭，祖父是家业的开创者，经营过旅馆和活字印刷所，可是到了他父亲手里，家道日趋衰落，最后日常的营生也变得颇为窘迫。1892年，他进了附近的阪本寻常高等小学念书。当时日本的教育体制，小学中的寻常科是四年制，高等科也是四年制，总共八年，中学四年，高等学校（勉强可称作高中）四年，之后进入大学。谷崎的少年时代，全日本仅有一所大学——东京帝国大学（1886年建立，被命名为帝国大学，1897年改称东京帝国大学，二战后正式定名为东京大学）。从现有的文献资料来看，谷崎在幼小的时候便显现出了不同寻常的天分，求知欲强，领悟力高。

在他8岁的时候发生了一件很大的事，使他第一次感受到中国的存在，这便是中日甲午战争的爆发。全日本都为之狂热

第二章　谷崎润一郎的中国情结和中国意象 / 39

起来。但幼小的谷崎不解为何会有这样的一场战争，于是某日在吃晚饭时向父亲询问。父亲兴致很高，滔滔不绝地跟他说了一大通话。他事后回忆说："不过说老实话，父亲的解说太难了，我理解不了。我觉得最匪夷所思的是，东学党叛乱是发生在朝鲜的事，为什么日本一定要出动军队呢？而且日本的军队到了朝鲜，还要跟中国的军队交战，这又是为什么呢？这个道理我怎么也弄不明白。"①

在他的少年时代，直接与中国有关的体验还有两个方面。一个是汉学的习得，另一个是与中国饮食文化的接触。

先说汉学的习得。日本对汉学，即有关中国的文史知识、中国古典文化的学习，其历史至少可以追溯到遣隋使、遣唐使的时代。在飞鸟时代、奈良时代、平安时代前期日本有专门学习中国典籍、培养高级官僚的官方学校"大学寮"等的开设。武家当权的镰仓幕府时代，在僧侣阶级中兴盛的"五山文学"差不多就纯粹是汉文学。后来稍有式微，在江户时代再度勃兴，朱子学被幕府定为"正学"，传统的儒学或新兴的"宋学"普遍为朝野接受，对中国历史典故的熟悉一度被看作是是否有学养的标志。明治以后，日本的主流社会开始服膺西洋文明，儒学以及中国的思想文化在一定程度上被视为阻碍日本社会进步的负面因素，中国的形象在日本社会中也越来越低落，日本的汉学家逐渐被边缘化。不过，长期的文化影响不可能一朝消散。江户时期极为兴盛的汉学到了明治时代即便成了强弩之末，也仍然有一定的势力。谷崎的

---

① 谷崎潤一郎「幼少時代」『文芸春秋』第 34 卷第 2 期、1956 年 2 月。此处据『谷崎潤一郎全集』第 17 卷、中央公論社、1992、112 頁。

少年时代，汉学的鼎盛期自然早已过去，然而余韵犹在，汉学的教养仍被看作跻身中上流社会的身份标志，虽然它的色彩已经逐步褪落。

谷崎在汉学上的启蒙者有两个。一个是他小学高等科的班主任稻叶清吉，另一个是他小学快毕业时去上的一家私塾的汉学先生。稻叶并不是一个旧时代的冬烘先生，而是一个新式师范学校毕业的年轻人，却对古典文化感兴趣，自己也想成为一个志趣高雅的哲人贤士。他不爱穿西服而常穿和服，怀里揣着的不是中国的古书就是禅宗的经典，或是日本的古籍。比起文学来，他更醉心于哲学和思想，尤其对于王阳明的诗文几乎奉若圣书。谷崎评论说："稻叶老师的汉文素养，即便在比现在水准要高的当时，也远在一般小学教师的水准之上吧。"① 谷崎回忆说，稻叶老师在青木嵩山堂购买了一套十卷本的《王阳明全书》，有时候带一卷到学校来，教谷崎读解，谷崎至老年仍然记得的语句有：险夷原不滞胸中，何异浮云过太空。夜静海涛三万里，月明飞锡下天风。还有诸如"破山中贼易，破心中贼难"等警句。谷崎还常常见到稻叶手里拿着弘法大师（空海）的《三教指归》和道元禅师的《正法眼藏》。② 他还把朱熹训诫弟子的一首诗让谷崎背诵："少年易老学难成，一寸光阴不可轻。未觉池塘春草梦，阶前梧叶已秋声。"这些儿时习得的汉诗，几十年过去了，谷崎仍可轻易地背诵出来。③ 在稻叶老师的亲炙下，谷崎自幼耳濡目染，受到了一定

---

① 『谷崎潤一郎全集』第17卷、216頁。
② 空海在唐代随遣唐使来中国学佛，归国后在日本开创了真言宗；道元在南宋时来中国学佛，将禅宗的曹洞宗传到了日本。
③ 详见谷崎潤一郎「幼少時代」。

程度的汉学熏陶。另一个老师野川则会对他说起楚汉之争时的鸿门宴、垓下之战、四面楚歌等故事。这些在无形中塑造了他心灵中的中国情结。

在谷崎小学快要毕业的时候，家里估计难以供他念中学，为了多补充一些知识，就让他在上学之余去汉学私塾和英语学校学习。他上的汉学私塾叫秋香塾，规模不大，讲课的只是一个六帖（11~12平方米）大小的房间，主讲的是一位蓄着长须的六十来岁的老翁，有时也有一位二十来岁的年轻女子来代讲（谷崎后来听说是老翁的小妾）。在秋香塾里，谷崎先后学习了《大学》《中庸》《论语》《孟子》，以及《十八史略》《文章规范》等。塾师并不讲解，只是按照日本训读的方法教学生念。几十年之后，谷崎仍然记得《大学》中的句子："心不在焉，视而不见，听而不闻，食而不知其味。此为修身正其心。"但是只是跟着念，谷崎并不能满足，就时常向老翁或年轻的女子发问，他们有问必答，且讲解简明易懂，由此加深了少年谷崎对中国古典文化的理解。私塾里所读的《十八史略》可以说是谷崎了解中国历史的启蒙书。此书是元代曾先之所著，将《史记》以来至宋代为止的各种官修史书浓缩而成，后来又不断有人为之补充修订，使其更为完备。原来只是一部作者名不见经传的民间编撰，却因为其言简意赅、文笔流畅，到了明代大为流行。这部书在室町时代传到了日本，受到日本朝野的欢迎。至江户时代，该书被各个藩的官学定为教科书。于是无论宫廷还是民间，几乎人手一册，成了学习中国历史的入门书，其影响甚于中国本土。谷崎最初有关中国历史的知识，大抵是从其中习得的。有时候里面有些难以读解的字词，他就回家询问母亲，不意平民出身的母亲竟然也可以为他讲解，这使得谷崎深有感慨地认识到："说起来，在那个时代，即便是一般的市民，只要家里经济上稍有些余裕，就像今天大家学习英语那样，都会让女子去学习汉文，我母亲大概就是在年轻的时候获得了这些教养的吧。"①

由于早期的汉学教育和习得，谷崎在少年时就能作汉诗了。1901年刚刚考进东京府立第一中学的他（15岁），在学校的《学友会杂志》上发表了几首汉诗。第一首题曰《牧童》，兹摘录如下：

> 牧笛声中春日斜，青山一半入红霞。
> 行人借问归何处，笑指梅花溪上家。②

后两句明显是借用了杜牧的"借问酒家何处有，牧童遥指杏花村"的意境和句式。诗虽然写得浅白，却也可看出谷崎至少是读了不少唐诗宋词，有了一定的底蕴。他另有一首《残菊》。

> 十月江南霜露稠，书窗呼梦雁声流。
> 西风此夜无情甚，吹破东篱一半秋。③

这首诗相对就要高明不少，尤其是后两句。诗中用了"江南"一词，日本并无江南之说，这显然也是受了唐以后中国诗风的影响。而其时，谷崎还只是一个15岁的少年。

---

① 『谷崎潤一郎全集』第17卷、233-234頁。
② 『谷崎潤一郎全集』第24卷、中央公論社、1993、52頁。
③ 『谷崎潤一郎全集』第24卷、53頁。

少年谷崎的另一个有关中国的体验，可以说在他的时代里差不多是绝无仅有的，那就是与中国食物、中国菜肴的接触。他进入小学时认识了一位同班同学、后来结为终生之交的笹沼源之助，其父亲是东京最早的一家中国餐馆偕乐园的经营者。通过这层关系，谷崎成了这一时代最早体验到中国滋味的日本少年之一。位于东京桥龟岛町的偕乐园开业于明治十六年（1883），当年的厨师主要是来自长崎的中国人后裔和较多接触中国饮食的几名日本人。即便是在锁国的江户时期，幕府仍然允许在长崎一隅与中国人和荷兰人做有限的贸易，从中国人集聚区"唐人屋敷"中流传出来的中国菜肴演变成融入了日本元素的"桌袱料理"，即不完全采用中国的桌椅形式，场地仍是榻榻米的房间，但有一张低矮的圆桌，人们席地而坐，食物的烹制以中国菜肴为基调，肉食也是被允许的。① 明治以后，最初在日本出现的中国料理，基本上还是长崎那边传过来的"桌袱料理"的样式，后来随着中国移民的增多，才逐渐演变为比较地道的中国菜。源之助带到学校来的午餐便当大抵是中国菜，诸如红烧肉丸子、糖醋排骨等，而明治以后肉食禁令虽已解除，但在谷崎的孩童时代，肉食尚未普及，且谷崎其时已是家道中落，带来的便当多是素食，两人经常交换食物，谷崎由此较早品尝到了中国料理。后来谷崎也常跟着源之助到偕乐园去玩，免不了也能获得中国菜的犒劳。1907年他在第一高等学校英法科念书时，在经济上还时常得到源之助父亲的援助。后来谷崎颇有感触地说：

---

① 日本人自8世纪以来因为历代笃信佛教的天皇的诏敕，一直到西洋文明大举进入日本之前，几乎有一千多年禁止食肉的历史。

我很小的时候就喜欢中国菜。之所以这样说，是因为我跟东京著名的中国菜馆偕乐园的老板，自孩提时代起就是同学，常去他的家，尝过那里的菜肴，于是就彻底喜欢上了那里的滋味。我懂得日本料理的真味还在其后，我觉得即便跟西餐相比，中国菜的美味也远在其上。①

这种独有的体验不仅拉近了谷崎与中国的距离，并且让他萌发了对中国比较强烈的好感。这样的体验和情感，在同时代的日本人中是比较鲜见的。

1908年9月，22岁的谷崎进入了东京帝国大学国文科学习，以后便沉潜于文学创作。1910年，他在《新思潮》上发表了《刺青》和《麒麟》，受到了当时影响颇广的《中央公论》杂志社总编辑的赏识，便成了该杂志的长期撰稿人。1911年，名作家永井荷风发表了《谷崎润一郎氏的作品》，对他大为推奖，谷崎由此正式登上文坛，声名鹊起。

1918年10月9日，谷崎启程经已被日本吞并的朝鲜，到达中国的东北（时称满洲），在沈阳（时称奉天）待了数日后，往南抵达北京，再由北京坐火车前往汉口，自汉口坐船沿长江而下，在九江停留，并坐滑竿登上了庐山。再从九江坐船到南京，然后坐火车到苏州，畅游了苏州城和郊外的天平山，最后抵达上海。又自上海坐火车去杭州旅行，住在新新旅馆。这一年的12月上旬坐船返回日本，整个行程持续了大约两个月。

---

① 谷崎潤一郎「支那の料理」『大阪朝日新聞』、1919年10月。此处据『谷崎潤一郎全集』第22卷、78頁。

谷崎为何去中国旅行,好像相关的文献并无确切的记述。但是少年时代的汉文熏陶和中国料理的体验,无疑在他的心头萌生了若隐若现的中国情结,虽然不像芥川龙之介和佐藤春夫那么清晰,但是由此滋生了他对中国的一种温情。可以说,这种温情是在芥川龙之介和佐藤春夫之上的。归国后,他撰写了不少有关这次旅行的文字,计有《中国旅行》《庐山日记》《南京夫子庙》《秦淮之夜》《南京奇望街》《中国观剧记》《苏州纪行》《西湖之月》《中国的菜肴》等,总体来说,他对南方的好感要明显胜于北方。1918年,中国名义上有北京的民国政府,但实际上处于军阀割据的时代,整个社会处于时而动荡时而平静的年代。我们在谷崎描述中国的文字中,可以看到一个有些凋敝、有些破败却不乏温情的图景。北京正在掀起新文化运动,新文学也已崭露头角,但声势尚不浩大。

1926年1月,他再次来到中国,这次主要是在上海盘桓。据其1926年1月12日给友人的信,他是13日从长崎坐船前往上海的。他在信中还写道,他是1月6日带着家人从神户出发,在长崎游玩了四五天。但从后来的记述可知,他的上海之行似乎是一个人的旅行,下榻在一品香旅馆,并无家人在侧。经内山书店经营者内山完造的介绍,他得以与郭沫若、田汉、欧阳予倩等活跃在上海的一批文人相识。这是他人生中第一次与中国人较为深入地交往,也是中日现代文学交流史上一次有意义的邂逅。该年的2月14日,他踏上了回国的航程。

以后,谷崎虽然经历了婚变和数度的迁居,文学的声名却是越来越盛大,1927年《谷崎润一郎集》作为改造社出版的《现代日本文学全集》的一种,卖了60万册。1926年以后,日本对外军事扩张的步伐日益加剧,1931年发动了九一八事变，翌年炮制成立了伪满洲国。为了显示伪满的存在感，宣传日本统治下的治绩，通过在伪满的各种机关陆续邀请了一些文人到中国东北去访问，谷崎一直与此无涉。1937年7月，日本全面侵华战争爆发，日本国内的军国主义气氛也日益浓郁，国家的力量以各种方式恣意干预文化艺术领域。当局动员了一大批由作家组成"笔部队"前往中国战场，慰劳侵华的日军。谷崎退居关西，对此不闻不问，主要致力于《源氏物语》的现代语翻译和长篇小说《细雪》的创作。1940年，或者是当局鼓动，或者是文人主动靠拢，日本文坛正酝酿成立一个配合战时国策的全国性组织，历次的组织者和发起人名单中，谷崎均不在其列。1942年5月，在当局的策动下，日本所有的文艺组织整合成"日本文学报国会"，网罗了全日本几乎所有的作家文人，在理事和各部会长的名单中，我们看到了诸如佐藤春夫、菊池宽、武者小路实笃、德田秋声等在20世纪二三十年代被介绍到中国来的知名作家，但谷崎不在其列。1942年11月，以日本文学报国会的名义在东京举办了规模盛大的第一届"大东亚文学者会议"，共有520人参加，名单中没有谷崎。以后，谷崎似乎也没有参加这一组织的任何活动。[①] 作为一名知名作家，谷崎能与当局或以各种形式"为大东亚战争"摇旗呐喊的主流文坛保持如此的距离，在当时绝非易事。究其缘由，笔者认为，一是谷崎始终是一个和平主义者，在浊流滔天的战争年代，他依然坚持了自己的这一立场；二是这场战争一开始就是针对中国的，谷崎对中国怀有温暖的感情，内心对

[①] 樱本富雄『日本文学報国会：大東亜戦争下の文学者たち』青木書店、1995。

于当局在中国的军事扩张一直是心存抵触的；三是自从谷崎登上文坛后，当局对谷崎多少是打压的，他的作品曾屡屡遭到查禁。1943年3月他的小说《细雪》在《中央公论》上第二次连载的时候，陆军报道部下令禁止刊出，一直到战争结束，这部作品就失去了问世的机会，甚至连他自己出钱刻印的500部私家版也遭到了查禁。所有这一切，都加剧或坚定了谷崎对于当局以及当局对外扩张政策的抵抗态度。

战后，由于美军对日本数年的军事占领以及后来冷战格局的形成，日本与新中国几乎处于隔绝的状态。从现存的文献来看，谷崎似乎也没有对中国抱有特别的关注。但是他内心的中国情结，在当时的日本文化界是广为人知的。1956年3月由法国文学研究家中岛健藏、小说家井上靖等人在东京发起成立日中文化交流协会时，谷崎担任了协会的顾问。1920年代在上海时结交的那些中国友人，他始终没有忘怀。1956年，时任中央戏剧学院院长、中国戏剧家协会副主席的欧阳予倩率领中国京剧团赴日本公演，谷崎闻讯特意赶到欧阳在箱根下榻的旅馆，畅叙阔别之情。欧阳予倩也极为激动，赋长诗一首相赠，题曰《谷崎润一郎先生与我阔别重逢，赋长歌为赠》，兹录全诗如下：

阔别卅余载，握手不胜情。相看容貌改，不觉岁时更。
我昔见君时，狂歌任醉醒。
茧足风尘中，坎坷叹无成。别后欲萧条，忧道非忧贫。
亦有澄清志，不敢避艰辛。
频惊罗网逼，屡遭战火焚。幸得见天日，无愁衰病身。
精力虽渐减，志向向清纯。

旧日俦侣中，半与鬼为邻。存者多挺秀，不见惭怍形。举此为君告，以慰怀旧心。

　　君家富玉帛，琳琅筐篋盈。可以化干戈，用以求和平。祝君千万寿，文艺自长春。

欧阳予倩赋诗之后，回到东京的帝都酒店用毛笔将这首长诗誊写了一遍，专程寄到谷崎在热海的住所。后来谷崎请人将其装裱起来，挂在自己雪后庵的客厅里。① 这一年，谷崎担任了日中文化交流协会顾问，而他自己则直至 1965 年去世，再也没有机会踏上中国的土地。

二　谷崎与中国文坛的交往

谷崎润一郎在明治末期登上文坛后，渐渐受到了一些中国人的瞩目。周作人 1918 年 4 月在北京大学文科研究所小说研究会上发表了题为"日本近三十年小说之发达"的演讲（演讲稿发表在当年 5、6 月的《北京大学日刊》上），其中提到针对明治末年流行的自然主义，日本文坛上发生了一种反动，其中之一便是享乐主义（后来一般称为"耽美主义"或唯美派）。周作人在演讲中说："此派中永井荷风最有名。他本是纯粹的自然派，后来对于现代文明，深感不满，便变了一种消极的享乐主义。所作长篇小说《冷笑》是他的代表著作，谷崎润一郎是东京大学出身，也同荷风一派，更带点

---

① 谷崎潤一郎「欧陽予倩君の長詩」『谷崎潤一郎全集』第 22 卷、403 - 405 頁。

颓废派气息。《刺青》《恶魔》等,都是名篇,可以看出他的特色。"① 虽然只是寥寥数语的介绍,已足以说明中国的新文坛关注到了他。

但也真是阴差阳错,1918 年谷崎来中国游历时,除了徜徉于山水古迹之外,还到处寻访中国文坛的新兴作家,最后竟一无所获,失望地回到了日本。其实,1918 年时,陈独秀的《新青年》已在中国树起了新文化运动的旗帜,鲁迅、康白情等人的白话小说、白话诗也陆续问世。但也许当时新文学运动的声势尚不足以震撼整个社会,也许是谷崎当时交游的圈子对初露头角的新文学比较隔膜,总之,谷崎的首次中国之旅没有感受到中国文坛任何新的气息,最多只是接触到一些曾经风靡上海的鸳鸯蝴蝶派的余波而已。

1926 年 1 月谷崎再次来到上海,文坛的气象已与 8 年前迥然不同了。他的小说《麒麟》也在 1924 年被翻译介绍到了中国。抵沪几天后,谷崎的旧友、时任三井洋行上海支店长的 T 氏在"功德林"设宴为谷崎洗尘。觥筹交错之间,同席的一个经纪商宫崎告诉谷崎,如今有一批青年文人艺术家正在中国掀起一场运动,日本的小说、戏剧中的一些优秀之作差不多经他们之手译成了中文,"你若不信,可到内山书店去问一下,书店老板与中国的文人颇熟,到了那儿便可知晓了"。宫崎说这一番话倒也不是空穴来风,1924 年内山完造在自己的书店里组织了一个"文艺漫谈会",经常有一些热爱中日文艺的青年人在那里畅谈心得,还编了一份名曰《万花镜》的同人刊

---

① 周作人:《日本近三十年小说之发达》,《艺术与生活》,河北教育出版社,2002,第 145 页。

物。宫崎喜欢中国的戏剧，也常到书店里去坐坐，知道一些上海文艺界的信息。谷崎听宫崎如此一说，立即来了兴趣，决定去寻访中国的文坛新人。

几天之后，他在宫崎的陪同下来到了北四川路魏盛里的内山书店。"店主是一个精力旺盛、明白事理、说话风趣的人。在店堂里侧的暖炉边，放置着长椅和桌子，来买书的客人可在此小憩一会儿，喝杯茶聊会儿天，盖此家书店似已成了爱书者的一个会聚地。我在此处一边喝茶一边听店主讲述中国青年人的现状。"① 内山告诉谷崎，这里的日文书有 1/4 以上是中国人买去的，大多是些文学、哲学、经济、法律的书刊，现在中国不少介绍新思想、新知识的书，大半是取之于日文的书籍。自日本留学归来的年轻人，有不少已在文坛上崭露头角。他们从报上得知谷崎已到了上海，都希望能有晤面的机会。谷崎听了内山的这一番叙说，心里感到十分欣悦。内山又向谷崎介绍了谢六逸、田汉、郭沫若和欧阳予倩诸人。谢六逸，贵阳人，1922 年从早稻田大学政治经济科毕业，后在上海商务印书馆供职，与沈雁冰（茅盾）的文学研究会关系比较密切，不久担任了上海神州女校的教务长，后又转入复旦大学中文系任教授。谢六逸在日本读的虽然是经济学，却对日本的文学极为熟稔，是 1920~1930 年代译介日本文学最有成就的人之一。田汉毕业于东京高等师范学校，在写诗、写剧本的同时，也翻译了不少日本文学作品，最著名的是 1924 年出版的《日本现代剧选》。欧阳予倩 1907 年在日本留学时就与李叔同（后来的

---

① 谷崎潤一郎「上海交遊記」『女性』1926 年 5-8 月号。此处据『谷崎潤一郎全集』第 22 卷、564 頁。译文亦可参见谷崎润一郎《秦淮之夜》，徐静波译，浙江文艺出版社，2018。

弘一法师）等人一起在东京上演了被称为中国新剧滥觞的《茶花女》，回国后在戏剧创作和表演上都有卓越的贡献。内山完造提出，由他来安排，在书店的楼上举行一次中日文人的聚会，谷崎对此感到十分高兴，再三谢过了内山后，满心喜悦地离开了书店。

敏锐的上海新闻界也获知了谷崎来沪的消息，上海当地最大的华文报纸《申报》在1926年1月20日"本埠新闻"栏目中刊登了《日本文学家谷崎润一郎来沪》，内容如下：

> 日本文学家谷崎润一郎氏，以描写变态性欲著名，每书一出，举国争阅，与菊池宽氏并称为大正时代之文豪，昨日来沪游历，由内山完造君发起，于本月22日在北四川路内山书店楼上开会欢迎，并约定谢六逸君演说我国新文学现状，如有请谷崎氏演说者，请向内山君接洽，谢君已允代为翻译云。

聚会前一天的早上，谷崎接到了内山的电话通知。不巧聚会的这一天谷崎正好要打预防针，一天不能喝酒，于是提出能否改期。不料大部分参加者住得颇远，那时电话还没有普及，已经来不及通知更改了。结果为了谷崎，决定这一天不饮酒，并且安排了素斋。在中国，正式的素斋是不备酒的，谷崎因此心里觉得有些歉疚。

聚会的当晚，谷崎与《大阪每日新闻》驻上海的记者村田、宫崎和中国戏剧研究会的塚本、菅原一起出了门。"我走进店内时，在暖炉前坐着一个穿黑西装、戴眼镜的青年，此人即为郭沫若君。圆脸、宽额，有一双柔和的大眼睛，毫不卷曲的坚硬的头发散乱地向上直竖，仿佛一根根清晰可数似的从头颅上放射出去。也许是有些弓背的缘故，从体形外貌上来看显得有些老成。"① 不一会儿，谢六逸来了。谷崎描写他说："穿一套薄薄的、似是春秋季西服般的浅色西装，上衣的里面露出了羊毛衫。这是一位脸颊丰满、大方稳重、温文尔雅的胖胖的绅士。内山氏向谢君介绍了郭君。党派不同的两位头脑借此机会互致初次见面的寒暄。然后开始了非常流畅的日语谈话。"② 谢六逸1918年赴日本留学，翌年4月入早稻田大学专门部政治经济科学习，1922年3月毕业，获学士学位，旋即归国，在商务印书馆编译部供职。1921年文学研究会成立伊始，谢就是最早的成员之一，同时也是中国早期介绍日本文学贡献最大者之一。1924年4月他发表了《万叶集选译》，1926年2月入复旦大学中文系主讲"东洋文学史"，9月出版了《日本文学》，这也许是中国最早的一部系统的日本文学史。1929年5月他出版了自己所译的《日本近代小品文选》，9月出版了《日本文学史》上下两卷。③ 谢六逸告诉谷崎，他在早稻田大学念书时，曾听过谷崎的弟弟谷崎精二的课。谈话间，欧阳予倩推开门走了进来。谷崎对他的印象是："白皙的脸上戴着眼镜的样子，到底是一位站在舞台上的人。一头乌发宛如漆色一般地闪烁着黑色的光泽，鼻梁线挺拔而轮廓分明。从耳际后面一直到脖颈上的发际间的肤色尤其白皙。"④ 接着进来的还有

---

① 『谷崎潤一郎全集』第22卷、568頁。
② 『谷崎潤一郎全集』第22卷、568－569頁。
③ 据陈江、陈达文编著《谢六逸年谱》，商务印书馆，2009；陈江、陈庚初编《谢六逸文集》，商务印书馆，1995。
④ 『谷崎潤一郎全集』第22卷、569頁。

曾在日本留学十年、后又去法国攻读语言学的方光焘，毕业于日本庆应大学、新中国成立后担任上海市文献委员会副主任的徐蔚南等人。参加晚会的中国人清一色地穿着西服。令谷崎感到惊讶和亲切的是，这天晚上来到内山书店的人都说一口流利的东京腔日语。1923年关东大地震后，谷崎就移居到了关西，他已经有一段时间没有参加这样都说东京话的聚会了，没想到在海外遇到了这样的场景。

　　最后出现的是田汉。"说实话，我要是没听到内山氏的一声'田汉君来了'，实在不会想到进来的一个穿着素色洋装的汉子竟是中国人。我倒是觉得这个人大概是东京的哪一个文人，名字一下子想不起来了，当时竟是这样的一种感觉。田君的容貌风采竟与日本人如此相近，而且当时的印象是与我们这些同伙别无二致。肤色黝黑，瘦削，长脸而轮廓分明，头发长得乱蓬蓬的，眼睛里射出神经质的光芒，长着龅牙的嘴双唇紧闭略无笑意。习惯于低着头竭力控制住自己的神态，都令我们想起自己二十几岁时的模样。他脸对着桌子，眼睛往上一抬扫视了一下桌边的人，目光又默默地沉落了下来。"[①] 田汉默默落座后，突然开口对谷崎说，以前曾在日本镰仓的海边看见他在那边拍电影，那是1920年的夏天。确实，那段时间谷崎正投身于新兴的电影事业，当了"大正活动写真"的顾问，写了《业余俱乐部》等四个剧本，对电影的制作发表过不少精彩的言论。从田汉日后所写的《我们的自己批判》中可以看出，谷崎的电影理论对后来从事电影业的田汉有不小的影响。

　　参加聚会的都是对文艺有兴趣的人，话题自然是中日两国

[①] 『谷崎潤一郎全集』第22卷、570頁。

的新文坛。谷崎从郭沫若和田汉的口中得悉，日本的新文学虽已在中国逐渐登陆，武者小路实笃、菊池宽等人的作品已有部分有了中文译本，但宫崎原先对他所说的话不免有些言过其实，以留日学生为主体的创造社的文学活动，毕竟也只是五色杂陈的上海文坛的一个方面，且当时中国的政治和社会动荡不安，疮痍满目，作为热血青年的郭沫若和田汉不仅有文学上的苦恼，现实社会的黑暗也使得他们愤懑不已。

那天聚餐会结束后，郭沫若和田汉随同谷崎来到他下榻的位于西藏路上的"一品香"旅馆（今来福士广场的一部分），"喝着绍兴酒又继续谈开了。借着醉意，两人都坦率地诉说了现今中国青年心中的苦恼。他们说，我们国家古老的文化，眼下由于西洋文化的传入而正遭到人们的遗弃。产业组织受到了改革，外国的资本流了进来，琼脂玉浆都让他们吸走了。中国被称为无穷尽的宝库，虽然新的富源正在为人们所开拓，但我们中国的国民不仅未受到一点惠益，物价反而日益攀升，我们的生活渐渐困难起来。上海虽说是个富庶的城市，但掌握财富和权力的是外国人"。① 以前一般的评价是，文学研究会比较关注文学与社会的关联，倡导文学描写社会与人生，而同在1921年成立的创造社则倾向于文艺本身，注重文艺的形式和风格。不过事实未必如此，至少到1920年代中期，早先的创造社作家也已非常关注社会现实，并夹杂了较为浓厚的革命情绪。1925年末、1926年初，郭沫若已发表了《新国家的创造》《社会革命的时机》等充满了政治色彩的文章。从谷崎所记录的郭沫若等的话语，已可充分感受到这一点。与谷崎会见

---

① 『谷崎潤一郎全集』第22卷、577頁。

的第二个月，郭沫若便受广东大学校长陈公博之聘，来到南方的革命策源地广州。1926年6月，国民革命军开始北伐，郭沫若投笔从戎，担任了北伐军政治部宣传科长。

过了几天，欧阳予倩与郭沫若、田汉等策划了一场在徐家汇路新少年影片公司（今上海电影制片厂的主体）举行的文艺消寒会。这既是文艺圈内人士的一次大聚会，同时是对谷崎润一郎的欢迎会。时间安排在1月29日的下午。这是一个严寒过后阳光和煦的温暖的午后，田汉开了车到一品香来接谷崎。"汽车载着我们两个人，沿着旅馆前跑马厅边平坦的西藏路由北向南驶去。混凝土的路面犹如擦得锃亮的走廊一般熠熠发光，一闪一闪地反射着晴日的阳光。时值旧历岁末，街上一片车水马龙。骑着马的士兵冲开汽车、马车、人力车及下层劳动者的杂沓的人群，蹄声清脆地策马前行，跟在后面的是戏曲、电影、年终大甩卖等的广告队。有一列抬着花轿的迎娶队伍，吹吹打打地走过街头，艳丽夺目的花轿仿佛是龙宫里的仙女乘坐的一般。到处都是一片暖洋洋的、亮晃晃的，令人目不暇接，美不胜收，昏昏欲睡。"①

汽车开到了电影公司门前，两人下了车，穿过宽广的摄影棚，看到郭沫若站在阳台上挥动着帽子向他们打招呼，一旁是穿着中装、戴着墨镜的欧阳予倩。谷崎被引进一间大房间，已有二三十人聚集在那里等候，除了已见过的方光焘等人外，谷崎还见到了毕业于东京美术学校的西洋画家陈抱一、刚从欧洲游学归来的漂泊诗人王独清、当时风头正健的明星公司的电影

---

① 『谷崎潤一郎全集』第22卷、583頁。

导演任矜苹①等。在邻旁的一间小客厅里，站着十几位如花似玉的夫人和小姐，衣香鬓影、风姿绰约。晚宴开始时，当时红透半边天的女演员张织云也姗姗来了。

谷崎可以说是第一次参加这样纯粹的中国式聚会。令他感到新奇的是，中国人招待客人不仅敬茶，还敬烟。"在西日的照射下顿时明亮起来的房间中，香烟的烟雾升腾起来，弥漫在四处。说起香烟，在中国招待客人时如同奉上茶和点心一样，也会不断地递上香烟。打开白铁罐的封口，连同铁罐一起放在桌上，手伸不到的客人面前，便连同茶水一起分上五六支烟。茶杯就是常见的注入开水后打开杯盖喝的那种，喝了几口后马上又给你倒满，烟抽完后立即又给你递上来五六支。据说世界上茶喝得最多的是俄罗斯人和中国人，对我这种一年到头习惯于喝茶抽烟的人来说，这类招待方式真是再好不过了。总之，无论是进食也好，抽烟也好，中国的方式使人毫不拘谨，比西洋的程式要自由多了。"②

晚宴开始前，各路英豪表演了各自的拿手戏。年逾六十、两鬓染霜的剑术家米剑华英姿飒爽地表演了双剑术；在舞台上独领风骚的欧阳予倩手持的是单柄剑，一招一式都可见深厚的舞台功夫；关良模仿着街头卖艺的样子演奏了小提琴；田汉不甘示弱，自告奋勇地站起来也唱了一段戏曲。接着还有古筝演奏，可惜周围声音嘈杂，谷崎无法细细欣赏，倒是北京来的张少崖拨奏着三弦演唱的北方戏曲，歌调低回涩哑，虽语言不通，其韵味谷崎差不多能领会。所有这一切都用摄影机拍摄了

---

① 他导演的影片《新人的家庭》其时正在卡尔登戏院上映，一时好评如潮。
② 『谷崎潤一郎全集』第 22 卷、584 页。

下来。如果这盘胶片现在还留存着的话，应该是非常珍贵的一部历史文献片。

晚宴开始了，田汉拿着酒杯站了起来，滔滔不绝地发表了长篇致辞，谷崎坐在一旁一点也听不懂，只是从时不时地夹入"谷崎先生"才慢慢意识到原来是在为自己致欢迎词，心头不禁一阵发热。这样的场面也让谷崎第一次见识了中国人饮酒干杯时的豪爽风采：猛地一口喝干，然后一起将酒杯朝下，以示已全部喝尽。谷崎也学着大家的模样一次次将杯口朝下。他原以为自己酒量不错，绍兴酒当不在话下，不料数杯下肚之后，不觉也有点醉意朦胧了。这时，酒席上不知谁大声说了一句：日本人也来露一手！于是同时被邀请来的、坐在对面角落上的塚本等人唱起了大正初年在日本学生中流行的"彻令宵"，一些自日本留学归来的中国人也跟着一起唱。在欧阳予倩表演了一段声调柔美的花旦戏后，郭沫若蓦地跳到了椅子上，一边击掌一边高声说：现在由谷崎先生表演精彩节目。鸭子被赶上了架，谷崎只得站了起来，他抱歉说自己不会唱歌，就说一段话权作答谢。一旁的郭沫若热情地为他做了翻译。

今天中国的新文艺运动竟已如此地兴盛，并且为了邻邦一个作家的我举行如此规模空前的欢迎盛会，实在是未曾料到，真是不胜感激。而且今晚的聚会，汇聚了各位坦率真诚的青年朋友，不拘泥不讲究客套礼节，这种气氛实在是令人感到轻松而自由。我在年轻的时候也曾数度与新进作家一起策划发起过这样的聚会，见了今晚这样的场景，不禁回想起往日的时光，真有无限的感慨。虽这么说，我还不是什么七老八十的老人（此时未及翻译就笑声四起了)。我今日在此地受到了如此盛大的欢迎，恐怕在日本的文坛中谁也不会想到。一旦回国，我要把今晚的情景作为第一号的旅途见闻告诉他们，我想他们一定会感到大为惊讶。在此我不仅要表示我个人的，而且要代表日本的文坛向各位表示深切的谢意，但是日本文坛也是派别林立，我斗胆地说要代表这个那个文坛也许会遭到众人的痛责，算了，就仅表示我个人的感谢吧（笑声，拍手大声喝彩）。①

1926年的谷崎润一郎，在日本文坛上也是一位名家了，平素颇有绅士派头，这次却是被中国文人热腾腾的盛情和场内热烘烘的气氛所感染，不知不觉喝了很多酒，到后来则是酩酊大醉，由郭沫若扶着他坐车回到了旅馆。

谷崎在上海期间，恰逢中国的农历新年，田汉怕他一个人寂寞，执意带他到欧阳予倩的家里过年。田汉本来在上海也有妻室，年前爱妻亡故，便将孩子寄养在湖南老家，自己在上海也是孑然一人。同样是湖南人的欧阳，在上海则有一个温暖的家庭，母亲和妹妹也住在一起。欧阳全家热情接待了谷崎和田汉，大家一起吃了年夜饭。这顿充满了湖南乡情的年夜饭使谷崎沉浸在儿时的回忆，想起了三十多年前东京日本桥的老家，头上盘着小小的发髻、穿着黑绸子上衣的欧阳母亲则使他的脑海中浮现出了已离开他多年的慈母的身影。他虽然无法与欧阳的家人自由交谈，但他们对待他的出自内心的真诚和热情令他非常感动。欧阳家中方桌上叠放着的供奉菩萨和祖先的年糕，一对光影摇曳的红蜡烛，炉腔内炭火烁烁地闪着红光的铜炉，

---

① 『谷崎潤一郎全集』第22卷、590~591頁。

墙上挂着的条屏,这一切谷崎在很多年后仍然记忆犹新。他后来在给田汉的一封长信中,语调真切地叙述了自己在欧阳家里度过的这个难忘的中国新年。

这次的上海之行,谷崎与田汉、欧阳予倩等人结下了颇为深厚的友情。1927年6月,当时在南京国民政府艺术部电影股任职的田汉去日本考察电影,事先告知了谷崎,谷崎陪他在京都、大阪一带宴游,"日饮道顿,夜宿祇园",浓情沉醉。离开日本时,谷崎又特意到神户码头去送行,"在开船前,我们坐在海风徐来的甲板上谈了好一些时候。我告诉了我的苦闷,他说我现在也不妨干一干。自然,在谷崎先生是觉得也没有什么不可以干的"。①

1928年春,当时在文坛上颇为知名的陈西滢、凌叔华夫妇去日本旅行,经田汉和欧阳予倩的介绍,在京都访问了谷崎。"他问起我们的来意,我们说想看看日本的各方面,尤其是文艺界的情形。因此谈起了目下的文坛。"② 在谈到20世纪日本的代表作家时,谷崎向他们推荐了志贺直哉等二十几位他自己喜爱的小说家和剧作家。畅谈之后,谷崎请他们品尝了"风味绝佳"的京都料理,最后还在祇园观看了艺妓的表演。陈西滢后来在《谷崎润一郎氏》一文中写道:"在我们的印象中,这位日本文坛的骄子,完全是一个温蔼可亲而又多礼的法国风的作家,除了谈起日本文学时自然而然地在谦逊中流露出

---

① 《我们的自己批判》,《田汉文集》第14卷,中国戏剧出版社,1983,第279页。
② 陈西滢:《谷崎润一郎氏》,《凌叔华 陈西滢散文》,中国广播电视出版社,1992,第295页。

目中无人的气概外,丝毫不摆文豪的架子。"①

日本的新文学在明治 20 年代(1880 年代)后期渐趋兴起,以后陆续经历了写实主义、浪漫主义、自然主义、耽美主义、新理智主义等各种文学思潮和实践。到了 1920 年代初期,又崛起了无产阶级的左翼文学,可谓各流各派都已纷纷登场,新文学的形态已经相当成熟。而中国则是在经历了 1919 年前后的新文化运动之后,在文坛上正式树立起了新文学的大旗,大致在北京和上海形成了两大中心,无论南北,曾经留学日本的那批人成了新文学运动的中坚力量。1920 年代,来自日本的文人主要以上海(间或也有北京)为舞台,与中国文坛有了多次的晤面、交流,语言的相通为文人间的深入交流提供了可能。从现有的文献来看,1923 年 3～4 月村松梢风与田汉、郭沫若等创造社一派的作家的数度交流,大概是近现代中日文人间最早的一次规模较大的交流吧(详见本书村松梢风一章)。谷崎润一郎 1926 年 1 月经内山完造的介绍与中国文人的相识以及各种形式的聚会,相对而言是影响和规模最大的一次。它对此后中国文坛对日本现代文学作品的译介具有不可小觑的促进作用。

虽然与谷崎没有直接的关系,这里把谷崎此次访华后的次年,即 1927 年日本作家以上海为舞台与中国新文学家的几次比较重要的交往概述如下。

1927 年 4 月,小牧近江和里村欣三来上海访问。他们两人都是日本无产阶级文学运动的中坚作家,如今的人们已知晓不多。小牧近江(1894～1978)毕业于巴黎大学法学院,第

---

① 陈西滢:《谷崎润一郎氏》,《凌淑华 陈西滢散文》,第 299 页。

一次世界大战时期在法国参加由巴比塞发起的光明运动，受社会主义思想熏染，回国后也试图在日本发起光明运动。他与金子洋文等创办了《播种人》杂志，介绍第三国际，成为日本普罗文学的先驱者之一，后又发起创办了《文艺战线》，译有《地狱》等。里村欣三（1902～1945）也是《文艺战线》的中坚分子，发表有描写下层生活的小说《来自富川町》《苦力头的表情》等。他入伍后私自离队，后被送往中国战场，参加军部报道班，客死于菲律宾。

  1927年前后正是日本普罗文学的高潮期，而此时的创造社等也渐渐显出革命文学的倾向。郭沫若在1926年5月发表于《创造月刊》上的《革命与文学》，郁达夫在1927年2月发表于《洪水》上的《无产阶级专政与无产阶级文学》诸文，也许是中国普罗文学理论的滥觞。以后又有李初梨、冯乃超、彭康等从日本回来，与国内的左翼力量一起在1920年代末、1930年代初在中国掀起了普罗文学的高潮。因此小牧、里村两人来到上海时，正是中国普罗文学的萌芽期，也正值蒋介石发动四一二政变之时。他们踏上中国土地后，立即感受到了国共两派政治势力严峻对峙的紧张气氛。他们上海之行的目的，就是寻访文坛上的革命同志。"每天在溽暑炎热之中走得双腿发直，一遍又一遍擦拭着从帽檐下渗出的汗水，走过一条条陌生的街道，寻访一家家书店，拜访一位位同志，然而试图会见中国文学家的努力都归之于徒劳。"[①] 后来又根据报纸上关于郁达夫的一篇报道，寻访到了内山书店，书店老板说在这样的

[①] 小牧近江・里村欣三「青天白日の国を踏む」『文芸戦線』第4卷第6号、1927年6月。

形势下郁达夫恐怕已不在上海。两人失望地回到旅馆，不意在桌上竟发现了郁达夫的名片，上有一行小字："晚上八时来。"于是兴奋地等待。深夜逾11时，终于等来了郁达夫的身影，于是赶紧跳起来与之握手。"当松开手时，我们与郁达夫之间已丢开了刻板的礼节，完全成了亲爱的朋友。"① 郁达夫把他们引到了一家菜馆，"在那里一边品尝中国菜，一边谈起了革命、蒋介石和中国的无产阶级文学"。翌日，郁达夫又带来了傅彦长、张若谷等文坛人士，傅、张两人也是日本留学生出身，其时正在编《艺术家周刊》，常有作品发表。双方均表示了中日两国的革命作家当携起手来共同奋斗之意。小牧等请中国作家赠言，郁达夫的题言是"资产阶级的沦落！"张若谷的是"大家点起'生命之火'"，田汉的是"全世界无产阶级文学者联合起来！"这次会见使里村等非常快慰，也因此建立起了彼此的联系。郁达夫随即为他们撰写了一篇《诉诸日本无产阶级文艺界同志》的文章，刊登于1927年6月出版的《文艺战线》第4卷第6号上，呼吁"今后希望我们有更密切的提携，强烈的互助"。这一年6月26日田汉去东京时，里村欣三等热情地到火车站迎接，当日去了筑地小剧场。"晤里村等诸同志。尤愉快者在客席中得见旧友秋田雨雀先生，白发如银，健步如昔，日本文坛之人瑞也。"② 当晚田汉在小剧场观赏了左翼戏剧家们表演的美国作家辛克莱的《哈琼亲王》。28日午后，"至千驮谷访前卫座。楼下朴素的客室张贴着各种战斗标语，登楼晤各

---

① 小牧近江・里村欣三「青天白日の国を踏む」『文芸戦線』第4卷第6号、1927年6月。
② 《我们的自己批判》，《田汉文集》第14卷，第277页。

友，于礼数虽极简约，大异在别种 Bourgeois（资产阶级）的会合，而谈锋皆极峻严而尖锐"。① 田汉欲延请一位优秀的舞台装置艺术家协助他在南京的电影工作，但遭到了日本方面的拒绝。他们认为田汉在南京政府供职，必然会身不由己，于民众无益，于革命无补。双方不欢而散。这次访日，使田汉深刻认识到了左翼文坛与一般文坛间的界线。他后来说，这次东京之行，"因遇合甚奇，争辩很烈，因之影响我的思想甚大"。在探讨1920年代中日普罗文学的关系时，这一段交往似不应忽略。

1927年7月12日，应田汉之邀，作家佐藤春夫携夫人与侄女智惠子乘坐长崎丸自神户抵达上海，田汉本人此时已在南京国民政府供职，内山完造等前往码头迎接，宿当年芥川龙之介下榻的旅馆万岁馆。当晚王独清、郑伯奇、郁达夫等来看望，并设酒宴为佐藤一行洗尘，智惠子当时的感觉是："各位日语都说得很好，丝毫未感不便。"② 具体交谈的内容未有文献记录。14日下午，佐藤与田汉、徐志摩等及若干摄影人员驱车前往吴淞口，在江堤漫步，所有活动皆用摄影机摄录。15日晚，中国戏剧研究会（成员有在沪的日本人和欧阳予倩、田汉、谢六逸等）邀请佐藤一行观看中国戏曲。19日下午，郁达夫陪佐藤等去游览城隍庙、半淞园等。20日晚，内山完造与郁达夫在功德林招待佐藤一行，出席者除田汉、欧阳予倩之外，尚有经郁达夫介绍认识的胡适、徐志摩等。24日终于约定出发去南京，不料田汉临时更改了行期，

---

① 《我们的自己批判》，《田汉文集》第14卷，第277页。
② 佐藤智惠子「日記」伊藤虎丸等編『郁達夫資料補編』下、東京大学東洋文化研究所附属東洋文献センター刊行委員会、1974、190頁。

不得已由郁达夫陪同暂往杭州一游。1936年佐藤春夫根据郁达夫的《厌炎日记》写下《忆游西湖》一文。28日晚，佐藤等终于前往南京，当晚出席了田汉制作的首部电影《到民间去》的首映式，后来田汉又陪同他们游览了玄武湖、秦淮河等。10年以后，佐藤撰有《曾游南京》和《秦淮画舫纳凉记》，追叙当年风情，其中对田汉也稍有微词。在这次中国之行里，除了南京之外，郁达夫几乎每日陪伴在侧。智惠子后来在访谈录中回忆道："郁先生在我们到达上海后，马上就到旅馆来看望我们，以后几乎每天都见面，他对我们最热情，我们感到他最亲切，印象甚深。"①郁达夫在1936年11月再访日本时，又与佐藤春夫相会。不久佐藤即有影射攻击郁达夫和郭沫若的《亚洲之子》刊出，佐藤本人的态度也转而为日本当局的侵略行径摇旗呐喊，郁达夫愤而与之断交，这是后话。

1927年10月，鲁迅自广州移居上海，这以后日本文人来上海往往多与鲁迅有关，这在以后几章中另外叙述。

三 谷崎笔下的中国：亲切的他者

明治后期开始，日本文人借着各种机会开始较多地来中国游历，在大正后期和昭和前期差不多形成了一个高潮。一方面是由于进入20世纪后，日本在各个领域、各种视域中，与中国的关系日益密切起来。或者说，中国对于日本有诸多利害关系，日本人，无论朝野，对于中国的兴趣正在日益浓

---

① 佐藤智惠子「日記」伊藤虎丸等編『郁達夫資料補編』下、199頁。

厚。尤其是中国的情况总是在不断变化，现状和未来的走向一直牵动着日本人的目光。另一方面，中国与日本毕竟具有近两千年的正式往来，有太多的大陆文化因子渗入了岛国的文明进程，即便想要切割、舍弃，情感中依然有着无数的联系；即便视线慢慢地从仰视转为了平视甚至是俯视，一探究竟的好奇心依然驱动着一些文人渡海来到中国。然而映入他们眼帘的中国，既有这一时代的共同底色，也折射出每个人不同的视角。或许是由于少年时代受到中国古典文化的熏陶，或许是源于学生时代偕乐园的中国滋味，总之，谷崎润一郎在情感上对于中国一直没有拒斥感。虽然现实的中国并不是一个富有理想色彩的桃花源，理智也告诉他源于中国的琴棋书画诗酒或许无益于需要精进勇猛精神的时代，但是在其两次有关中国的旅行记录中，我们几乎感受不到不快的情绪，诸如夏目漱石的《满韩处处》或芥川龙之介的《支那游记》中时常流露出的那种讽刺、揶揄甚至是冷眼，在谷崎的诸多文字中几乎都无法捕捉。

这里，对谷崎描述的中国图像，分成下列三类稍做梳理和分析。

第一类，整体性的"中国意象"。这一类或许也可理解为对中国文化的整体感受和评价。1918年结束中国之旅后，谷崎撰写过一篇《中国趣味》，开首即说："说起中国趣味，如果只是把它说成是趣味的话，似乎有些言轻了，其实它与我们的生活似有超乎想象的深切关系。今天我们这些日本人看起来差不多都已经完全接受了西欧的文化，而且被其同化了，但出乎一般人的想象，中国趣味却依然顽强地根植于我们的血管深处，这一事实很令人惊讶。近来，我对此尤有深切的感受。"① 谷崎在文章中表述得很明白，明治维新以后，日本朝野的中上层人士都奉西洋文明为圭臬，穿洋服、吃洋食、说洋文，美其名曰"开化"，而中国文化或者说以中国文化为代表的东方文化则已经落伍了，激烈者如福泽谕吉等，公然倡导要摈弃儒学，公开声言以儒家学说为代表的中国文化已经成了日本向近代国家转型的桎梏，甚至在某种程度上，中国文化已经成了"野蛮"的代名词，因而当日本挑起试图将中国的势力从朝鲜半岛驱逐出去的甲午战争时，福泽谕吉等便公然声言这是一场"文明"日本对"野蛮"中国的战争。② 日本在战争中的胜利，更加助推了日本社会的这一风习，以至于许多人视中国的东西为敝屣。对此，谷崎委婉地讽喻说："有不少人在以前认为东方艺术已经落伍了，不将其放在眼里，心里一味地憧憬和心醉于西欧的文化文明，可到了一定的阶段时，又回复到了日本趣味，而最终又趋向于中国趣味了，这样的情形好像很普通，我自己也是这样的一个人。……现今五十岁以上的士绅，多少有些教养的人，说起他们骨子里的思想、学识、趣味，其基调大抵皆为中国的传统。……他们都是在孩提时代便耳濡目染其先祖代代相承的中国学识，虽有一个时期他们也曾迷醉于洋风洋气，但随着年岁的增长，他们又重新复归于先祖传来的思想。……对于如此富

---

① 谷崎潤一郎「支那趣味ということ」『中央公論』1922 年 1 月号。此处据『谷崎潤一郎全集』第 22 卷、121 頁。
② 福泽谕吉 1883 年 11 月 19～21 日在其主编的《时事新报》上发表了《儒教主义》，之后又陆续发表了『支那風ひんせきすべシ』等文章，严厉批判了儒家文化。甲午战争初起，他又发表了『日清の戰爭は文野の戰爭なり』等文章，分别收录在岩波书店 1960 年版的《福泽谕吉全集》第 9、10、14 卷。

于魅力的中国趣味,我感到有一种如景仰故土山河般的强烈的憧憬……"① 这里,谷崎把中国文化归为"先祖传来的思想",这实际是在根源上对中国文化的某种认同。这样的一种根植于内心的情感,在与谷崎同时代的宫崎滔天或稍后的村松梢风等身上也可感受到。

然而,在第一高等学校读书时选择了英法科的谷崎,也很清楚中国文化是前近代的产物,或者说是农耕文明的产物,儒家在宣扬"治国平天下"之前更注重"正心诚意修身",而老庄或释家的思想,也更多的是一种主"静"的内心智慧,因而"对于如此富于魅力的中国趣味,我感到有一种如景仰故土山河般的强烈的憧憬,同时又感到一种恐惧"。恐惧的原因就在于:"我感到这魅力在销蚀着我艺术上的勇猛进取之心,在麻痹着我创作上的热情(关于这一点,我拟另择时详论,由中国传来的思想和艺术的真髓乃是主静而非主动,这对我好像是有害的)。我自己尤能感受中国文化的诱惑力,对此我也就越感到恐惧。"② 然而恐惧归恐惧,"但我书架上有关中国的书籍是有增无减。我虽在告诫自己不要再看了,却会不时地打开二十年前所爱读的李白和杜甫的诗集,'啊,李白和杜甫!多么伟大的诗人啊!哪怕是莎翁,哪怕是但丁,难道真的比他们了不起吗?'每次阅读,我都会被这些诗作的魅力所打动"。1920~1921年,谷崎除了偶尔创作小说之外,主要是在横滨帮着大正活映株式会社(电影公司)拍电影,工作期间接触的都是些最新的美国电影杂志,白天全身心地投入电影的拍摄

---

① 『谷崎潤一郎全集』第22卷、121-122頁。
② 『谷崎潤一郎全集』第22卷、122頁。

制作，觉得一种新的领域、新的样式的艺术，对自己的活力也是一种很有力的刺激。谷崎觉得，对于自己的事业发展，有时候很需要一些来自西洋的养分。"当我打开《活动写真（电影）》《电影世界》《电影故事》等杂志时，我的思绪就飞到了好莱坞电影王国的世界里去了，我会感到蓬勃的雄心在燃烧，但是，一旦当我翻开高青邱的诗集时，哪怕只是接触到了一行五言绝句，就会被他闲寂的诗境所吸引，刚才还在燃烧的雄心和跳跃的思绪，就如同被浇了一桶水似的，冷却了下来。'新的东西是什么呢？创作是什么呢？人类能达到的最高的心境不就是这些五言绝句所描绘的境地吗？'那时，我就会产生这样的想法。我觉得这很可怕。"①

因而，面对中国古典文化，谷崎感到了一种难以抗拒的魅力，这样的魅力会让他感到痴迷、沉醉，同时却也会因沉静而让他止步、退让。要让他割舍这一魅力，他一定会深感痛苦，并且会有一种无根的漂泊感，但是陶醉在沉静、沉醉的感觉中，他又觉得这会阻碍他人生的进步和跃动，这让他感到彷徨、犹疑和痛苦，难以做出断然的抉择。从日后谷崎的文学活动和整个生涯来看，可以说他是渐渐地游离了中国的古典文化，也慢慢弱化了对中国的关注和关切，但终其一生，他始终没有把中国置于日本的对立面，在后来日本举国上下推进对中国的侵略战争时，他却游离在了日本之外。

第二类，中国的物象。这里的中国物象主要是指带有明显特征的山水景物、中国文化物象化的存在（诸如中国戏剧、中国食物等）。

---

① 『谷崎润一郎全集』第 22 卷、123 页。

第二章　谷崎润一郎的中国情结和中国意象 / 69

1918 年和 1926 年的两次中国旅行，谷崎都留下了不少文字。从这文字中可看出，就中国的南北而言，在山水景物上谷崎更钟情于南方，准确地说是江南的风物。有一段文字是行船时对于九江的描述，兹译录如下：

堤防上有十几个年轻的市民自右向左在信步闲走，黄昏的湖风吹起了他们长衫的下摆。当是学生罢，其神态甚为风雅。左舷一带有很多晾着衣物的竹竿。

船抵天花宫一侧的长堤。堤上植有其底部已浸入水中的高大杨柳树，茂密的枝柳一直垂及遥远的彼岸。里湖的水，水色青绿，有些轻波微澜，而另一侧的湖水则是白涟涟的一片波平浪静。从堤上往右行，可见渔夫们有的正在修船，有的在晾晒着渔网，有的在摆放织网的工具，还有不少人手挎着装满鲫鱼似的鱼的鱼篮往回城的方向走去。里湖对岸左面的丘陵上多松树，田野的景象与日本相近。天花宫的外面有银杏数株，树干呈暗黄色，也许是紫苏色，或是已褪为铁屑色。从长堤的西端尽头回首顾望，其树叶在粉墙背景的衬映下，枕湖临水，其美难以言状。从梳妆亭六面三层的精巧建筑的屋瓦间及枝叶丛中，隐约可见姑娘们的身影。又坐上船开始往回划。与我们的航线呈直角地从城外左边方向划出来一艘画舫。船上并排坐着一位穿玄色衣服的青年和一位穿水色衣服的女子，此外还有两三个客人。无数的鸟群从空中飞过，鱼儿跃上水面，有几十只燕子在我们船前忽上忽下地轻轻掠过。夕阳正渐渐沉入水中，显得愈加彤红，一直线地映在船左边的水面上。不觉间倏然发现庐山的山色又一次发生了变化，山腰以下已完全笼罩在一片淡褐色的暮霭中。①

这差不多是一幅细致描摹的风景画，或曰风俗画，淡淡的，却很清晰。从这些文字中，我们甚至可以感受到作者的情感温度。这绝不是出于一种俯视的角度，而是类似于平视的欣赏。这样的文辞，这样的语调，在夏目漱石的《满韩处处》或是芥川龙之介的《支那游记》中都很难寻找到。

在经历了太平天国运动之后，六朝古都南京的衰败也令谷崎感到相当惊讶。

人力车从庐政牌楼的四角处向左一拐，驶入了更加幽暗冷僻的街巷。两边耸立着墙面剥落的高大砖墙，街路一拐一弯曲曲折折，人力车就在这迂回曲折的街巷中行走。两边的围墙仿佛把我们夹在中间要压迫过来似的，令人感到几乎要与墙面相撞在一起了，不觉有点胆战心惊。要是把我抛置在这样的地方的话，恐怕我折腾一夜也回不了旅馆吧。走出了围墙相逼的深巷，前面豁然出现了一片空地。这是在四方形与四角形的墙面之间，仿佛是拔掉了牙似的有一片空间扩展开来。犹如烧毁后的废墟一般，隆然堆积着一片瓦砾，还有一片不知是水塘还是古池的积水。在中国的都市里，市区中有空地虽也并非罕见，但南京尤多。②

---

① 谷崎潤一郎「廬山日記」『中央公論』1921 年 9 月号。此处据『谷崎潤一郎全集』第 7 卷、中央公論社、1981、502 – 503 頁。
② 谷崎潤一郎「秦淮の夜」『中外』1919 年 2 月号。此处据『谷崎潤一郎全集』第 6 卷、248 – 249 頁。

第二章　谷崎润一郎的中国情结和中国意象

　　这是孙中山 1912 年初在这里建立了短短三个月的中华民国临时政府首都之后又沉寂下来的南京，距离后来的国民党政府在此建都的时代差不多还有十年，南京的基本色调是寂寥和荒败。然而他到了苏州之后，心情似乎明亮了不少，尽管当时整个的中国还是处于颓败的情状。

　　　　船是一种被称为画舫的游船，……在船的中央有类似日本屋形船一样的屋顶，在朝船头一方的入口处左右各有一扇门扉，金色底面的门扉上刻着整面黑色的牡丹。走入室内，正中间置放着四方小桌，周围一圈椅子，两边则是镶有玻璃的木格窗。木格窗上都饰有金色的梅花图案的雕刻。在尽头处的左右两根廊柱上，分别挂着"一帘波影""四壁华香"的屏条。我想看看外面的景色，便走到室外坐在了船首的椅子上。……这一带的河流要比东京的外濠还宽广些，河水当然是盈盈满满的。船的右舷方，前天傍晚如幻象一般展现出来的城墙和高塔，在没有一丝云彩的万里碧空中，轮廓鲜明地蜿蜒相连。今天城墙远方的天空也是清爽澄澈，因此使人很难相信在其之下竟隐匿着一座三十万人口的大都会。无论这城墙的石垣有多厚，在其背后的城内的街市喧杂之声多少总会透发出来一些吧，但听不到一丝市井的杂沓之声。我出神地凝望着在朗朗朝阳照射之下寂然耸立的城墙，不觉感到连其石垣似乎都像是戏剧舞台上使用的布景道具。①

---

①　谷崎潤一郎「蘇州紀行」『中央公論』1919 年 2 月号。此处据『谷崎潤一郎全集』第 6 卷、224－225 頁。

谷崎大概不大喜欢洋风与华风交杂的上海，虽然在上海居住了多日，对于上海的街市却几乎没有什么描写，但他对于江南，真的还挺喜欢。他自己说："我喜好水乡景色胜于山国。"① 在从上海驶往杭州的火车上，他又被水乡的景物陶醉了。

  火车开到松江铁桥时，我从车窗向外探望，但见河水如琅玕一般绿莹莹的澄澈清冽。来到中国以后今天是第一次见到如此清澈的河水。以浑浊著称的黄河自不必说了，其他如白河也好长江也好，在中国称之为河的河水都如污水沟般的混浊。南方苏州的运河虽不至于此，但与这松江的水无法相比。……苏州的河水比南京清澈，杭州的水又比苏州清澈，是不是越往南行，中国就渐渐地越来越美？现在展现在窗外的富饶的田园风光，与直隶、河南一带萧瑟荒凉的原野风物相比，就有天壤之别。窗外是连绵不绝的绿色的桑田、桃林、杨柳的行道树，其间还点缀着几处水塘，有数十羽鸭子在悠然戏水。不一会儿又出现了大片的芒穗在阳光下熠熠闪亮的丘陵。在丘陵的后面不时出现了耸立的高塔、蜿蜒连绵的城墙古色苍然的砖墙。饱尝着这样的景色，又在每个停车站望着上上下下的美丽女子的衣香鬓影，我的思绪恍然如入杨铁崖、高青邱和王渔洋的诗境中去了。②

---

① 谷崎潤一郎「蘇州紀行前書」『中央公論』1919 年 2 月号。此处据『谷崎潤一郎全集』第 23 卷、41 頁。
② 谷崎潤一郎「西湖の月」『改造』1919 年 8 月号。此处据『谷崎潤一郎全集』第 6 卷、336－337 頁。

谷崎对于西湖的感觉，也要比芥川好得多。

> 西湖景色的美，我想主要在于其面积不像洞庭湖、鄱阳湖那样大得浩瀚无边，而是一眼即可望到尽头，却有一种苍茫迷濛之感，湖与周围秀丽的山峦丘陵相映成趣，极为协调。有时会感到它相当的雄大壮阔，有时会感到它又如盆景般小巧玲珑。湖里有湾岔，有长堤，有岛屿，有拱桥，晴雨朝夕景象不同，犹如一幅长卷在你面前展开一般，所有的景物都会同时映入你的眼帘，这就是西湖的特色。①

谷崎的散文，不似他有的小说那么离奇和突兀，语句流畅而明丽。至少他笔下的中国江南，虽然有些许颓败和污浊，总体却荡漾着一种诗情画意，而这些诗情画意往往又和中国古典诗词的意境连在一起。

在谷崎所表现的中国物象中，饮食和戏曲是有专文描述的。童年和少年时代东京偕乐园的记忆，使得他对中国的食物一直保有良好的印象。关于这一因缘，笔者在上文已有论述，此处不赘。可以说，在同时代的日本文人中，谷崎是对中国食物最为熟稔的人物之一。1918 年的第一次中国之行，他从北国游历到了南方，一路只是对中国食物感兴趣。日本人在华开的料理店，他都不屑于光顾。

在谷崎看来，中国菜的诱人处，一是食材和菜品的丰富性。

---

① 『谷崎潤一郎全集』第 6 卷、346 - 347 頁。

一次去了吃山东菜的新丰楼,他们把菜单拿给我看,让我吓了一跳,竟然有五百种之多。……这么多的菜品,即便不是全部有备,就是一半也已经是很了不得。这五百余种的菜品大致可以分为二十八类,列举如下:

一、燕菜类;二、鱼翅类;三、鱼唇类;四、海参类;五、鱼肚类;六、鲍鱼类;七、瑶柱类;八、鱿鱼类;九、鲜鱼类;十、鱼皮类;十一、鳝鱼类;十二、元鱼类;十三、鲜虾类;十四、填鸭类;十五、子鸡类;十六、火腿类;十七、肉类;十八、肚类;十九、腰类;二十、胚肝类;廿一、蹄筋类;廿二、蛋类;廿三、荪菌类;廿四、鲜菜类;廿五、豆腐类;廿六、甜菜类;廿七、熏卤类;廿八、点心类。①

二是菜肴烹饪方法的多样性。东西南北,各有千秋。他对南京的清炒虾仁赞不绝口:"据说虾是这边的名产,原料自然是上乘的,而其味道则相当的清淡。即使是日本菜也难以做到如此清淡。这样的佳肴,任凭怎样讨厌中国菜的人也不可能不举箸一尝。"② 虽然不宜做简单的类比,但食材的丰富性和烹饪方法的多样性这两点,中国菜当在那时的日本料理之上。③ 因而,谷崎对中国食物的印象基本上是正面的,这也增加了他的中国意象的正面性。但也并不尽然。整体上,他觉得北京菜馆

---

① 谷崎潤一郎「支那の料理」『大阪朝日新聞』1919 年 10 月。此处据『谷崎潤一郎全集』第 22 卷、79 頁。
② 谷崎潤一郎「秦淮の夜」『中外』1919 年 2 月号。此处据『谷崎潤一郎全集』第 6 卷、251-252 頁。
③ 20 世纪以后的日本料理汲取了西洋菜和中国菜乃至朝鲜半岛、东南亚等地的诸多元素,在食材和烹饪法、调味料等方面也变得丰富起来了。

的滋味最佳,其次是南京、杭州等地的菜馆,而上海的最劣,上海的西餐也做得不伦不类。在这一点上,他的感觉与芥川颇为相似。一些中国菜馆的环境油污肮脏,也往往令他侧目掩鼻。

谷崎对于戏剧颇为精通,也曾参与电影剧本的写作和电影的拍摄,因此到了中国之后一直想获得中国戏曲的体验。在诗人、医学教授木下木太郎的引导下,他先在奉天看了几场戏,感觉不佳。到了天津,也去各处体验,还是不得要领。一直到了北京,看到了梅兰芳等的演出,才改变了他对中国传统戏曲的印象。一开始的感觉不佳,与芥川龙之介的体验相近,戏院的肮脏不洁、看客的随意发声、演戏者的胡乱吐痰戏装的艳丽粗糙、音乐的高亢尖利等都让他感到不适应。后来在几个懂行的日本人的指导下,细读戏曲说明书,大致弄懂了生、旦、净、末、丑的角色分工,尤其是在北京看了梅兰芳的表演后,迅速扭转了他对中国戏曲的印象。"这期间不知不觉地对那腔调高亢的音乐已渐渐地听惯了。这样,若是连戏的剧情也知晓的话,那么就会感到中国音乐的旋律与西洋不同,其所流露的感情与日本人也是相通的。因此悲凉哀婉之处能感其悲凉哀婉,勇猛雄壮之处亦能感其勇猛雄壮。像《李陵碑》等戏曲中所蕴含的悲壮的意味,我觉得自己能充分领会。"[1] 在上海的民众游乐场"大世界"他得以一睹中国的木偶剧,感觉是:"非常美轮美奂。中国的旧戏主要讲究音乐而非动作,且戏装又是那样的美艳绚丽,这些都十分适宜上演木偶剧。"[2]

---

[1] 谷崎潤一郎「支那劇を観る記」『中央公論』1918 年 6 月。此处据『谷崎潤一郎全集』第 22 卷、72 頁。
[2] 『谷崎潤一郎全集』第 22 卷、74 頁。

在"中国意象"的构成中,第三类是人物意象。这应该是很重要的,因为所谓的中国意象,只因有了中国人才可能立体起来。在早年的创作中,他撰写过小说《玄奘三藏》(1917)、三幕剧《苏东坡》(1920)。前者是在去中国之前写出的,故事主要来自文献和想象,宏大的场面和悲壮的人物有别于谷崎同一时期小说的风格,充满了谷崎对于浩漫古远的东亚大陆的憧憬和想象。后者则是以杭州西湖为舞台,此时谷崎已经有过杭州的游历,并且撰写了半纪实半虚构的《西湖之夜》(初发表时名《青瓷色的女人》),对于戏剧发生的舞台已经有了深切感受。这部三幕剧,自然也有动人的故事,但给人更强烈的感受,倒是像一首充满了理想主义的抒情诗。无论是玄奘还是苏东坡,在作品中都是一个正面的存在,洋溢着刻苦精进或积极向上的精神,至少体现了谷崎心目中希望有的中国人意象;或者他认为,至少在古代的中国,一定涌现过这样杰出的人物。

1918年和1926年的两次中国旅行,他一路都非常留意观察进入眼帘的中国人。一方面,他们毫无疑问是异国人,是日本人眼中的他者;另一方面,在谷崎的视线中,他们多少总有一些文化上的亲近感,可以唤醒他通过中国古典文本蕴积起来的既有意象。当然,1920年前后的中国,国势衰败、民生凋敝、地方势力割据一隅、各种政治力量互相角逐、大小战事不息。然而也正因为如此,才会有各色不同的故事上演,会有各色不同的景象迭现。对于一个善于观察的小说家而言,或许这样的一个中国会使他有更丰富的体验。

在《秦淮之夜》中,就人物而言,他主要描写了陪同自己的中国导游和若干青楼女子。谷崎来中国旅行,一般是下榻在日本人开的旅馆,导游也往往是旅馆老板或老板娘充当或安排的。但他对这些人的印象大抵不佳,感觉这些人"敷衍和滑头"。这次陪他夜游南京的导游是中国人,"相当了解日本人的喜好,是一个很灵巧、讨人喜欢的导游,……他多少有点文字上的素养,因是本地人,所以对这一带的传说、历史都颇为谙熟,比那些无知的日本导游不知要强多少了。……不要以为中国人都是些刁钻耍滑的人,要是在日本人经营的旅馆里请他们找一个信赖可靠的导游的话,那人最好是中国人"。[①] 这样的评价,在同时代日本人留下的文字叙述中并不多见。

这一天的夜晚,谷崎(或者是作品中的第一人称"我")与导游的主要节目就是去寻访黑夜中的妓楼。作品中对主要女子做了如下描述:

> 在昏黄的灯光中,她的那张脸长得丰腴圆润,肤色白得透发出一种柔和的光辉。尤其是薄薄的鼻翼两边的脸面,微微有点发红,呈现出一种透明的鲜润。使她显得更美的,是比她所穿的黑缎子衣服更黑的、闪现出光泽的一头秀发和那充满无限娇媚、仿佛惊讶般地睁得大大的一双水灵灵的眼睛。在北京我也曾见过各种各样的女子,还没见过如此这般的美人。实际上,在这样煞风景,这样昏暗、墙壁肮脏的房子里,住着这样冰肌玉肤的女子,实在是令人不可思议。我用了"冰肌玉肤"这个词来形容这个女子的美大概是最贴切了。因为她的那

[①] 谷崎潤一郎「秦淮の夜」『中外』1919 年 2 月号。此处据『谷崎潤一郎全集』第 6 卷、247 頁。

张脸以美人的标准来衡量的话还有不少不够格的地方，但她那肌肤的光泽、秋波盈盈的眼神、秀发的形态及整个的身姿，毫无缺憾地体现出了一个艺妓的妩媚和可爱。她说话的时候，双眸和手都在不停地动，遮住前额密密的刘海和镶着翡翠的金耳环都在轻轻地抖动，一会儿摆动着脖子，现出双下巴，眼神像是在思想什么似的，一会儿又张开双肘耸耸肩，最后又取下挽住后面发髻的金簪，把它当作牙签一般，露出了一口"冰肌玉肤"中最为光洁灿烂的秀齿，她的身姿不断地生出变化，几乎令人目不暇接。①

这里的描述，大概半是实录半是虚写，显现了谷崎作为一位文学家的观察力和表达力。对于这样一个中国女子，他完全是带着欣赏的目光在细细地吟味。在这样的女子面前，他只是一个欣赏者。而这欣赏，往往也是谷崎在面对中国尤其是江南时的一种基本姿态。

从上海驶往杭州的火车，他选择了二等座。他自己说，如此可以更多地接触到各种各样的中国普通人。靠着车窗，他既留意窗外的风景，也时时在观察车内的各色人等。

江浙自古以来就被称为出美女的地方，背对我坐着的一位似是年轻的女子，其侧面的脸型看上去就觉得超乎常人的妩媚。身材似要比一般女子高挑些，以我的喜好而言，倒是感到这样才显得娉娉婷婷、雍容华贵。其服饰也

---

① 『谷崎潤一郎全集』第 6 卷、257–258 页。

令人甚为惬意。在一片浓艳鲜丽的衣饰中，唯有这一女子潇洒地穿着淡青瓷色的上衣和白缎子的鞋子，犹如在金鱼中交杂着一尾颜色不同的绯鲤，给人一种清新怡人的感觉。无论是手指还是脸颊，其肌肤都如洋纸一般滑爽细密，呈稍带蛋黄色的冷冽的青白色。我觉得是常在混血儿身上看到的那种肤色。与日本的女子相比，中国女子的手指显得更为纤细，这一女子的手指尤为纤细。只是中指和无名指上所带的金戒指，让日本女子来评点的话，也许会说太粗了。不仅粗大，而且戒指上还缀着五六个比豆粒更小的金铃，手指一动便发出丁零当啷的声音，不住地晃动着。也许是我在此有点饶舌，我觉得日本女子对于装饰品的审美观，总体上太过于岛国民族的那种细小琐碎，没有派头。这样纤细的手指上，还是佩戴这种耀人眼目的戒指更合适。她对面还坐着一位肤色稍黑、脸庞圆圆的女子。这位也长得相当漂亮，个子娇小，约比刚才那位小姐年长两三岁，从她头发的梳理样式来看，该是位出身良好的太太吧。她戴着金链子下垂着鸡心状翡翠的耳环，身穿黑色缎子服，一手撑在小桌上，在织毛线。说是在织，恐怕不如说是在摆弄着两根银光闪闪的长针和手中的编织物更为合适。眼睛和嘴角荡漾着一种蕴含着笑意却未笑出来的迷人的娇媚。刚才的那位小姐不时地将胳膊弯成〈字形，从上衣的底部轻轻地掏出一方紫色的丝绢，一会儿放到鼻尖下，一会儿用两手将手绢在脸前张开成一帘薄幕，并不做什么用却是灵巧地把它当作玩物似地摆弄着。又仿佛是在闻着浸渗在手绢中的香水味吧。她那纤巧的手掌像是与紫色的丝绢在争轻斗薄似的柔软舞动着。①

自然，谷崎具有较重的女性崇拜倾向，对于女子的美或者魅力，他会有更为纤细的观察和更为深切的感动。对于中国的男人，谷崎的目光似乎就没有那么柔和了。

大概这个人是嘉兴的商人吧。硕大肥胖的身躯上穿着亮闪闪的黑缎子衣服，显得颇有派头，稍稍有些傲慢的神情，留着稀疏胡须的嘴角及脸庞的轮廓，看上去总觉得和前总统黎元洪颇为相像。坐在我对面的是一位五十岁模样、颇有气度的瘦瘦的男子，正喝着茶与坐在一边的夫人热切地谈论着什么。说话间那夫人一边从黄铜的烟管中吸着水烟，一边发出咕嘟咕嘟的单调的声音。那男的也边饮茶边抽烟，抽着抽着喉咙里"嘎"地发出一声响，往地板上吐出痰来。然后又开始不停地说起话来。②

旧时的火车，车速不算很快，移动的车厢往往就是社会生活的一个剪影，谷崎在车上还体验到了这样的场景。

叮当叮当地传来了一阵转动银元的声音，回首一望，原来是刚从松江站上来的四五个男子，刚围着小桌坐下，便开始在赌牌了。他们哗啦哗啦地把称之为大洋的银元（这银元比明治初年一元面值的银元要稍大些）拢集在小

---
① 谷崎潤一郎「西湖の月」『改造』1919 年 8 月号。此处据『谷崎潤一郎全集』第 6 卷、335－336 頁。
② 『谷崎潤一郎全集』第 6 卷、333 頁。

桌上，全神贯注地盯着手中的骨牌，似乎已经忘记是在火车上。正中间的是个三十五六岁的男子，长着一张顽童似的圆脸，肤色白皙，嘴巴阔大，眼神吊儿郎当，戴着一副金丝边眼镜，看上去像是坐庄的。在车内赌钱似乎有点过分，但没有人出来说一句。除了那个坐庄的人以外，其他人的年龄大抵都在四五十岁，个个一脸精明，穿戴讲究。众目睽睽之下，他们似乎毫无羞愧之态，只顾自己喝五吆六地出牌赌钱。这样的人大概就是中国生活放浪者的典型吧。①

虽然谷崎观察中国男性的目光有些冷彻，却也没有特别的夸张和犀利。要知道，1920年前后的日本人对于中国人多半持鄙夷态度，会有若干居高临下的身段。相比较而言，在谷崎同类的描述中，这样的视线和身段并不强烈。

* * *

1915~1945年的这三十年间，在中日关系史上正是波诡云谲、乱云飞渡乃至最后陷入全面战争状态的暗黑年代。谷崎润一郎少儿时代生长在明治的中晚期，经历了中日在近代第一次全面交战的甲午战争，经历了此战后日本朝野急剧膨胀的民族主义和国家主义，经历了大批中国学生留学日本和日本教习来中国任教的岁月，也目睹了与日本有着复杂因缘的孙中山中国革命的发生和挫折，以及因日本方面提出的"二十一条"

---

① 『谷崎潤一郎全集』第6卷、337頁。

而招致中国民众的强烈反弹。这一切,在谷崎1918年第一次来华时都已经发生了。应该说,所有这一切都会对谷崎的对华体验和对华认知产生影响。但有意思的是,在谷崎留下的文字中,他除了对甲午战争有提及之外,其他事件我们很少能感知到对谷崎中国观的形成产生了明确影响。确实,谷崎主要是一个文学家。究其一生,他好像对政治一直都没有强烈的关切,中日关系的风云跌宕极少投射到他的作品中。1921年芥川龙之介到中国来的时候,很敏锐地察觉到了中国各地的反日氛围,但在谷崎的中国旅行记或有关中国的作品中,我们几乎捕捉不到这样的迹象。然而同时,至少迟至1920年代末,谷崎毫无疑问是日本现代文坛一位与中国渊源很深的作家,是一位在日本现代文坛上卓有影响的大家。他所撰写的有关中国的文字,将自己感受到的中国意象向世间做了传递,在一定程度上也一定会影响或左右读者,也就是一般日本民众的中国观的。

以上我们对于谷崎的中国因缘和中国意象展开了论述,由此可以得出如下几个观点。

第一,由于谷崎自幼的汉文典籍的习得,以及对于中国历史的熟识,再加上他与中国菜肴的特殊机缘,从少年时代起,他就从文化上对中国产生了亲近感。这种亲近感从某种程度上可谓贯穿了他的一生。他的两次中国之行都非公务派遣,纯粹是私人旅行,而到中国来的动因在很大程度上也是出于这样一种文化上的亲近感。事实上,两次旅行进一步加深了他的这种亲近感,这一点与芥川龙之介等颇为不同。1926年除夕之夜,他被田汉带到欧阳予倩的家中与欧阳的家人、朋友等一起守岁迎新。这次体验让他倍感温暖。他后来在给田汉的信中写道:

说起欧阳予倩君，想起旧历除夕之夜，你带了我去他的府上，和他的家人一起度过了辞旧迎新的愉快时光，此情此景，迄今难以忘怀。现在想起来，那天晚上在他的府上，按照贵国的习惯，只是最亲近的家人团聚在一起。那天晚上，以一家之主欧阳君为中心，还有他的母亲、夫人、弟弟、妹妹以及弟弟妹妹带来的朋友小唐和小刘，还有可爱的孩子们，大家聚集在一起，为了通宵迎接新年的到来，都穿上了过年的新衣服，就像日本人吃年糕汤一样，大家的面前都放好了鸭肉汤，团团坐在桌边。这时一个跟他们完全没有缘分，而且又是外国人的我，虽然是你带过来的，很冒昧地来到了他们中间，是不是太过唐突鲁莽了？欧阳君倒也罢了，他的母亲，他的夫人，他的弟弟妹妹，他们好不容易欢聚在一起，正沉浸在过年的气氛中，这时突然一个外人闯了进来，一定是打搅了他们吧。你在日本留学的时候，大概也有同样的感受吧。一个人漂洋过海，来到了举目无亲的陌生土地，出人意料地被带到了欢乐的家庭聚会中，受到了温馨的款待，其内心的喜悦实在是难以言表的。[1]

第二，基于第一点的亲近感，谷崎观察中国的视线和目光，不仅仅是把中国置于与日本相对的他者位置，虽然他也不时会与日本进行比较（正因为具有日本人的立场，这样的观察才更有意味），会敏锐地捕捉到那个时代中国的独特性，然

---

[1] 谷崎潤一郎「上海交遊記」『女性』1926 年 5~8 月号。此处据『谷崎潤一郎全集』第 22 卷、593-594 頁。

而更多的时候，他会将自己与观察的对象融为一体，至少是拉近彼此的距离。这虽然是一个明白无误的异国，却会让他感到亲切和亲近，尤其是江南，眼前的风物景色时时使他联想起高青邱和杜牧的诗句，而这些诗句在他踏上中国的土地之前在他的头脑中萦回已久。这样的视线和目光决定了他描述中国的文笔和口吻，其总的色调是温暖的。虽然中国的不洁或者异样的气味有时会让他感到些许不快，中国戏曲在服饰和音乐上的浓艳和喧阗一开始会让他难以适应，但他是一个比较有耐心的人，善于学习和调适，慢慢就体味到了另外一种韵味，得出结论说："我深切地感到中国人是爱好音乐的。"[1]

第三，在谷崎两次中国旅行后撰写的有关中国的文字（纪实和虚构）中，人们可感受到的中国图像，主要是一个文化的、日常的、庶民的图景。1918 年，中国仍是内战不断。是年 9 月，孙中山等宣布在广州成立中华民国军政府，并出任"非常大总统"，而此时北京政府依然存在并获得了世界主要国家的承认，奉系、皖系、直系诸军阀有各自的势力范围，南方各派也是纷争不断，而总体上南北对峙的格局也没有大的缓解。以陈独秀、胡适、鲁迅等为代表的文化人以北京为中心正在力图发起一场文化改革运动。第一次世界大战已经接近尾声，日本借此扩展了在中国的地盘。而谷崎第二次来华的 1926 年，北京政府的力量正在渐趋颓败，南方的革命力量迅速崛起，国共合作的势头也正影响着中国未来的走向。总体而言，这是一个政治局势动荡、革命力量日益萌动的年代。但是

---

[1] 谷崎潤一郎「支那劇を観る記」『中央公論』1918 年 6 月。此处据『谷崎潤一郎全集』第 22 卷、72 頁。

在谷崎有关中国的记述中，人们几乎难以感受到这些时代的风云（相比较而言，芥川的《中国游记》中可时时触碰到这样的痕迹）。差不多在二十年以后阿部知二、武田泰淳和堀田善卫有关中国的作品中，政治和革命的色彩相当浓厚，尤其是堀田善卫，他给人们展示的中国几乎就是一个各种政治力量互相角逐、时时在上演着革命甚至是血腥的土地。但谷崎有关中国的文字几乎过滤了所有的政治杂质，或者说尽力避开了各种革命的元素（在《上海交游记》中他记录了一点郭沫若等的慷慨愤懑的言论）。他只是试图将一个中国人的日常生活图景展示给日本读者，他关注的主要是跟民众的日常生活紧密相关的社会图像和自然场景。这也是谷崎所感受到的、所传达出的中国意象的一个特点。

对异国的观察和描述在多大程度上能达到相对的准确，一般而言大致需要两个条件：事先的知识储备、好奇心和温情度，以及一定的距离感。第一个，谷崎差不多都具备了。第二个，谷崎在这方面似乎过近了一些，或许这多少减弱了他对观察客体的审视深度和批判视野。说到底，谷崎只是一个伟大的文学家，他从来不是一个批评家，甚至连文学批评家也不是。终其一生，他始终在与政治或政治力量保持距离，即便在极端的国家主义意识形态极度猖獗的战争年代，他也努力游离在战争的狂潮之外，没有向当局抛出丝毫的谄媚之色，这是令人肃然起敬的。

第三章　从古典到现实：
　　　　芥川龙之介的中国印象

　　芥川龙之介（1892～1927）在1921年撰写的《支那游记》，在中国至今仍在出版新的译本。五四后不久，他的作品受到鲁迅等的关注，以后芥川成了一个日本近代文学的经典作家。在他去世8年后的1935年，他的朋友，也是文学家的菊池宽倡导设立了"芥川奖"，用来奖励新兴作家，不久便成了日本文坛最高的纯文学奖。一旦有新人获得此奖，就如同跃过龙门，为所有的媒体所瞩目，从此一举成名。而芥川的短篇小说《罗生门》，1951年被大导演黑泽明改编并拍摄了同名电影，获得第16届威尼斯电影节金狮奖和第24届奥斯卡金像奖荣誉奖，因此《罗生门》在中国家喻户晓，连"罗生门"这个词也成了中文的习语。而事实上，芥川本人也确实是一个与中国关系十分深切的日本近代文人。1941年，文学家佐藤春夫多少有点自负地说："从明治末年到大正初期，在文坛上对支那的文化物品多少有些关切的，好像就是亡友芥川龙之介与我自己了。"[①]　其实并不尽然，不过芥川确实是其中非常具有代表性的一个。

---

① 佐藤春夫「からものの因縁」『支那雑記』（1941年10月）、『定本　佐藤春夫全集』臨川書店、1999、180頁。

一　古典中国的爱好者

　　1892年出生于东京的芥川，原本姓新原，其生父在幕府末年是长州藩属下的一个炮兵，明治以后来到东京，经营一家销售牛奶的小公司"耕牧舍"。可是芥川出生八个月后，他的生母患了精神病，无法哺育他，就把他过继给了没有孩子的大舅父家，因而改姓芥川。舅父母视他如己出，而他的一位没有出嫁的大姨也同他们居住在一起。芥川后来对中国的诗文书画发生比较浓烈的兴趣，应该与这个家庭有关。芥川后来这样描述他成长的家庭："我的家以前历代都是御奥坊主，① 不过父亲和母亲都是毫无特色的平凡人。父亲喜欢学说评话故事、围棋、盆栽和俳句。哪一方面都不算行家。母亲……知道许多以前的故事。还有一位大姨，对我特别疼爱。……父母和大姨都非常喜好文学。……我从小时候就看了好多戏曲和小说。"② 这些小说大都是江户时代及明治时期的作品，但芥川总是会津津乐道地谈起孩提时的自己如何倾心于《西游记》《水浒传》《聊斋志异》等中国明清小说。他11岁时在自家的书箱内翻到了一本改编成日文本的《西游记》，他后来回忆说：

　　　　孩提时代最喜欢读的书是《西游记》。这些至今仍然是我喜爱读的书。这一类富有比喻意义的杰作，我想在西

---

① "御奥坊主"是江户时代的官职名，负责管理江户城内的茶室，以及为将军、大名和官员负责茶的接待事务。——引者注
② 芥川龍之介「文学好きの家庭から」『芥川龍之介全集』第10卷、岩波書店、1955、128頁。

洋恐怕连一本也没有。名气很响的班扬的《天路历程》，毕竟敌不过《西游记》。还有，《水浒传》也是一本我喜欢读的书，至今仍然爱读。有一个时期，《水浒传》中一百零八将的姓名我也全部背下来了。①

1898年，他进入江东小学念书。不久课余就跟随一位名曰大野勘一的老师学习汉文和英文，此后就能依据日本的训读法直接阅读汉诗汉文了。他自己曾说，中学时读了不少汉诗。他比较喜欢的诗人有晚唐的许浑和唐末、宋初的李九龄，尤其爱读许浑的《丁卯集》。1910年7月他在给东京府立三中恩师广濑先生的信函中有这么一段：

今日朝来微雨。独坐，翻阅许丁卯之诗集，感到犹如一袭暗愁之云雾向人逼近。尤其是其怀古七律，格调痛哀，比李义山（李商隐）更微，较之温飞卿（温庭筠）更丽，青莲（李白）、少陵（杜甫）以降，以七律而居江南第一人，诚非偶然也。②

对于汉诗汉文，芥川绝不是一个入门者，他的阅读范围很广，每每也有不浅的见解。在《汉诗汉文的有趣处》③一文中，他随手摘引了明代诗人高青邱、唐代诗人韩偓、清代诗人孙子潇的诗作，并发表了颇为精辟的评论。这些诗作并不是在寻常的通俗读本中可以随意翻阅到的，可见他对汉诗文阅读的

---

① 「愛読書の印象」『芥川龍之介全集』第10卷、128頁。
② 「廣瀬雄宛て」『芥川龍之介全集』第16卷、13頁。
③ 「漢詩漢文の面白味」『芥川龍之介全集』第13卷。

深入和广泛。在另一则类似笔记的短文中，他引述了唐代诗人任翻（又写作"蕃"）游天台山巾子峰时所题写的诗作被人改动一个字即"一字师"的典故。任翻的原诗是："绝顶新秋生夜凉，鹤翻松露滴衣裳。前峰月映一江水，僧在翠微开竹房。"后来有人途经此处，将第三句的"一江水"改为"半江水"，任翻大为叹服，谓："台州有人。"这一故事，典出《唐才子传》，元代辛文房撰著。后传入日本，日本保存了十卷本原著（中国国内已有相当部分散佚，今日刊印的文本均以日本版本为原本）。芥川对此评论说："此为古人作诗用心、惨淡经营的例证。"[①]

芥川对《聊斋志异》的感怀比较深。他对游离于现实与虚幻之间的神怪故事一直有浓厚的兴趣，《聊斋志异》《剪灯新话》一类的作品差不多是他的枕边读物。但是他认为，蒲松龄写鬼狐绝不仅仅为供人一笑。"作者蒲松龄有感于满洲朝廷太过于肮脏不洁，便借牛鬼蛇神的奇谈，来讽喻宫掖的隐微，这一点往往为本邦（日本）的读者所忽视，颇令人遗憾。比如第二卷所载的侠女故事，实际上是一个官宦年羹尧之女暗杀雍正帝秘史的改写本。昆仑外史的题词'董狐岂独人伦鉴'，不也透露出了这一类的隐喻意义吗？西班牙有戈雅的 *Los Caprichos*，支那有留仙的《聊斋志异》，都是借了山精野鬼来痛斥乱臣贼子的作品，可谓东西方的一双白玉琼、金柜藏。"[②] 后来他根据《聊斋志异》的故事撰写了一篇日文小说《酒虫》，发表在1916年的《新思潮》杂志上。据他自己说，

[①]　「骨董羹・一字の師」『芥川龍之介全集』第10卷、17頁。
[②]　「骨董羹・聊斎志異」『芥川龍之介全集』第10卷、21-22頁。

连情节也几乎没有变动。其他取材于《聊斋》的小说还有《仙人》《掉脑袋的故事》。芥川根据自己阅读的想象，展开了小说中对中国的描写。就在到中国来之前，他又发表了根据明代瞿佑的《剪灯新话》的一部分改写的小说《奇遇》。

芥川龙之介昔日的藏书现收藏于日本近代文学馆，并专门设立了"芥川龙之介文库"。据《芥川龙之介文库目录》，内有汉籍共188种1177册，其中有《元诗选》《太平广记》《唐代丛书》《佩文韵府》《聊斋志异》等，① 应该相当部分他阅读过吧。

芥川可以通过训读的方式直接阅读汉文汉诗，这大概是没有疑问的。也许是多读汉诗汉文留下的印迹，或许是芥川的有意为之，他的文章古雅的文句比比皆是，也使他的文章显得凝练精致，以致有一位他的同时代文人涩川骁对此颇不以为然。"恐怕一定有许多人对他的才气焕发感到惊讶。不过这惊讶也是有各种各样的。其中一个惊讶是觉得他具有常人不可企及的汉学的素养。另一个是对他无视现代文的常识、故意表现出出人意料的奇怪的文人趣味感到惊讶。很明显，文章中使用的深奥文字，一般人是无法立即理解的吧。"②

此外，芥川对于中国的书法和绘画也表现出了异于常人的浓厚兴趣。这恐怕也是得自家庭的氛围。家里虽是寻常人家，却也收藏了好几幅江户时代至明治初年画家的作品，还有不少

---

① 据関口安義『特派員　芥川龍之介：中国で何を見たのか』毎日新聞社、1997、24頁。
② 渋川ぎょう「異国趣味と芥川」『芥川龍之介研究』株式会社日本と書センター、1992、243頁。

陶瓷器。芥川自小浸淫在这样的氛围中，潜移默化，少年时代就萌生了这样的喜好。他尤其喜好南画。所谓南画，主要是指江户中期兴起的画派或绘画风格，它的源头却是在中国。明代的董其昌，鉴于禅宗有南北之分，便将唐代以来的中国画分为南北两宗，北宗一般指有宫廷气息的院体画和工笔画，南画则指在野的文人画，以王维为嚆矢，以闲逸、放漫、个性色彩浓郁的山水画居多，宋代颇为兴盛，至元明又达到一个较高的境界。一般认为，元四家是其佼佼者，这一脉的画风后来又为明代的沈周等吴地画家所沿承。江户时代，日本虽然锁国，文化上仍然受到中国的强烈影响。中国的画作依然通过有限的贸易被带入长崎。中国南画的冲淡俊逸的气韵为不少日本人所仰慕。在江户中期，诞生了诸如池大雅、与谢芜村这样杰出的文人画家。在中国画家中，芥川尤其喜爱元四家之一的倪瓒和明末清初的恽南田，在1919年的日录中他记述说："今日购恽南日画集、云林六墨。"[①] 自中国游历回来后，他专门撰写了一篇《中国的画》，对诸种自己寓目的画作逐一进行了行家的评论，显出他在这一领域不同寻常的造诣，且留待下文再说。

不过，不应忽视的一点是，正如佐藤春夫所说的那样，在明治末年至大正初年（1905~1915），真正对中国文化发生兴趣的日本人（自然包含文人）正在急剧减少。自1862年高杉晋作等人的千岁丸上海之行开始，就不断有现实中国的负面文字在日本传播。日本人对中国的目光逐渐从仰视转为平视甚至俯视。1894年甲午一战的结果，差不多已有90%以上的日本人对中国颇为不屑了。1905年日俄战争的获胜，使得日本人

[①]「我鬼窟日録」『芥川龍之介全集』第11卷、218頁。

的自我感觉差不多逼近了顶点。如果说在幕府末年和明治初年成长起来的日本人学习汉文诵读和中国史书还是一个因袭的教育环节，那么到了明治末年，汉文的地位早就降至洋文以下，大批中国学子纷纷涌入不久前还没有怎么进入他们视野的东瀛岛国，大量日本人创制的新汉字词语随着留学生的回国和日本教习登上中国各类学校的讲坛而得以广泛流播，日本的存在感在中国人的心目中已日益增大。在这样的背景下，像芥川这样依旧对中国文化抱有浓郁兴趣且具有较高造诣的日本年轻人，真的是有点寥若晨星了。

二 1921 年的中国之行

因为怀着这样一个中国情结，芥川龙之介期望有一天能有机会前往中国，去寻访他在诗文书画中构筑起来的图景。但他只是一介文人，东京帝国大学文科大学英吉利文学专修毕业以后，经第一高等学校的恩师介绍，他在横须贺的一所海军机关学校教授英语。虽然不算贫困，却也谈不上富裕，并无足够的川资供他去做这样的游历。1919 年 3 月，他辞去了教职，加入了大阪每日新闻社，在学艺部供职，却不用上班。按协议，其作品不可在其他报纸上发表（杂志除外），小品文、文艺批评文之外的创作小说等另付稿酬。此时正是第一次世界大战结束不久，欧洲终于恢复了和平，因此日本各大报纸纷纷向海外派遣特派记者，以报道最新的欧美动态来吸引读者。于是大阪每日新闻社便考虑借助在文坛上风头正健的芥川的影响力，派遣地一开始曾考虑欧洲，但此时处于动荡和变革状态的中国也引起了日本朝野的关注，最后决定派他以海外特派员的身份去中国做实地考察，将所见所闻在报纸上连载。报社就此事询问了芥川的意向，那自然正中他的下怀。很快，双方在费用、行程、写稿的要求等诸方面达成了协议，芥川并从报社的学艺部长薄田淳介那里获得了许多封致在华日本人的介绍函。其实在芥川这边，去中国还有另一个目的，就是想尽快摆脱不久前与他陷入婚外情的秀繁子的纠缠。

最初的计划是，1921年3月19日傍晚从东京乘坐夜车去位于九州最东端的门司港，21日从那里坐船去上海。结果由于芥川身体羸弱或是连日劳累，一再发烧患病，行程不得不一再推迟，最后于3月28日在门司港乘坐了筑后丸向上海进发。31日抵达上海港。就在芥川抵达上海的当日，《大阪每日新闻》刊出了这样的一篇预告《支那印象记芥川龙之介氏/新人眼中看到的新的支那/今日报纸上应该可以刊登》，具体的文字如下。

作为世界之谜，支那是一个最令人感兴趣的国家。在旧的支那如老树一般枝干横亘的一旁，新的支那犹如嫩草一般正欲生长出来。政治、风俗、思想等所有的领域的支那原有的文化，正在与新世界的这些领域交叠参差，这正是支那令人感兴趣的地方。新人罗素与杜威教授如今都在支那，还有本格森教授也要不远万里渡海来到这里，都是因为这些新的局面牵动了他们的心。本报社认为目前的支那很有看头，近日将在报上刊载芥川龙之介氏的《支那印象记》。芥川氏是当今文坛的第一号人物，新兴文坛的代表。与此同时，他对支那文化的浓厚兴趣也是广为人们所知的。如今他已带了笔墨来到上海，在遍赏了江南一带的花草之后，再循着春天的踪迹北上北京，在将一路的随想寄情于自然风物的同时，也将结交那里的新人朋友，尽可能观察把握年轻支那的新面貌。新人所看到的支那，将是怎样一个充满新容和新意的图景呢？恐怕只有在本报刊载的印象记中才可得以一窥吧。①

由于芥川抵达上海的翌日便病倒及其他一些原因，他未能按照协议及时向报社发回在中国的见闻录，直到归国之后的8月17日才开始在《大阪每日新闻》上发表连载的《上海游记》，至9月12日这部分连载完毕。迟三日，同样的内容又连载在大阪每日新闻社旗下的《东京日日新闻》上。1922年1月开始，《大阪每日新闻》连载其《江南游记》。1925年11月，将所有有关中国的旅行记集成《支那游记》一册，由改造社出版。

这里依据芥川的《支那游记》、相关书函及其他文献，对芥川四个月中国游历的具体行踪稍做叙述，以此为第三部分考察他的中国认知提供一些背景性的史实。

1921年3月31日抵达上海后，根据大阪每日新闻社的安排，芥川原本计划下榻在虹口的一家名曰东亚洋行的日本旅馆，结果发现这里就是当年朝鲜人金玉均遭到刺杀的所在，不免觉得有些不吉，就临时改为同是日本人经营的万岁馆。万岁馆开业于1904年，这幢英国文艺复兴时期风格的三层红砖建筑（顶部带有老虎窗，里面实际有四层楼）至今仍然伫立在东长治路（以前称为熙华德路）街头。来中国之前，芥川的

---

① 『大阪每日新聞』1921年3月31日。

第三章　从古典到现实：芥川龙之介的中国印象 / 95

身体就已很虚弱，连日患病，到上海的第二天又病倒了，无奈住进了距万岁馆不远的"里见病院"（位于密勒路，今峨眉路）。幸好，这幢建筑也存在，风格与早年的万岁馆大致相同，三层的红砖建筑（顶部也有老虎窗），有两个门牌号，里见病院是今天的峨眉路108号，东北侧的110号是后来为鲁迅看病三年的须藤病院。芥川被检查出了肋膜炎，不得不在此静养三个星期。出院后，在友人的陪伴下游览了上海的旧城，即原上海县城及周边一带，也就是今天的豫园、城隍庙一带，会见了居住在上海的章炳麟、郑孝胥和李人杰（一般称李汉俊），听了中国的旧戏，体验了上海的西洋和日本风情。

5月2日，芥川在大阪每日新闻社上海支局长村田孜郎的陪同下，去杭州做了三天的旅行，下榻在西湖边上一家设施很摩登的"新新旅馆"，游览了西湖及周边的人文、自然景观及灵隐寺。5月8日下午，芥川又从上海出发前往苏州，陪伴者是在里见病院认识的俳句诗人岛津四十起。翌日开始游览了北寺塔、玄妙观、观前街等，还去了郊外的天平山白云寺。然后在10日晚上离开苏州，坐夜车前往长江沿岸的镇江，翌日清晨抵达后立即坐了船北上扬州，在当地的日本人高洲太吉的陪同下游览了运河和瘦西湖等，当晚在高洲的寓所住了一晚。12日又返回镇江，游览了金山寺之后，与岛津告别，独自坐火车赴南京。来中国之前的1920年，芥川发表了以南京为背景的短篇小说《南京的基督》，场景和故事差不多都是虚构的，这次重点游览了秦淮河一带和明孝陵。因身体突感不适，芥川提前回了上海。

5月17日夜，芥川乘坐凤阳丸轮船溯长江而上，先到芜湖，22日再坐船向九江进发，与日本画家竹内栖凤父子做伴，下榻在日本人开的大元洋行。芥川一行坐滑竿游览了庐山，在山上住了一晚，翌日下山，坐船驶往汉口，住在住友汉口支店长水野的家里。看了汉口的租界后，又去登了黄鹤楼。5月29日，芥川坐船穿过洞庭湖，由湘江前往长沙，游览了岳麓山，参观了天心第一女子师范学校，体验到了当地民众因日军士兵集体强奸中国女子的事件而激起的反日情感。这些都成了他日后撰写《湖南的扇子》等小说的内容。然后芥川回到汉口小住数日，于6月6日夜乘火车北上洛阳，看了龙门石窟等之后，12日坐火车前往北京，中国民俗的研究者中野江汉陪他游览了雍和宫、什刹海、玉泉山、颐和园、居庸关等。大阪每日新闻社驻北京记者波多野乾等陪他到各处去听戏，不仅有京戏，还在同乐茶园欣赏了昆曲。与在上海一样，他会见了辜鸿铭、胡适等中国文化名人。然后他继续往西，抵达山西大同，观赏了著名的云冈石窟。7月1日下午，芥川坐火车离开北京前往天津，住在日本租界内的常盘旅馆，12日坐火车北上奉天（今沈阳），再从奉天进入被日本统治的朝鲜，大约在7月17日从釜山坐船回到了门司港，从而结束了三个半月的中国之旅。

1921年前后的中国正处于军阀混战的年代，各地动荡不安，芥川在中国的旅行也绝非一场顺畅的游历，时时会遭遇叵测之变。比如他离开汉口北上不久，武汉就发生了针对湖北督军王占元克扣军饷、横征暴敛的军事哗变，暴动的军队甚至还冲击了汉口的外国租界，造成了不少死伤。芥川原本计划去宜昌旅行，幸好临时改变计划，因为6月8日那里也爆发了军阀王占元阴谋枪杀哗变士兵的事件，死者上千人，京汉铁路一度中断。想从北京出发去大同时，又遭遇大罢工，铁路瘫痪，旅行也不得不延迟。诸如此类的事件,在当时的中国屡有发生,这无疑给芥川的中国观感蒙上了阴影。

与前不久来中国旅行的俳句诗人河东碧梧桐和小说家谷崎润一郎等不同,经大阪每日新闻社的安排,芥川这次在中国会见了不少中国人,目的是通过代表性人物的采访,向日本读者传递变动期中国的现实情况。河东碧梧桐1918年4月至7月在中国游历了四个月,足迹遍及广东和北京,看了许多地方,归国后写了一本《支那游历记》,但几乎没有真正接触过一个中国人。谷崎润一郎在1918年10月经朝鲜进入中国东北,再从北京到汉口,顺江而下至九江、南京、上海等地,12月由上海归国,撰写了《苏州之行》《秦淮之月》等作品,也想会见新一代的中国文人,但未能如愿。而芥川的《支那游记》,则较为翔实地记录了他在上海与章炳麟、郑孝胥、李人杰,在北京与辜鸿铭、胡适等人交往的感受。在本书中,主要对这部分进行一些论述。

三　从熟识到陌生

芥川龙之介对中国的认知大致可以分为两部分。第一部分是他去中国之前,通过文学作品(诗文小说)和书画及其他途径(当时日本社会对中国的一般舆论等)而形成的。第二部分是他带着此前的中国印象在中国各地做了实际的考察之后获得的。需要指出的是,他当时给友人的信函中表现出来的印象式的记录是即时性的实感,而后来发表在《支那游记》中的文字,则是在完成了整个中国游历之后回到日本整理出来的文章,是事后过滤式的描述,就他自己而言,具有更大的确定性。这里主要讨论芥川龙之介的第二部分中国印象。

在考察芥川的中国认知时,依然不可忽视他的日本人立场。虽然他对在诗文中感知到的中国没有太大的违和感,甚至还有一种文化上的亲切感乃至归属感,但是自明治以后,日本在东亚的扩张及对中国的觊觎,已经酿成了中日之间的冲突甚至战争。甲午一战之后的日本舆论,或多或少已染上了鄙视中国的色彩,在芥川登上文坛的时候,内藤湖南等的"支那改造论"已经成了对华认识的主流。尽管依然有一些执着的亚洲主义者试图联手中国,但"脱亚论"已在日本赢得了更多的共鸣,中国无疑已是一个与日本有距离的国度。因此,对于这一时代的日本人而言,中国已然是一个"他者"。芥川笔下的中国这一异国形象不再被看成是单纯对现实的复制式描写,而更多的是被放置在"自我"与"他者"、"本土"与"异域"的互动关系中来加以讨论。

古典山水变成可讥诮的他者

尽管芥川在来之前已经对中国做了许多古典的想象,但一登上上海码头,他就立即意识到自己来到了一个异域。

> 刚刚跨出码头,我们就一下子被几十个人力车夫围住了。……说起人力车夫,给日本人的形象绝不是一种有点脏兮兮的感觉。不如说是他们这种气势十足的劲头,会唤起人们对江户时代的怀恋。但是中国的人力车夫差不多就是肮脏的代名词,而且一眼望去,每个人的长相都是怪怪的。……
>
> (我们乘坐的)马车跑了起来,来到了一条架着铁桥

的河边，河面上停满了密密麻麻的木船，几乎连河水也被遮蔽了。河边快速地驶过了几辆绿色的电车。望出去，都是一些三层或四层的红砖楼房。柏油马路上，西洋人和中国人都在行色匆匆地赶路。这些来自世界各地的人群，在包着红头布的印度警察做出了指挥动作后，都停住了让马车先行。交通管理如此有秩序，不管我有多少日本人的偏见，也不得不承认，东京、大阪等日本的城市是无法与此相比的。①

对中国这一异域的观察来自日本，或者说东京、大阪，还会有"江户时代"。当然，文明长河纵越数千年、地域广度横跨几百万平方千米的中国，不若日本那么单色，恰好又逢东西文明碰撞激越的时代，各地呈现的面目不尽相同，芥川对此的感觉也各有千秋。相对而言，西风东渐的上海令芥川颇为反感，他对杭州的那些红砖楼房也有不小的拒斥感，而那些还保留了较多苍然古色的旧都和老城，则每每会激起他内心的文化共鸣。而现实中国的破败、倾衰和肮脏，也会招来他的一番讥讽和唏嘘，比如常为人们提及的他对上海城隍庙湖心亭的描述。

说起湖心亭，听起来似乎很像样，实际上是已经快要倾颓了，是一个极为破旧的茶馆。而且看一眼亭外的池塘，水面上浮着一片绿色的混浊物，几乎看不清池水的颜色。池的周边是用石头叠起来的、看起来也是很怪异的栏

---

① 「上海遊記」『芥川龍之介全集』第11卷、7-8頁。

杆。我们刚刚走到这里时，看见一个穿着浅绿色棉袄、留着长辫的中国人，……正在悠然地对着池水小便。

上海有些摩登的咖啡馆和西餐馆，然而顾客却几乎清一色是西洋人（连日本人也十分罕见），虽然侍者都是中国人。芥川由此感觉到了当时中国人地位的低下。在上海的街头，他几乎联想不起任何一首中国古诗词。

从上海去杭州的火车上，"我蓦地向窗外望去，只见临河的民居之间有一座高高隆起的石拱桥。两岸的粉墙清晰地倒映在水里。此外，有两三艘在南画中出现的小船系在河边。当我透过绽出了嫩芽的柳树眺望这些景色时，顿然感到这才是中国的风景"。① 然而他对沿途常常跃入眼帘的各色有些低俗的广告颇为不悦，甚至不惜揶揄广告发布者的祖国日本。芥川无疑是一个具有东方古典情怀的人，对于现代的西方文明，他似乎跟后来改名叫小泉八云的拉夫卡迪奥·赫恩一样感到有点厌恶。在杭州下榻的新新饭店的大门边，他看到了"喝得醉醺醺的美国人在大声嚷嚷"，不一会儿"又背对着大门旁若无人地小便起来"。② 在他看来，西洋人有时跟东方人一样粗鲁无礼。而历来被无数人颂扬的西湖也无法使他醉心。

西湖并没有想象中的美丽，至少现在的西湖并不是一个令人流连忘返的所在。西湖的水很浅前面已说过了。不仅如此，西湖的自然正如嘉道的许多诗人所吟咏的那样，

---

① 「江南遊記」『芥川龍之介全集』第 11 卷、58 頁。
② 「江南遊記」『芥川龍之介全集』第 11 卷、65-66 頁。

太过于纤细。对于已经厌倦了粗犷宏大的自然的中国文人墨客而言，或许会觉得西湖瑰丽。但是对于我们日本人来说，正因为已经对纤细的自然看惯了，即便第一次觉得挺美，再看一次就会厌腻了。不过，若是仅此而已的话，西湖应该仍不失为一个畏怯春寒的中国美女。可是这个中国美女，却因为沿岸随处可见的红灰两色的恶俗砖瓦建筑而患上了垂死的疾病。西湖的瑕疵不仅在于湖水的浑浊，这红灰两色的砖瓦建筑犹如硕大的臭虫一般，正在江南一带蔓延，几乎毁坏了所有的古迹名胜。①

芥川到了扬州，第一眼的印象并不佳。"扬州这座城市，首先的感觉是寒碜。几乎没有两层的楼房。视野所触及的平房也全都是破败不堪。铺着小石块的凹凸不平的街上到处都积着脏水。"城里的小河，河水也颇为污浊且散发着臭气。同行的两名在中国久居的日本人却满不在乎，于是芥川感慨地说："我相信日本人一旦在中国居住的话，嗅觉就会变得迟钝起来。"②

镇江给他的感觉也是破败。"人力车首先经过的，都是一些低矮的小屋，相当原始的贫民窟。小屋都是茅草屋顶，但几乎看不见土墙，大部分是用草席或芦苇围起来的。屋内屋外走动的男人或女人，都是面容愁苦。我遥望着屋子后面高高的芦苇，感到自己仿佛又会染上天花。"③

这种感觉后来到了南京、芜湖、九江时，也几乎没有改

---

① 「江南遊記」『芥川龍之介全集』第 11 卷、69–70 頁。
② 「江南遊記」『芥川龍之介全集』第 11 卷、111 頁。
③ 「江南遊記」『芥川龍之介全集』第 11 卷、117 頁。

变。现实中国的荒芜和破弊,不是使他产生了怜悯之情,便是培植了他作为一个日本人的优越感。

一路所至的南京、芜湖,感受到的也只是荒凉破败。连美丽的庐山也几乎没有让芥川感到些许诗情画意,他只看见刚刚绽出新叶的大树上倒挂着一头被剥了皮的肥猪。浔阳江面上,他满心期望见到跳出一个《水浒》里浪里白条张顺或黑旋风李逵那样的人物来,却在不经意间见到了一个正在从容不迫向江中大便的丑陋可怕的屁股。唯独对古都北京,他很少使用贬义词,揶揄的色彩也减弱了许多。

> 莲花还没有开放,但看一眼水岸边的槐柳树荫下的人们和这一带茶棚里的茶客倒是颇有意思,有衔着水烟管的老爷子,有梳着两个小辫的姑娘,一个正在跟当兵的说话的道士,一个正在跟卖杏儿的小贩砍价的老妇人,有警察,有穿着西服的青年绅士,有满洲旗人的太太……,真是不胜枚举,总之令人感到仿佛置身于中国风俗画的场景中了。①

他在抵达北京不久的 6 月 14 日,给友人冈荣一郎寄了一张明信片,上面写道:"到达北京。北京到底是王城之地,在此可住上两三年。"②

当然,北京的颓败也是难以掩饰的,古寺古庙的肃静也难以遮掩兵荒马乱的动荡感。"正要走到天坛外的广场上去,忽

---

① 「北京日記抄」『芥川龍之介全集』第 11 卷、143 頁。
② 『芥川龍之介全集』第 17 卷、182 頁。

然听得一声枪响。询问这是怎么回事,答说正在执行死刑。紫禁城,这里只有梦魇,比夜空更为广漠的梦魇。"[1]

值得一提的是,1921年的中国正是1915年"二十一条"给中国带来的耻辱感尚未消退而1919年巴黎和会又进一步激起了中国人对日本愤懑情感的岁月。芥川在各地尤其是南方,数度目击了中国人的抗日举动。在苏州太平山白云寺依山而建的亭台壁上,他看到了这样的标语:"诸君你在快活之时,不可忘却了三七二十一条""犬与日奴不可题壁"。还题有这样的诗句:"莽荡河山起暮愁,何来不共戴天仇。恨无十万横磨剑,杀尽倭奴方罢休。"在扬州石拱桥的桥洞内,也写着一些反日的口号。在长沙的一所学校里,他遭到了带领他参观的中国教员的冷遇,女生们为了抵制日货,拒绝使用铅笔而改用传统的毛笔。因为就在几天前,发生了五六个日本兵闯入学校强奸女生的事件。芥川自然应该知晓"二十一条"的内容,也应该对日本军人在中国的胡作非为有所耳闻。对此,他大都只是记录自己的见闻,而不发表评论。虽然字里行间也流露出了他的日本人立场,但遭此情形,他或许也不知该如何申辩吧。后来在回国之后,他发表了短篇小说《湖南的扇子》,试图表达自己的看法。

1921年的中国之行,是芥川第一次走出国门,在踏上中国的土地前,他也许有过诸多的想象,而实际所见所闻所感受的中国,却是一个稍稍有点熟悉而更多却是陌生的异域,疏离感多于亲切感,失望多于期待。

---

[1] 『芥川龍之介全集』第17卷、150頁。

群蝠惊散万古苍茫意

不过,芥川还是努力想在现实的中国寻觅他自诗文书画中获得的这一文明古国的旧迹。尽管经历了蒙古人和满人的征服,汉文化在相当程度上受到了损伤甚至摧毁,也由于自晚清以来的多次战争和内乱,当时的中国尚未拥有一个行政权通达整个疆域的有力的中央政府,各地的衰败和荒芜撩起了人们无限的伤感,但芥川还是在苏州、杭州、扬州、南京以及北方的洛阳、北京感受到了昔日中国的痕迹。他在一些颓败的古物中捕捉到了唐诗宋词和南画中几许美丽的意境。

扬州虽然是一个在近代迅速没落的地方小城,城内的破败和荒凉甚至让芥川感到有些吃惊,但因为这里没有西洋人和现代的砖瓦建筑,还是让芥川感到颇为愉快,尤其是在瘦西湖上荡舟,沿途的景色让他有点心驰神荡。

> 这时在湖水的对面出现了一座有名的五亭桥。中间有一亭,左右还各有两个,桥上共建有五座亭子,整个景象颇为奢华。亭子的柱子和栏杆都漆成了古雅的朱红色,虽有些奢华,却并不恶俗。只是桥台的石色,不妨可再带些苍凉的古色。不过,就大致的感觉而言,极具中国式的风雅,以至于水边密集的杨柳和芦苇都显得有些不协调。当这座桥的风姿,在有些青碧的天空的映衬下,从垂柳中显现出来时,我不觉得发出了一阵会心的微笑。西湖、虎丘、宝带桥……,这些当然也不坏。但是让我觉得有幸福感的,至少是抵达上海以来,还是要

数扬州。①

也许是中国的古典在他的脑海中印象太深，也许是芥川的想象力超越了常人，他眼见现代的、日常的中国风景，头脑中却往往会浮现出古典书卷中的图像。于是刹那间，现实与古典交织在了一起，幻化成了一幅混沌的画面。

> 我们双脚的前面就是波光粼粼的西湖。湖水轻轻荡漾，拍打着湖边构成堤岸的石块，发出了轻柔的水声。湖边有三个穿着蓝布衫的中国人，一个在清洗着拔了毛的鸡，一个在洗涤着旧的棉衣，另一个在稍稍有些距离的垂柳下悠然地垂钓。……我在这一瞬间确实忘却了红砖房和那些洋人，在这眼前和平的景象中，我不觉进入了小说的世界。晚春时节的日光，映照在石碣村的柳树上。阮小二就坐在柳树下，全神贯注地钓着鱼。阮小五洗完了鸡以后，拿起菜刀走进了屋内。而"鬓间插着一朵石榴花、胸前刺着一个青郁郁豹子"的那个可爱的阮小七，仍旧在洗涤着那件旧棉袄。②

他在黄昏时分骑着毛驴来到苏州孔庙时生发的感兴，也是一场有些怪异的体验。"来到石板的缝隙间长出了青草的庙前的那条路上时，见到了寂寥的路边桑田上耸立着一座灰白色的叫瑞光寺的废塔。塔的每一层都长满了茑萝和杂草，天空中来回飞着这边

---

① 『芥川龍之介全集』第17卷、113 – 114 頁。
② 『芥川龍之介全集』第17卷、74 – 75 頁。

多见的喜鹊。此时我真想用一句'苍茫万古意'来形容自己的心绪,有些苍凉,又有些喜悦。……据说(孔庙)是明治七年重建的,为宋代名臣范仲淹所创建,被称为江南第一的文庙。想到这些,眼前的荒凉景象,不就是整个中国荒凉的体现么?但对于远道而来的我们而言,正是有了这样的荒凉才催发了怀古的诗兴。"然而从一扇小门进入大成殿要另外给引路的妇女20文铜板的小费,"进门之后,两边分列着大鼓和铜钟。礼乐之衰也,甚矣!当我望着这些乐器时,不知为何竟发出了这样的感慨。戟门里面的石板缝间,自然也生长着繁茂的杂草。石板路的两侧,据说以前是科举考试的地方。在走廊两边一样的屋檐前,生长着好几棵粗壮的银杏树。我们跟看门的母女俩一起,登上了石板路尽头的大成殿。大成殿是整座庙的正殿,规模相当宏伟。从外面望去,可见石阶上雕刻着的龙,黄色的墙壁,青蓝色的底面上用白色书写的殿名匾额(好像是皇帝的御笔)。之后我们朝幽暗的里面探视。这时从高高的天顶上传来了宛如下雨一般的飒飒声,同时有一股怪异的气味直冲我的鼻子"。原来那是栖息在梁柱间的蝙蝠受到了访客的惊吓而躁动的声响。"再仔细一看,砖地上落满了黑色的粪便。听着那翅膀'飒飒'抖动的声音,又看到这么多的粪便,也不知有多少蝙蝠在昏暗的梁柱间飞舞。一想到这里,我顿然觉得毛骨悚然。我一下子从刚才的怀古诗境中跌落到了戈雅画中的魔鬼世界里。这不是苍茫万古的意境,简直是鬼怪故事的天地了。"[1] 有数千年历史积淀的中国,有时候会以这种有些诡异的景象在现实中呈现,往往使芥川在涌起一阵感动的瞬间,又被一种莫名的感慨所倾覆。

---

[1] 『芥川龍之介全集』第17卷、88-90页。

受大阪每日新闻社的委托，芥川的中国之行主要的着眼点当在鲜活的现实面，然而芥川自己总想在现实的中国激起自己源自书卷的古典想象。因此，他的踏访地多在文物古迹，西湖的四周、姑苏的旧城、南京的明孝陵、洛阳的龙门窟、北京的古城门；而对于少有旧迹留存的上海、天津，他则贬之为"蛮城"，几乎不屑一顾。这与他少年时代中国诗文书画在他骨子里的浸淫应该有很深的关联。

芥川对五位中国文化人的印象

芥川龙之介1921年的中国之行，因为是报社的派遣，有报道的重任，又因为有各地支局的安排，在上海、北京采访了一些在当时的中国舞台上颇有些影响的人物。报社希望芥川在与这些人物的接触中感知现实中国的脉动，而芥川自己其实也乐意与现实中国的人物交往。纯粹对物象的观察，毕竟还是缺乏实际的感应。

经报社在当地记者的安排，他在上海见了章炳麟、郑孝胥和李人杰三人。这差不多是没有相交线的三个人，各自的政治倾向和背景都迥然不同。如果要粗略划分一下的话，那么章炳麟和郑孝胥与旧日的中国密切相关，而李汉俊则代表了试图开创一个新中国的新生力量。

芥川感受到的章炳麟，差不多是一个有点养尊处优的老学究。在他满是书籍的房间里，有一些老式的红木家具，墙上不协调地挂着一个鳄鱼的标本，还有一条黎元洪敬赠的"东南朴学"的横幅。其实，章炳麟的政治立场颇为复杂，早年他也是一个热血志士，在研究朴学、经学的同时关注时事，力主推翻清政府。1899年东渡日本，与梁启超等交往频繁，后来转向革命，以日本为舞台参与排满活动，因"苏报案"入狱三年，后再度赴日，主编同盟会机关刊物《民报》，鼓吹革命。1907年4月，他参与发起成立了亚洲和亲会，与日本的左翼活动家幸德秋水、堺利彦等结为同志，主张受西方帝国主义欺压的东亚各国联合起来抵抗西方势力的进逼。民国后，仍在各种政治势力中纵横捭阖，但总体上渐趋保守，与孙中山等革命党人逐渐拉开距离，转而与北洋军阀同调。芥川所会见的章炳麟正处于这时期。那天，章穿着厚毛皮的黑马褂，外面还套着一件灰色的大褂，蜡黄的肤色，稀疏的胡须，高突的额头，冷冷的微笑，对着来访的客人滔滔不绝地谈论着中国的社会问题，幸好有同行的《上海周报》的日本人做翻译，芥川大致领会了章炳麟讲话的要领，然而章对现实的中国虽然有诸多不满，但也并无什么良方。他对芥川表示："中国的国民原本就不会趋向于极端。只要这一特性还存在，中国就不可能赤化。确实有一部分学生欢迎工农主义，但是学生并不能代表国民。即便是他们，一度赤化了之后，到了一定的时期也一定会抛弃这些主张吧。因为中国的国民性、喜欢中庸的国民性，要比短时间的激动更为强烈。"① 这时章的态度已从激进转向平和，从革命转向保守。他此时的思想已不能代表中国的主流，他在中国政坛的影响力已日趋式微。芥川在自己的采访记中，没有对章炳麟的言论发表什么评论，而描述的言辞却一直有些揶揄的笔调。

芥川会见的另外一个人物是郑孝胥。1860年出生的郑孝

---

① 『芥川龍之介全集』第17卷、29頁。

胥，早年投身于李鸿章的幕下，1891年出使日本，先任公使馆的书记官，后升任神户等地的总领事，对明治后期的日本有三年多的体验，儿子郑垂亦曾留学日本。郑孝胥是清末立宪运动的鼓吹者和积极参与者，但他主张的是君主立宪制而非共和制，因此，辛亥革命后他便以清末遗老自居，寓居上海，以诗文自娱，与一些遗老互相唱和，倡导读经，政治上日益保守。经大阪每日新闻社上海支局村田孜郎等人的安排，芥川访问了居住在海藏楼的郑孝胥。在几位访问对象中，郑的声名芥川早有耳闻。郑以书法见长，芥川此前见过郑的墨迹，且加之郑年长芥川32岁，芥川对他多少怀有敬慕之情。见面后，芥川对郑的印象要比章炳麟正面得多。"初见之下，郑氏气色非常好，不像一位老人。眼睛也如年轻人一般，带着明朗的目光。尤其是他挺直了胸膛的姿态、说话时频频使用手势的模样，反而比他的公子郑垂显得更为年轻。他穿着一件黑色的马褂，外套一件稍带深蓝色的浅灰大褂，真不愧是当年的才子，显得神采奕奕。在已是悠闲度日的今天，仍具有如此机智聪颖的风采，令人联想到，当年在以康有为为领袖的如戏剧一般的戊戌变法中，担当了显赫角色的郑氏该是多么的才气焕发呀！"[1]郑孝胥对芥川等表示，在政治上，他对当今的中国已经绝望，中国倘若执着于共和，将永远陷于混乱状态，然而如果想要恢复帝制，摆脱眼下的困境，也只有等待英雄的出现了。芥川本人对于在中国实行共和似乎也并无赞同的言辞。他注意到郑孝胥客厅的壁炉两边各放着一个印有黄龙图案的大花瓶。黄龙旗是清帝国的标记。芥川与郑似乎比较投缘，后来又有

---

[1] 『芥川龍之介全集』第17卷、33頁。

第二次访问。郑赠送了一幅自己书写的七绝诗，芥川请人装裱起来，制成了挂轴。郑孝胥在见过了芥川后的1923年，奉溥仪之命前往北京，担任了总理内务府大臣，后来一直跟随溥仪，并出任了伪满洲国的国务总理，成了历史上的一个反面人物。这是后话。

李汉俊是芥川在上海会见的唯一青年人，芥川将其称为"年轻中国"的代表人物。李汉俊本名李书诗，湖北潜江人，14岁的时候由他的兄长李书诚带到日本，先在东京晓星学校上学，1918年毕业于东京帝国大学工学部并获工学学士学位，通晓日语、英语、法语和德语。学生时代他就热切关心社会问题，后来受河上肇的影响通读了许多马克思主义著作。可以说，他是中国早期共产主义运动中最具有马克思主义理论修养的一个人。回到上海后，他致力于中国的改造运动。1920年5月与陈独秀等在上海创建马克思主义研究会，1921年7月中共一大就在他兄长李书诚的家里举行，李汉俊本人是一大代表。芥川与李汉俊的会见，很可能是大阪每日新闻社驻上海的记者村田孜郎介绍的。李汉俊也是芥川可以直接用日文进行交谈的中国人。芥川对他的印象是："一位小个子的青年。头发有点长，脸庞瘦削，血色不太好，富有才气的目光，小小的手，态度颇为诚挚。这一诚挚又令人可以察觉到他敏锐的神经。刹那间的印象不坏，就仿佛触碰到了时钟细小而强韧的发条。他的日语极为流利。……李氏云，现代的中国应该怎么办？要解决这一问题，不在于共和也不在于复辟，这一类的政治革命不能改造中国，过去的历史已经证明了这一点。现实也证明了这一点。那么我们该努力的，就只有社会革命一条路。要掀起一场社会革命，必须借助政治宣传。因此我们就要

第三章　从古典到现实：芥川龙之介的中国印象 / 111

写文章写书。"① 事实上，李汉俊确实也通过《民国日报》《新青年》等报刊发表了大量的文章和不少相关的译文，总计60余篇。1920年9月，他将翻译成日文的《马克思资本论入门》（原作者是德国人马尔西，日文译者远藤无水）一书译成中文出版，这也是在中国最早出版的介绍、阐释马克思《资本论》的著作之一。李汉俊后来因为与第三国际或是陈独秀、张国焘等人意见相左，在1923年愤然退出中国共产党，但仍投身革命运动，不幸于1927年底在武汉遭到桂系军阀逮捕，并被残酷枪决。当然，芥川对李汉俊的革命生涯并不太了解，他只是将其视作蓬勃兴起的中国新生力量的代表人物之一，总体对他进行了比较高的评价。不过，芥川的注意力或兴趣点还是在于中国的艺术和文学，希望中国的文学、艺术也能出现蓬勃的新气象。他询问李汉俊是否有余力从事艺术活动，得到的回答是基本上没有。

芥川在北京见了两个在当时的中国卓有影响的人物，两个在思想上几乎大相径庭却同为北京大学教授的辜鸿铭和胡适。辜鸿铭是一个有些传奇色彩的人物，其父的祖籍是福建惠安，母亲是欧洲人。他出生于英国人统治下的马来亚槟榔屿，后去苏格兰爱丁堡大学和德国莱比锡大学求学，在欧洲游学14年，回到马来亚后倾心研究中国文化，后来成了中国古典的代言人和传统的维护者，著译颇多，以英文著作 *The Spirit of the Chinese People*（《中国人的精神》，辜鸿铭自名为《春秋大义》）最为著名。民国后，他依然梳小辫，一身传统衣着，俨然遗老状。因博学，辜鸿铭被蔡元培聘为北京大学教授，一时

---

① 『芥川龍之介全集』第17卷、45–46頁。

也是一位风云人物。以现在眼光看,辜鸿铭在中国近现代史尤其是文化史、思想史上影响有限,留给人们的精神遗产更是微不足道。不过在当时,尤其在欧美人中,他成了人们热衷谈议的对象。因此,芥川的好友、路透社记者琼斯就竭力推荐他去见一见辜鸿铭。在这样的背景下,芥川去访问了他。在《北京日记抄》中,他专门写了一篇《辜鸿铭先生》,姓氏后面加了"先生"两字的,也是仅有的一篇。日语中的"先生",不是一般的男性称谓,而是对德高望重或从事特殊专业的人的一种尊称,可见芥川投向辜鸿铭的目光,多少还是带着一点仰视的。他特意穿了传统的中式服装去见辜鸿铭,以避免引起他的睥睨。

芥川对辜鸿铭的描述是一位"目光炯炯的老人","一条花白的辫子,一件白色的大褂,如果脸和鼻子的尺寸再短一点的话,总觉得像一只很大的蝙蝠"。谈话是用英文进行的,芥川虽是东京帝大英文科毕业的,听说能力却很一般,有时不得不借助汉字的书写来沟通。辜鸿铭照例地抨击了共和、基督教、机械万能论等从西方传入的新事物,与新兴的年轻中国的代表人物迥然不同。在那个时代,每一个中国人,主要是中国的知识人都热衷于谈论政治,辜鸿铭自然也谈论了段祺瑞,谈论了吴佩孚。当芥川问他为何不参加实际的中国政治时,他一连在纸上写了几个"老"字,表示自己年事已高,已无精力和热情。当然,这未必是真正的理由。自然,芥川或许也明白,辜鸿铭在当时中国的代表性相对是比较弱的。

芥川在北京还见了胡适。关于胡适,他没有写过专门的文章,不过在《江南游记》的前记中提到了胡适的名字,在《看了"霓虹馆"》中用了一些篇幅提到了胡适对京剧的否定态度。后来的研究者在芥川的藏书中发现了由胡适题签赠送的胡适译《短篇小说第一集》（现藏于日本近代文学馆）和同样有胡适题签赠送的《尝试集附去国集》（现藏于山梨县立文学馆），那应该是会见时胡适赠给他的。芥川与胡适见面的史实，主要见于胡适的日记。胡适在1921年6月24日星期五的日记中这样记到，上午看望了杜威之后，"便道到扶桑馆访日本小说家芥川龙之介，他已出门了。芥川是一个新派小说家，他的短篇小说，周作人先生兄弟曾译过几篇。前几天，周豫才先生译的《罗生门》也是他的"。[①] 从日记看，似乎是胡适主动去访问他的，但这次未遇。翌日，胡适在日记中有如下记载。

> 今天上午，芥川龙之介先生来谈。他自言今年三十一岁，为日本今日最少年的文人之一。他的相貌颇似中国人，今天穿着中国衣服，更像中国人了。这个人似没有日本的坏习气，谈吐（用英文）也很有理解。

这或许是胡适24日去访问时留有名片，翌日芥川去回访。胡适对芥川的印象似乎不错。27日，胡适又去扶桑馆访问芥川，有如下的日记。

> 八时，到扶桑馆，芥川先生请我吃饭。同坐的有惺农和三四个日本新闻界中人。这是我第一次用日本式吃日本饭，做了那些脱鞋盘膝席地而坐的仪式，倒也别致。

[①] 中国社会科学院近代史研究所中华民国史研究室编《胡适的日记》，中华书局香港分局，1985，第105页。

芥川说中国旧戏园有改良的必要：（1）背景宜用素色，不可用红绿色缎。（2）地毯也宜用素色。（3）乐工应坐幕中。（4）台上助手应穿素色一律的衣服，不可乱跑。我说，中国旧戏歌唱部分往往太长，故有喝茶的必要；又桌椅等有搬动的必要。若采用落幕法，或可把助手跑来跑去拿茶移座的事免去。他又说，旧戏不必布景，我也以为然。

芥川要用口语译我的诗。他说中国诗尚未受法国诗的影响，此言甚是。芥川又说，他觉得中国著作家享受的自由，比日本人得的自由大得多，他很羡慕。其实中国官吏并不是愿意给我们自由，只是他们一来不懂得我们说的什么，二来没有胆子与能力干涉我们。芥川说，他曾编一篇短篇小说，写古代一个好色的天皇把女子驮在背上，这书竟不能出版。①

胡适日记的记述，可以补足芥川游记的缺失，弥足珍贵。胡适大概是从友人或是报纸上获知芥川来到北京的消息，然后主动去扶桑馆访问他的。胡适为何会主动去访芥川，这里想稍微花点笔墨探讨一下胡适当时的日本观。

早在1915年在美国康奈尔大学留学期间，胡适就十分关注日本以及中日关系。他在当年3月的日记中写道：

中国之大患在于日本。
日本数胜而骄，又贪中国之土地利权。

---

① 《胡适的日记》，台湾商务印书馆，1958，第108~109页。

日本知我内情最熟，知我无力与抗。

日本欲乘此欧洲大战之时收渔人之利。

日本欲行门罗主义于亚东。

总之，日本志在中国，中国存亡系于其手。日本者，完全欧化之国也，其信强权主义甚笃。何则？日本以强权建国，又以强权霸者也。

吾人不可不深知日本之文明风俗国力人心。

据上两理由，吾不可不知日本之文字语言，不可不至彼居留二三年，以能以日本文著书演说为期。吾国学子往往藐视日本，不屑深求其国之文明，尤不屑讲求沟通两国诚意之道，皆大误也。①

他还曾转托在日本的留学生购买日语的文法书，以期自学掌握日语。1917年7月他自美国返国途中，在日本的东京、横滨逗留了几天，粗浅地体验了一下日本，为东京丸善书店的英文书目之全之新深深触动。1919年他致书留日青年傅彦长说："利用时机，多研究日本的语言文字，更进一步，研究日本的新文学和新思潮。"② 他后来一直认为，中国今后的兴亡在很大程度上取决于日本的对华举动。他深知："我们的近邻还是我们最可怕的侵略者。"同时他认为日本人是"一个受过现代科学工业文化的洗礼的民族"，③ 中国应该学习日本发愤图强的精神。

---

① 《胡适留学日记》，第532~533页。
② 傅彦长：《日本留学生与日本文学》，《新青年》第6卷第3号，1919年3月15日。
③ 胡适：《全国震惊以后》，《独立评论》第41号，1933年。

正是本着这样的一种对日本的认识,他觉得有必要会见一下当时日本颇为知名的小说家芥川龙之介,实际观察一下日本文化人的姿态。而从胡适的记述来看,与芥川的会见应该略略增加了一点他对日本的好感。芥川对胡适的感觉应该也不坏,所使用的笔调也比较亲切,他的著述中总共五次出现了胡适的姓名。①

有确切文献记载的,芥川1921年的中国之行中认真会见的中国人有上述五位。从这样五个背景不同、年龄不同、政治态度各异的中国人身上,芥川恐怕很难得出一个"中国"的印象。但他至少知道了,变动中的中国存在着各种不同的力量和观点,互为抵牾、互为消长,这也注定了近代中国将在较长的时期内处于动荡不安的状态。至于将会朝着怎样的方向演进,作为文学家的芥川恐怕还不具有这样的洞察力。

困惑于古典中国与现实中国之间

由于近代日本对中国的高度关注,自幕末明治开始,已有许多日本人以各种身份、出于各种目的到中国来游历、考察、访问,也撰写了大大小小、长长短短几乎上百篇的旅行记。从1862年高杉晋作的《游清五录》一直到德富苏峰的《支那漫游记》等,真可谓汗牛充栋。但毫无疑问,芥川龙之介的这部《支那游记》以及有关中国的著述是影响较大的。第一是因为它首先在发行量很大的《大阪每日新闻》或《东京日日新闻》上连载,以后又出了单行本。第二是芥川本人是一位

---

① 宫坂觉编『芥川龍之介全集総索引 附年譜』岩波書店、1993。

当红小说家，读者甚众，在相当的程度上会左右一般日本国民的对华认识。因而对芥川中国观的考察，其意义不只是止于个案研究，更在于把握那一代在传统上具有或深或浅的中国文化情结、在现实上持有一定日本人立场的大正时期日本知识人对于他者中国的认知。

芥川在日本本土被认为是一个知性作家，①甚至被认为是理智主义文学的代表，同时他的作品在一定程度上也带有夏目漱石文明批评的色彩。因此他的《支那游记》较少激情的抒发，更多的是冷眼观察，笔调常常带着讽喻甚至揶揄，初读之下，往往会使中国人觉得不舒服。细细想来，这其实表现了芥川在古典中国与现实中国之间的困惑，同时表现出了一个来自基本实现了现代工业文明国度的日本人面对战乱频仍、破败落后的他者中国时居高临下的优越感。

在上海老城，他看见一个中国男人对着九曲桥的水池悠然撒尿的场景；在风光秀丽的庐山，他目睹了一头被剥了皮的死猪双脚朝天地挂在嫩叶初现的大树上，一群轿工为了一些事情在大声喧嚷争吵……所有的这些现实的场景使他感到"哪儿都不会有比中国更无聊的国家了"，"中国使我越来越不喜欢了"。②熟读杜牧"青山隐隐水迢迢，秋尽江南草未凋。二十四桥明月夜，玉人何处教吹箫"这首题为《寄扬州韩绰判官》诗句的芥川，在内心一定已经勾勒出了一幅"烟花三月下扬州"的美图，眼前的实际景象却是："画舫由一个上了年纪的船夫用竹篙撑着径直向河面划去。河面很窄，河水也是有点黑

---

① 比如川副国基「知性作家として」『芥川龍之介研究』和田書房、1942。
② 「長江遊記」『芥川龍之介全集』第 11 巻、134 頁。

沉沉的墨绿色。说实话，这与其说是河，恐怕只能称其为沟。黑乎乎的水面上浮游着鸭子和鹅。两岸或者是脏兮兮的粉墙，或者是稀稀落落的油菜花，或者是坍塌堤岸上的一小片杂树林。所有的地方都无法让人感受到杜牧的诗句青山隐隐水迢迢那样的诗情。"① 由于这样的失落感，他有时候会对现实的中国萌生出一种厌恶感，连风光旖旎的西湖在他看来也只是一潭浅浅的泥水而已。虽然1921年的日本也远非一个理想的国度，表面上的西方式工业化也并未使全体日本人过上富裕的生活，基层的工人和农民生活依然相当艰难，天皇的绝对权威和严密的警察制度也每每使知识人、文化人感到压抑，但大正的中期，民主运动高涨，普选的前景也露出了亮色，平民出身的原敬在1918年组建了日本历史上第一个政党内阁，整个社会相对比较稳定。反观邻邦的中国，政权上正处于南北对峙的严峻状态，长期的军阀混战造成了严重的民生凋敝、国力衰败。芥川所到之处，除了上海的租界等地有些虚浮的繁荣，对于现实中国的描述，他用得最多的词就是破败、荒芜、圮坏、堕落、肮脏。"现在的中国有些什么呢？政治、学术、经济、艺术，不已全都堕落了么？特别是说到艺术，自嘉道年间以来，哪有一部值得骄傲的作品？而中国的国民，不管年老还是年轻，都在齐声吟唱太平调。当然，在年轻人中或许多少还可以见到些具有活力的（大概是指李汉俊这样的年轻中国代表——引者），但是他们的声音还没有能够具有打动所有国民的足够的热情。"② 于是，来中国之前抱着些许迫不及待心情的芥川，

---

① 「江南遊記」『芥川龍之介全集』第11卷、111頁。
② 「長江遊記」『芥川龍之介全集』第11卷、130頁。

第三章　从古典到现实：芥川龙之介的中国印象

在中国待了一阵子后，尤其是在庐山期间就对中国产生了厌倦之感，想早日返回日本。他从庐山寄明信片给朋友说："我对中国已经有些腻了，近来内心常常涌起敷岛①的大和之情。"②

从《支那游记》一书中人们可以感受到，自春至夏在中国南北各地的数月旅行，芥川对现实中国的总体感觉是颇为失望的。某些景象、某些世相也唤起了他的些许自中国古典诗文绘画中氤氲出来的美丽图像，他也试图在实际的镜像中插入一些古典的联想，但大部分的体验让他感到似乎来到了另一个国度，眼前呈现出的他者图像更多地乖离了他自己在心中的描绘。陌生大于熟识，失望大于期待。于是，在他这部游记中对整个中国的描述负面大于正面，灰暗大于明亮，芥川对中国的认知传播得越广，全体日本国民心中的中国图像就越晦暗，也就越加强化了一般日本人对中国的俯视姿态。

---

① 敷岛，相传是崇神、钦明两位天皇定都的地名，后泛指大和与日本。
② 1921年6月6日芥川龙之介致薄田的明信片。『芥川龍之介全集』第17卷、179页。

第四章　村松梢风："魔都"意象的制造者

村松梢风（1889~1961）的作家地位在20世纪的日本文坛大概连二流也排不上，尽管他生前发表过几十部小说和人物传记，曾经有过不少的读者，他撰写的六卷本《本朝画人传》被数家出版社争相出版，一时好评如潮，1960年中央公论社在建社100周年时又以精美的装帧将其作为该社的纪念出版物推出，在日本出版的各种文学辞典和百科全书中，对他也有颇为详尽的介绍。不过对于梢风的小说，评论界一直很少给予关注。他撰写的作品大部分是历史人物故事，人文的内涵比较浅薄，除了作为大众文学作品集出过寥寥两种选集外，在文集、全集汗牛充栋的日本出版界，迄今尚未见到梢风的著作集问世。这大概可以映照出梢风文学作品的内在价值指数。

但是，每当人们提及至今仍然非常鲜活的凝聚了上海的复杂意象的"魔都"一词时，都会联想到村松梢风，是他在100年前创造出了这一词语和这一意象。当年也许只是不经意间创造的这一词语，由于内含了太多难以言说的复杂的元素，或者说是较为准确地概括了混沌叠合的上海的各种因子，不仅在今天的日本，乃至在上海本地也得到了越来越多人的认同，而频频出现在各种媒体中。[1] 梢风以自己的中国游历为素材撰写的两部长篇小说《上海》和《男装的丽人》，最近被东京的大空社作为"重刊'外地'文学选集"的两种分别按原版本影印出版，可见其影响至今不衰。

其实，与同时代的谷崎润一郎、芥川龙之介、佐藤春夫等相比，村松梢风在中国文史上的学养和原本对中国的兴趣都要弱得多。从现有的史料来看，笔者未能找到青少年时代的梢风曾对中国或中国文史有兴趣的记录，他后来提到的孩童时期唯一跟中国相关的记忆是，当年风行一时的所谓"壮士剧"中经常会出现作恶多端的中国人，小孩要是不听话，大人就会用"小心被支那人拐骗了去"的话来吓唬。[2] 梢风在家乡的中学毕业后，来到东京进入庆应义塾理财科预科学习，此时他才接触到日本的新文学，并由此萌发了对文学的兴趣。不久因父亲的猝然去世，作为长子的他只得返回家乡看守田产。其间在家乡的小学和农林学校担任过教员，读了大量的文学作品。从个人习性上来说，梢风不是一个安分稳静的人，他不顾自己已娶妻生子，常常一人四出游玩。"什么目的也没有，只是想到陌生的土地上去行走。喜爱漂泊，喜爱孤独。"[3] 这一习性与他后来

---

[1] 日本提及"魔都"这一意象的近年来主要有高橋孝助・古厩忠夫編『上海史：巨大都市の形成と人々の営み』東方書店、1995；日本上海史研究会編『上海人物誌』東方書店、1997；和田博文他著『言語都市・上海：1840~1945』藤原書店、1999；劉建輝『魔都上海：日本知識人の「近代」体験』講談社、2000；趙夢雲『上海・文学残像：日本人作家の光と影』田畑書店、2000。

[2] 村松梢风「不思議な都「上海」」『中央公論』1923年8月号、12頁。

[3] 村松梢風「番外作家傳　梢風物語」『新潮』1953年1月号。这部以第三人称撰写的自传分三期刊于此杂志。

的中国游历很有关系。他忍受不了乡村的沉闷，1912年又来到东京入庆应义塾的文科学习。这一时期他坠入了东京的花街柳巷，家中的田产也被他变卖得所剩无几，一时感到前途困顿。

恰在此时，第一次世界大战爆发，日本乘机出兵，于1914年11月占领了原属德国控制的青岛。前途迷茫的梢风不觉将目光移向了中国。他想到这一陌生的土地去闯荡一下。这时他的一位师长辈的人物洼田空穗劝阻了他。洼田劝他不必急着去中国，在这之前不如先锻炼一下文笔，在文学上辟出一条路来。于是梢风暂时打消了去中国的念头，一边写稿，一边帮朋友编杂志，以后又进入日本电通社做记者。1917年，他将写成的小说《琴姬物语》投到了当时最具影响的综合性杂志《中央公论》，在8月号上刊登了出来。由此梢风在文坛上崭露了头角，作品频频刊发，知名度也日趋上升。梢风写的大都是传奇故事类的大众文学，渐渐他感到可写的素材已捉襟见肘，于是想另辟一条生路，这就是使他35岁以后的人生发生了重大变化的中国之行。

一　初到上海，怆然涕下

梢风后来在以第三人称撰写的自传《番外作家传：梢风物语》中这样写道，1923年的上海之行，从某种意义上来说是受了芥川中国之行的刺激，但主要是他自己想去上海寻求自己人生的新的生路。从这意义上来说，他的意图可谓获得了完全的成功，而其结果是梢风将35岁以后的十几年生涯沉入了中国。[①] 这

---

① 『新潮』1953年1月号、66頁。

里所说的芥川的刺激,是指芥川龙之介的《支那游记》一书。梢风为此曾专程去访问芥川。芥川告诉他,写旅行记的要领是仔细观察,随时在笔记本上详记所有的见闻。① 从梢风日后所写的游历记来看,可以说是深得其中三昧。

去上海之前,梢风还去见了佐藤春夫。梢风与佐藤虽是庆应文科预科时的同学,平素却颇少交往。佐藤闻悉梢风将往上海,便给在上海的田汉写了一封介绍函。田汉在东京高等师范学校留学时,颇慕佐藤的文名,先是给他投书,后来又几次去访他,均不值,1921年10月两人才得以初次相会。1922年秋田汉回国后就职于中华书局上海编辑所,与佐藤仍常有书函往来。② 于是梢风怀揣着佐藤的介绍函,登上了长崎开往上海的轮船。"说起我上海之行的目的,是想看一下不同的世界。我企求一种富于变化和刺激的生活。要实现这一目的,上海是最理想的地方了。"③

1923年3月22日清晨,轮船驶近了长江。梢风在几年后写的《支那礼赞》中追述了自己当时的情感。这段话有些长,但对我们理解梢风的中国观非常重要,姑且全文译出。

> 宫崎滔天在他的《三十三年之梦》中曾写到他22岁初渡中国时,当船进入扬子江目接到中国大陆的风光时,他不由得百感交集,不能自已,站在船头顾望低回,不禁泪湿衣襟。

---

① 村松梢風「芥川龍之介の「支那遊記」を評する」『騒人』1926年4月号。
② 佐藤春夫「人間事」『中央公論』1927年11月号。
③ 「自序」村松梢風『魔都』小西書店、1924。

我读到此处时方感真正触及了滔天的内心世界，对他平生出一种信赖感，于是将此书细细读完。

我每次溯入扬子江时也有一种同样的感受。不知何故，此时无限的亲切、喜悦、感激等诸般情感一下子都涌上心头，最后变成一种舒畅的伤感，禁不住热泪盈眶，怆然而涕下。

我不知道世人是否都有我和滔天这样的感受，不过我在此处见到了我们这些热爱支那的人的纯澈的心灵。这似乎并不只是广袤无涯的大陆风光使我们产生了盲目的感动。我觉得这是由于支那广阔的土地唤醒了潜意识般长期深藏于我们心灵深处的远祖传下来的梦。这种内心的感动有时会比较强烈，有时会比较朦胧，但当我们去支那旅行，双脚踏在支那的土地上时，这种感动便一直持续着，不会消退。像我这样缺乏汉学修养的人，并不是在学艺知识上被支那所深深吸引的。尽管如此，每当我踏上支那的土地，心头立即会强烈地涌起一阵从未有过的来到了梦寐之乡的情感，说来也真有点令人不可思议。

长年居住在支那，这种感觉自然会变得日渐稀薄。但是我想基于我最初的印象来思考支那的诸般万象。①

梢风这里提到的宫崎滔天初渡中国进入长江口时的感想，原文如下：

我（自长崎）搭乘西经丸轮船前往上海。航行两日，

---

① 村松梢風『支那漫談』騷人社書局、1928、94-95頁。

第四章　村松梢风："魔都"意象的制造者 / 125

望见了吴淞的一角。水天相连，云陆相接，陆地仿佛浮在水上一般，这就是支那大陆！也就是我在梦寐中憧憬已久的第二故乡。轮船愈向港口前行，大陆风光愈益鲜明，我的感慨也愈益深切。我站在船头，瞻望低回，不知何故，竟然流下了眼泪。①

宫崎滔天比梢风年长将近20岁，年少时读过不少中国古籍，又受过自由民权运动和基督教思想的熏陶，他后来半生追随孙中山，在同盟会创建的过程中做出了卓越的贡献。梢风的感动虽然稍稍有些突然，但这是一种基于地缘、血缘（自史前至6世纪中叶，陆续有数万中国大陆移民登陆日本列岛）和潜在的文化血脉的感动，应该也是很真切的。这一刹那间自心灵深处涌出的"独怆然而涕下"的感动，差不多成了梢风以后较长一段时期接触中国、感受中国、观察中国和了解中国的基本支点。

据对各种文献的梳理考证，可知在1926年前，梢风总共到中国来过4次。

第一次是1923年3月22日至5月中旬，约两个月，在上海及江南一带。据梢风自述，初抵时寄宿在西华德路上的日本旅馆丰阳馆。② 对初到上海的印象，梢风曾有如下的描述：

---

① 宫崎滔天《三十三年之梦》初版于1902年，此处根据平凡社1967年版本。宫崎滔天『三十三年の夢』平凡社、1967、40-41頁。
② 西华德路，也写作熙华德路（Seward Road）。据熊月之主编的《上海通史》第15卷附录的"新旧路名对照表"，今为长治路。查1918年7月上海日本堂出版的《新上海》之附录《日本人职业别事业案内》，丰阳馆在西华德路5号（当年建筑今已不存），1921年3月芥川龙之介来上海时下榻的万岁馆在西华德路80号，而日本学者木之内诚最新编著的《上海历史地图》中，将丰阳馆定在今北海宁路34号，乃后来迁往至此，其建筑至今仍留存。

（随着轮船慢慢驶入黄浦江），沿岸的风景也变得文明化起来。大约过了一小时，在我们面前出现了一座临江的纯西洋风的大都市。(我们乘坐的) 长崎丸抵达了汇山码头①。……第一次见到了上海的街市。街边的房屋基本上是西式建筑。路上到处蠕动着拉洋车的苦力。人们在街上慢慢地行走。头上缠着包布的印度巡查拿着指挥棒在指挥交通。每一个巡查都留着黑黑的胡子，个头高高的，身躯魁伟的，有着泰戈尔一样的风采。……不一会儿，路上出现了一支送葬的队伍，前面是穿着鲜红服装的西洋乐队，后面跟着穿着丑角一样服饰的支那乐队，载着棺木的马车装饰得很漂亮。②

大约在 4 月 10 日，他移居到老靶子路（今武进路）95 号一处房东为俄国人的公寓（此建筑今日仍然留存）。对老靶子路公寓一带的景物，他有这样的描绘：

那条街的人行道上种植了许多法国梧桐，枝叶茂盛，已经长得很高，比一般房屋的屋顶还要高，而在茂密的绿荫下，有点煞风景地行驶着有点脏兮兮的电车。街的北侧排列着红砖建造的三层楼的有些旧的房子，沿人行道一边有低矮的砖墙，门外有铁门，从墙内伸出了蔷薇花呀绿色的藤蔓等植物，与有些古旧的房屋很相配，给人一种古风

---

① 汇山码头在今公平路码头的东侧，提篮桥地区的最南端，当年是日本邮船株式会社的专用码头，日本人来上海时大抵在此下船。
② 村松梢風「不思議な都「上海」」『中央公論』1923 年 8 月号、3 頁。

的感觉。①

这一年的 5 月 1 日，他偕同临时结识的情人赤城阳子坐火车去南京游览，下榻在当地设施简陋的日本旅馆来宾馆。南京城内的景象让他们颇为惊骇。

> 进入城内，四周的景色为之一变。这边是起伏的丘陵，而那边是一片开阔的青葱麦田。马车在杨柳的林荫中穿行，沿着美丽的竹林前行。看到一处宏大的朱色楼阁。在湖沼的岸边，无数的杨柳低垂婀娜。农夫在田地中劳作。有一座相当高大的山。山顶上树木蓊郁，在树林的掩映间可见墙壁涂成红色的古代建筑。②

以至于阳子困惑地问道，南京市区在哪里呀？

当时的南京，经历了太平天国运动之后，城市建筑毁坏大半，人口也急剧减少，萧索中透出宁静，闲静中显得寂寥。梢风他们游览了夫子庙、秦淮河，仰望了紫金山，凭吊了明孝陵，然后又坐火车回到了上海。

不数日，两人又去杭州游历，下榻在湖畔的新新旅馆。这是一座西式建筑，设施完备舒适，推窗即可见旖旎的湖光山色。杭州虽然没有上海那样喧嚣芜杂，却比南京富有活力。云林寺（俗称灵隐寺）、岳王庙、玉泉、钱王祠等都留下了他们的足迹，梢风对玉泉有如下的描绘。

---

① 村松梢風『上海』騒人社書局、1927、231 頁。
② 村松梢風「南京」『魔都』141 – 142 頁。

从岳王庙开始走入山路。疏疏落落生长着树木的山冈的斜坡上,是一大片繁茂的山蕨菜。……沿着相同的道路前行不久,来到了一座名曰清涟寺的禅寺前。门前古老的石碑上镌刻着"玉泉古迹五色巨鱼"几个字。寺内有一个长方形的很大的泉水池,池水颇深,水色犹如玻璃一般澄澈,无数尾硕大的鲤鱼在池内游泳,有很多是长达三四尺的鲤鱼。围着泉水池的是一座古老的建筑,有人坐在那里喝茶,上悬雕有"鱼乐园"字样的木匾。①

大约在5月中下旬,梢风带着阳子一起从上海回到了东京,后阳子离他而去。

回到东京后,梢风撰写了《不可思议的都市"上海"》和《江南的风物与趣味》两篇长文,分别刊登在发行量很大且档次颇高的《中央公论》当年的8月号和9月号上。翌年,他将《不可思议的都市"上海"》改名《魔都》,又收录了《南京》《西湖之旅》《江南杂笔》等诸长文,合成《魔都》一书,由小西书店在1924年7月出版,出版后销量颇好,屡屡再版,上海的"魔都"意象也逐渐在日本传开和放大。

梢风第二次来中国主要也在上海,是在1925年4月初至5月10日。此次来沪的目的,是斡旋联系绿牡丹一行到日本演出的事宜。此次梢风住在一品香旅馆。② 对此旅馆及周边的景

---

① 村松梢風「西湖の旅」『魔都』、191-192頁。
② 原址在今西藏中路,1922年开设,附有西菜馆,1993年10月笔者曾陪同日本创价大学的西田祯元教授冒雨前去踏访,其时底层已改为商场,二楼以上为上海市农委招待所,二楼中间的天井仍为玻璃天顶,尚存有旧貌,后被拆除,原址现为新建的来福士广场。

物，梢风有如下描绘。

> 是一间三楼最靠里面面向走廊的房间，墙壁和地板都很脏，而且光线幽暗，但听说支那旅馆都是这样，也没办法了。不过房间相当宽大，还带有浴室。挂着白色帷幔的很大的支那床就放在正面。房钱一天四块大洋，想到从今天起我就要在这里起居，心里倒也没有不愉快的感觉。①

> 一品香这家旅馆感觉不错。地点在西藏路上，这条路有两三百米是单边有房屋的街道，另一边是跑马场。街上基本没有商店，都是一些公司模样的建筑，有一家小小的女校，②也有挂出医生招牌的。沿街是一长段长出了苔藓的砖墙和灰褐色的外墙。在马路的对面是高高的铁栅栏，里面一大片草坪的跑马场仿佛开阔的原野一般，远处在树木的掩映中排列着许多外墙红色的建筑和砖瓦结构的房屋，如同玩具一般，在这万里晴空阳光灿烂的四月里，令人觉得心旷神怡。这里不通电车，行人也很稀少，四周很安静。③

这次梢风来上海，一半是接洽联系绿牡丹等去日本演出的事，一半是游历。这一时期，他较多地与上海的一般市民，尤

---

① 村松梢風『上海』、13頁。
② 这里所说的女校应该是1890年由美国监理会在慕尔堂（现名"沐恩堂"）东侧所建的中西女塾，后发展为中西女中，也就是现在上海市三女中的前身。
③ 村松梢風『上海』、19頁。

其是伶人等交往，对上海的各色世相也有了较为深入的了解。

第三次也主要是来上海，在1925年6月10日前后至当月底。这次他下榻于日本旅馆常盘舍，① "赫司克而路是一条安静的住宅街，两边是砖瓦建造的四层楼左右的宏大建筑，旅馆本身也是一幢纯粹的西式建筑，只是房间里面是榻榻米的格局，放着红木的柜子和桌子。"②

第四次来上海是1925年11月初，为解决与当地中国人之间的金钱纠纷。这次他下榻在丰阳馆，约一周后移至一品香，经人介绍一度又短期到爱多亚路（今延安路）北侧小路上名曰"平安里"的一户中国人家里居住，不久因与对方语言不通、脾性不合而离开。其间去了舟山和宁波，坐火车返回上海的途中在杭州停留数日，大约于11月底或12月初归国。

1926年，梢风又在《中央公论》3月号上发表了长文《上海风俗印象记》。这一年4月，梢风自己创办了名曰骚人社的出版社，并创刊了《骚人》杂志，自创刊号起至9月号止连载发表了以1925年在上海的经历为题材的纪实性长篇小说《上海》的前编，翌年的1月至3月又发表了同名小说的后编。1927年4月，加上《南京》一文，由自己的骚人社出版了《上海》，至1929年5月已发行了第七版。

---

① 梢风本人在《上海》中记述的地址是赫司克而路（今虹口中州路），岛津长四郎编、上海金枫社1921年出版的《上海案内》也记录为赫司克而路（第52页），但在稍早的1918年日本堂出版的《新上海》中记录为南浔路18号，长崎日中两国人民朋友会1994年发行、依据1942年格局绘制的《上海日本人建造的街道》则标识为今乍浦路北海宁路口，可见该旅馆也曾搬迁过几次。

② 村松梢風『上海』、154頁。

二　沪上文化界、政界印象

在近代中日文学关系史上，日本作家与上海新文坛的关系发生，大概肇始于1923年3月末村松梢风与田汉等的交往。与此后大部分日本文人是通过内山书店的媒介与中国新文坛发生接触的情形不同，梢风是自己径直找到田汉的，日后在田汉举行的家宴上又认识了郭沫若等一批创造社的新锐作家，彼此间的交往一直持续到1920年代末期。

据《不可思议的都市"上海"》（后改名《魔都》）的叙述，到达上海几天后，梢风独自一人找到了田汉供职的中华书局。将名片和佐藤的介绍函递给了门房后，他被引进了会客室。不一会儿，田汉迎上前来，说一口流畅的日语。当得知梢风住在丰阳馆时，田汉热情地邀请他住到自己的家里来。梢风这样记述了他当时对田汉的印象。

> 我们俩仿佛一见如故。田汉君约有二十六七岁，是一个瘦瘦的高个子青年。长长的头发不是用梳子，而常常是用手指往上挠抓，因此都乱乱蓬蓬地缠绕在一起。苍白的神经质的脸上，一双大眼睛总是忧郁地、似乎有点惊恐地不住眨动着，穿着浅绿色的棉衣裤。[①]

下了班后，田汉热情地邀请梢风一起去他在民厚北里的寓所。"折入一条弄堂一直往里走，在尽头处有一扇大门，一丈

[①] 村松梢風『魔都』、47頁。

左右高的木门半掩着。约有门两倍高的围墙将邻家隔了开来，其处有一棵似是朴树的古木枝叶繁茂。田汉噔噔地快步走上了狭窄的楼梯，将我带到了二楼他自己的书房。书房内有一张简朴的床，书架上放满了英文小说和日文文学书等，书桌上放着一部文稿的校样。"① 田汉向梢风滔滔讲述了自己的身世和经历，以现在我们所知的田汉的生平事迹来参证，梢风的记述大抵准确。谈话间，话题转到了中国的文坛，田汉向梢风讲述："现在中国的文坛死气一片。传统的文学几乎都徒有其表，毫无生命力。现在势力最盛的是在上海出版的通俗文学的杂志和图书，都是些低级庸俗的东西。我们的一批朋友聚集起来创办了一份《创造》杂志，其中有中国最新锐的小说家郁文（达夫），诗人、剧作家郭沫若，批评家成灏等。什么时候我把他们介绍给你。我自己呢，以前主要是在做翻译，今后想主要从事创作。"② 两人又谈到中国戏剧界的诸种情形。田汉还向梢风介绍了当年曾与自己一起去日本留学、后来成了夫人的易漱瑜，在梢风听来，易的日语发音似乎比田汉更漂亮。

随后田汉又陪同梢风外出，在电车上兴致勃勃地向他介绍中国的各类民众艺术的种种特点和魅力，说得梢风怦然心动，当晚即央请田汉带他到新世界去观看。在田汉的影响下，梢风竟成了大鼓迷，虽然他听不懂唱词。他感慨地说：

> 最初是从田汉君那里听说了大鼓的妙趣，此后为了听大鼓，我又曾数度到新世界去，慢慢听熟之后，其内含的

---

① 村松梢風『魔都』、49 頁。
② 村松梢風『魔都』、51 頁。

妙趣也就渐渐能领会了。不过那儿不仅见不到洋人，连日本人的踪影也难以寻觅。夹杂在中国人的人群中，品味只有该国的人才能欣赏的特别的艺术，我觉得自己已经完全融入了他们的生活。想到这一点，我感到了一种他人难以体会的愉悦和满足。①

几天之后，梢风接到了田汉的信，邀请他去家里吃晚饭。在这次湖南风的家宴上，他认识了郭沫若、成灏、林祖涵等一批创造社的同人。他对郭沫若的印象是"肤色白皙，高度近视眼镜内的一双有点外凸的眼睛中，荡漾着一种艺术家式的纯真和阴郁的苦恼"。饭后，郭又热情地邀请酒酣耳热的梢风到他在民厚南里的家里去坐坐。在这里，梢风认识了"温柔可爱的"郭夫人安娜。

这次家宴之后过了两三天，郭沫若与田汉、成灏一同去看望了住在靶子路（今武进路）的梢风，并由郭沫若做东，一起到三马路（即汉口路）的"美丽酒家"去吃四川菜。这次晚宴，上次因有事未能参加的郁达夫也赶来了。"于是一下子增添了很多热闹，他实在是一位令人愉快的才子。今日大家都穿了西服，但郁君的模样尤为清新脱俗。他的日语极其流利，语调流畅圆润。"② 在这次酒宴上，田汉演唱了一曲湘剧《空城计》，"他唱得很精彩，而且从丹田之中发出的那种悲痛的腔调，最易使人联想起中国古代的故事"。③

此后他们之间又有数度交往。后来田汉与梢风一直保持着

---

① 村松梢風『魔都』、59-60頁。
② 村松梢風『魔都』、95頁。
③ 村松梢風『魔都』、96頁。

较为密切的联系，时有书信往来。1926年，梢风将田汉该年4月26日写给他的日文书信全文登在了自己主编的《骚人》杂志上，并撰写了编者按："田汉君目前是支那屈指可数的新进剧作家，同时也是新兴艺术的先驱者之一。他数年前在东京高等师范学校留学，半途中走上了文学道路。当时交往的友人中有秋田雨雀、佐藤春夫氏等。去年丧失爱妻易氏，现在上海活动。此通信乃是他致我的私人信函。"① 田汉在长信中回忆了彼此既往的交谊，谈及自己阅读梢风长篇小说《上海》的感想，也谈到了对最近来上海的谷崎润一郎的看法和近来自己的文学活动。

1927年6月，田汉以南京国民政府总政治部宣传处艺术科电影股股长的身份前往日本访问考察，受到了村松梢风、佐藤春夫等人的欢迎和接待。这里不展开。

从现有文献看，东京一别之后，梢风与田汉之间似乎未再有深入的交往。

尽管如此，在上海及日本与中国文人的交往，对梢风的一生来说都是很重要的。他的长孙、后来成为作家的村松友视1983年带母亲到上海来寻访其祖父的最后生活之处，也是其浪游的旧迹后写道："被上海所迷醉的梢风的感动，当然并不只是魔都上海的形象，与郭沫若、郁达夫等中国文人的交往肯定大大改变了梢风（的一生）。"②

1923年在上海期间，除了与中国新文坛的人士交往之外，出于对政治的兴趣尤其是对中日关系的关注，梢风还通过日本

---

① 村松梢風「上海通信」『騒人』第1卷第3期、1926年6月1日。
② 村松友視『上海ララバイ』文芸春秋、1984、182頁。

在华的媒体人士与当时总部设在上海的国民党人士进行了交往。

4月23日下午，梢风与日本两家媒体的特派员和上海领事馆的一名海军中佐、一名陆军少佐等，分乘两辆汽车去访问位于法租界环龙路（今南昌路）45号的国民党总部。

出来接待梢风等的是国民党元老张继和居正，都是同盟会最初的主要成员。张继1899年赴日留学，1903年归国，后来又数度前往日本，曾任留日学生会总干事，1914年任参议院议长，梢风等去访问时的1923年，张继任国民党广州特设办事处的干事长，在翌年1月举行的国民党一大上当选为国民党中央监察委员和中央宣传部部长，在对日问题上倾向于妥协。居正也曾留学日本，1912年任中华民国临时政府的内务次长，1914年任中华革命党的党务部长，1922年任护法军政府的内务总长，在国民党的一大上当选为中央执行委员，在对日问题上比较强硬。

梢风一行被引进了接待室。"房间大概有三十几平米，中间挂着放大了的孙逸仙的画像，两边是有些旧了的约有两平米大小的革命旗帜①，左右两边的墙上挂着许多去世的同志的肖像，还有比较小的革命旗帜。……张继大约是四十五六岁的年纪，皮肤白皙，嘴唇较厚，平时的眼神显得极为亲切，留着稀疏的胡须，头发没梳理过，任凭其自由翻腾缩卷。初见时给人稳重敦厚的感觉。"② 张继会说一口流利的日语，双方讨论了当前的政治局势。他向梢风等表示，中国国土太广大，目前无法由一个政权实行统一，眼下可将中国划成几个区域由数个政

---

① 当时梢风尚不识这就是国民党党旗。
② 村松梢風「支那の政治家」『魔都』、252－253頁。

权分而治之，等待合适的时机再实行统一。这一见解与孙中山1923年1月26日发表的《和平统一宣言》的宗旨比较相近。"坐在张继对面的居正，则给人完全相反的印象。肤色黝黑，头发剃得短短的，像乡下人一般，在龟甲边的眼镜里面，目光炯炯如射。灰褐色的内衣袖口上，污迹斑斑，相当显眼。最多四十岁左右，面相看上去精悍凶险，像一只斗犬。他好像不大会说日语，但看模样像是听得懂，大部分时间只是默默地听着，不时地像想起什么似的用支那话插上一两句。"①

梢风挑起了一个比较尖锐的话题，他询问张继等，当前的排日运动与国民党有无关系。梢风口中的所谓"排日运动"，指的是1915年日本向中国提出蛮横的"二十一条"及强行租借旅顺、大连港口的要求引起中国人民强烈愤慨的反对日本帝国主义的运动。针对梢风的问题，张继居然顾左右而言他，最后彼此说了一通诸如双方应以东亚的和平大局为重、着眼于将来、一旦双方的互信建立起来了，"二十一条"等枝节末梢的小问题也就会迎刃而解了等一番空话。梢风觉得这些外交辞令太过四平八稳，他心想："东亚的和平、国际主义这样的话语，在讴歌人类的理想方面是合适的，富有宏大的启示意义，但这样理想的时代在地球上何时会出现呢？日本人是日本人，支那人说到底是支那人，美国人是美国人。既然如此，国与国之间的争斗就永远不会消失。即便个人与个人之间，也会有兄弟阋于墙的现象。在利害和感情发生冲撞的时候，人与人之间怎样丑陋的争斗都会发生。所谓友爱、理解等这样的词语，只有在彼此关系和睦的时候才可通用。更何况种族、生活、人情

---

① 村松梢風「支那の政治家」『魔都』、254頁。

全然不同的国家与国家之间，怎么能保证有永远的和平与和睦呢？"① 他憋不住内心的疑惑，向张继滔滔讲述了自己的观点："你以及其他几位所说的时代永远都不会到来吧？看一下朝鲜就明白了。那就是朝鲜的命运。我难以想象日本会跨过朝鲜独独对中国采取讲道德的政策。"他又想起了3月间发生在日本的，所谓受歧视的部落人为争取平等权利而组成的水平社与对立的国粹社之间发生剧烈的械斗事件，于是向在场的中日双方质疑说："对如此怀有歧见的日本国民及其政府，企求他会对其他国民有真正的亲善和谅解，这无异于缘木求鱼。"② 他又举出了朝鲜问题，发表了一通所谓书生之见，使在场的人都很尴尬。后来日本领事馆的海陆军武官因梢风的此番言论而勒令他离开上海，经几个记者朋友从中斡旋才幸免于此。③

在这次会见中，梢风表示很想看一下中国的学校，"我之所以想看一下学校，主要的目的是想了解支那中流以上家庭小孩的情况"。④ 于是在4月26日，张继安排国民党交际部副部长周颂西陪同梢风去参观了中西女塾和神州女学两所女子学校。这两所女校本身与国民党并无直接的关系。周颂西英语很好，而梢风的英语大致可以听懂而无法流畅表达。

中西女塾是由美国卫理公会传教士林乐知（Y. J. Allen）1892年创办的一所教会女校，最初的校址在今汉口路沐恩堂的一侧，1917年经多方筹款购得占地89亩的经家花园（今江苏路155号）作为新校园，当时能用的建筑唯有一幢原有的四

---

① 村松梢風「支那の政治家」『魔都』、255頁。
② 村松梢風「支那の政治家」『魔都』、256頁。
③ 村松梢風「梢風物語（續き）」『新潮』1953年2月号。
④ 村松梢風「学校参観」『魔都』、71頁。

层住宅楼，被改作教室和办公室等，1921年和1922年又分别建造了两幢楼房用作外籍教师的宿舍和礼堂、学生宿舍、饭堂等，①梢风参观的校园应该就是这样的格局。梢风与周颂西坐马车抵达学校时，恰逢一位70岁左右、和蔼的老妇人从人力车上下来，此人就是当时的校长。从建校的历史和老妇人的年龄来看，应该是第一任校长海淑德（L. Haygood）。老夫人陪同他们参观了一程后，又有一位女教师接着陪同。梢风总的感觉是这是一所规模不大、建筑不甚整齐的学校，"正面有一栋砖瓦结构的两层校舍，其他都是些木结构的平房，比较粗陋"。②"除了本馆的教室比较像样外，别的旧校舍内的教室都比较狭小幽暗，建造得很粗陋。在花坛的对面有一幢像是仓库一般的小房子，那也是教室。学生的人数非常少，最多的教室里有十五六人，少的只有三个人在上课。……老师男女各半，女老师每个人都显得活泼有生气，而且令人难以置信的漂亮。学生也长得很漂亮，与日本的女生相比都显得很洋气，聪敏伶俐。学生的脸上充满了愉快的神情，洋溢着亲切、自由的空气。"③

出中西女塾后，周颂西带梢风坐马车来到神州女学。笔者目前尚未查寻到有关神州女学的确切资料。据《谢六逸年谱》所记，1923年的校长为曾任国民党中央执行委员会常委、立法院代院长、在西安事变中死于乱枪的邵元冲的夫人张默君。④张默君（1883～1965），湖南人，少时即聪慧而富有才

---

① 薛正：《我所知道的中西女中》，《解放前上海的学校》，上海文史资料选辑第59辑，上海人民出版社，1988，第293～326页。
② 村松梢風「学校参観」『魔都』、67頁。
③ 村松梢風「学校参観」『魔都』、68-69頁。
④ 陈江、陈达文编著《谢六逸年谱》，商务印书馆，2009，第20页。

华，从事教育事业，创办《神州日报》，1918年去美国考察教育，1920年回国后出任江苏省立第一女子师范学校的校长，又任神州女学的校长，但与邵元冲完婚是在1924年，1923年时尚是单身。① 不过陪同梢风访问的周颂西则向梢风介绍说，该校由蒋作宾的夫人经营。蒋作宾也是中国近代史上一个风云人物，曾任中华民国临时政府的陆军部次长和湖北省总监，后出任过国民政府委员和驻德国、日本大使，年轻时张默君与蒋作宾情谊笃厚，但蒋后来看上了张默君的三妹张淑嘉并结成家庭。也许是周颂西误将张默君当成了蒋作宾的夫人，也许是张淑嘉也参与神州女学的经营，待考。据梢风的记载，学校坐落在一条有些杂乱的小马路上，路边开着一些杂货铺、馒头店、铁匠铺等面向庶民的小店。不过，学校的规模倒是要比中西女塾大。一位二十七八岁的男子将他们引到了接待室，递上来的名片上写着"谢六逸"。"谢六逸的日语相当好。我觉得自己好像回到了日本人中间。谢先生带我们参观了各处的教室，热心地向我们介绍了学校的组织和教学方针等。这所学校的水准基本上是从小学到中学，在此之上还设有专门部，并且还有美术科。有十七八个美术科的学生在画石膏像。"

梢风询问谢六逸有否去过日本，谢答说一次也没有。但实际上，贵阳出生的谢六逸1918年即赴日本留学，在早稻田大学政治经济科毕业，获学士学位，1921年即加入文学研究会，与沈雁冰、郑振铎等人甚为稔熟，1922年4月上旬返回上海后，在商务印书馆编译所供职，同年底离职，转入神州女学任

---

① 何梓林、夏远生主编《二十世纪湖南人物》，湖南人民出版社，2001，第526页。

教务长，在文学评论和日本文学的翻译研究上卓有贡献。谢六逸在神州女学担任教务长后，聘请了郑振铎、叶圣陶、周建人等到校任教。不知为何谢六逸要向梢风隐瞒他在日本的留学经历。1926年1月作家谷崎润一郎来上海访问时，内山完造曾介绍谢六逸与谷崎认识。谷崎在他的《上海交游记》中这样写道：

> 接着谢六逸君来了。穿一套薄薄的、似是春秋季西服般的浅色西装，上衣的里面露出了羊毛衫。这是一位脸颊丰满、大方稳重、温文尔雅、胖胖的绅士。内山氏向谢君介绍了郭君。党派不同的两位头脑借此机会互致初次见面的寒暄。然后开始了非常流畅的日语谈话。谢君说："我认识您的弟弟，我在早稻田时曾师从他，精二先生是我的老师。"我一看他递过来的名片，背面印有 MR. LOUIS L. Y. HSIEH M. A. (DEAN OF SHEN CHOW GIRLS' HIGH SCHOOL, PROFESSOR OF SHANGHAI UNIVERSITY)。即谢君在从事文艺的同时，还担任上海大学的教授并兼神州女子高中的教务长。看这名片，以及从他稳重得体的举止和有些稀少的头发来看，使人感到已有相当的年纪了，但他说曾是精二的学生，一定还很年轻吧。但不知精二是否知道他的一个学生已在上海取得了如此的地位。[①]

当谢六逸向梢风表示日本的教育已经相当发达，校舍也相

[①] 谷崎潤一郎「上海交遊記」『女性』1926年5-6月号。此处据『谷崎潤一郎全集』第10卷、568-569頁。

当整齐，而中国的学校还很不完备时，梢风却认为："我的想法倒是跟你相反。不错，日本的学校规模很大，校舍也很气派，而且因为实施义务教育，学生的人数也很多。但是在这些地方所施行的教育都太注重形式，没有根据个性来因材施教。我倒是觉得在这样自由的学校由你们来施教的这些学生是幸福的。"① 相对而言，梢风是一个十分注重自由的人，他对日本学校的批评并未言过其实。日本的近代教育虽然起步很早，但教育的气氛相当刻板严肃，除知识的传授外，学校还是一个国家主义和皇道思想灌输的场所。1890年以天皇的名义颁布所谓的《教育敕语》，命令所有的学生时常诵读，在精神上成了天皇制的支柱。因此，他在上海看到的情景，虽然校舍还颇为简陋，但学校的气氛和学生的精神面貌是相当的活泼、自由，这让他暗生羡慕。

三 "魔都"欲海浮世绘

梢风无疑是一个与上海很有缘分的文人。自1923年3月至1925年11月，他4次来到上海，总共居住了大概半年时间，1928年10月再度来到上海。在此期间撰写的有关上海的文字达30余万。对于上海，他说过这样一番非常沉痛而真切的话。

> 我觉得像上海这样好玩的地方，恐怕寻遍全世界也不可得。……我之所以觉得上海好玩，绝不是因为上海人的

---

① 村松梢風「学校参観」『魔都』、71頁。

生活有多么文明,或者景色如何美丽,气候如何宜人。倒不如说在这些方面上海是最不尽如人意的了。不错,无论到哪里,到处都有成排宏大雄伟的欧式建筑,有漂亮的公园。道路不管是小巷还是弄堂都有水泥铺设,不像日本的许多道路,需要担心会踩到没膝的泥泞。而且上海具备所有文明的设施。但是,这又怎样呢?这不过是在人们的生活中披上了一件物质文明的华丽外套而已。而最关键的构成生活基调的精神文明,上海却没有。说没有,也是很正常的。因为这里虽说是在支那国内,政治上的主权却并不属于支那政府,除了老城厢之外,都是外国的租界。于是乎世界各国的人都来到此地,按照自己的喜好来任意地经营自己的生活。世界上所有的种族都聚集到这里,于是创造了上海这座都市。当地人不仅丧失了政治上的主权,而且这里既无支那传统的文明也无传统的精神。在这里过着既非支那也非西洋的变形生活的支那国民,只是在人数上处于绝对的优势而已。在这样芜杂混沌的空气中,不可能产生优秀的文明和良好的生活。男人沉湎于利欲,女人耽溺于奢华。……但是站在其间的我,却发出了类似欢喜的叫声。目迷于华美,糜烂于淫荡,在放纵中失去了灵魂的所有的恶魔般的生活中,我越陷越深。于是,一种或者说是欢喜,或者说是惊异,或者说是悲哀,总之是难以名状的感动打动了我。那到底是什么呢?现在的我,自己也说不清。只是,吸引我的、令我向往的是,人的自由的生活。这里,在失去了传统的同时,所有的束缚都被解除了。①

---

① 村松梢風「学校参観」『魔都』、64-66頁。

第四章　村松梢风："魔都"意象的制造者 / 143

这段话颇为真实地揭示了梢风作为文化人和浪荡子的内在两重性。作为文化人，他有思考，有观察，有想法；作为浪荡子，他喜好声色犬马，追求感官刺激。也因此，他沉入了普通上海人的日常生活，接触到了一般日本文人所不知晓的庶民生活圈，也目睹了光怪陆离的上海影像的各色图景。从这个意义上说，尽管他在上海的生活仅有短短的半年，但他对上海的深入了解，可谓超出了同时期来上海的文人芥川龙之介、谷崎润一郎、佐藤春夫、横光利一和金子光晴。但同时，由于缺乏深厚的思想底蕴和犀利敏锐的洞察力，他对上海意象的感受和传递往往会流于表象。

他在第一次上海之旅后写的第一篇印象记的题目是《不可思议的都市"上海"》，后来似乎觉得不贴切，他创想了一个名词"魔都"，在收录成书出版时，长文和书的名字都改成了《魔都》。我们且来考察一下梢风的"魔都"意象。需要说明的是，根据梢风自己的记述，他在上海的活动空间大抵在公共租界和法租界（包括准租界的"越界筑路"区域）一带，应该没有去过上海的老城厢和闸北、杨浦等底层民众生活的区域，与虹口的日本人居留民区交往也不多，因此他的"魔都"意象主要来自租界。

构成梢风"魔都"意象的，有两个基本的层面："明亮的上海"和"黑暗的上海"。[①]

明亮的一面是欧化的街道、欧化的公园、欧化的楼厦、繁荣的市面、多彩的生活。

---

① 村松梢風『魔都』、4頁。

从静安寺到极司菲尔公园（Jessfield Park）[1]的路上，梢风见到了如此的街景。

> 这一带是新开辟的开阔的住宅区，街两边是庭院宽敞且漂亮的住宅。和日本所见到的西洋建筑不同，材料有些粗糙，但式样很繁复，屋顶、墙壁和窗户等的色彩富于变化，显得相当协调，每一幢房屋都给人艺术的感觉。没有去过西洋的我，当时就在想，至少也想在这样的地方过一下所谓有文化品位的生活。[2]

这一区域严格来说已在公共租界的领域之外了，史称"越界筑路"，而实际上却在租界当局的管辖之内，一般称为所谓的"准租界"，域内的建筑大都由外国人和有地位的华人所建。他对极司菲尔公园有如此的描写：

> 公园前有几家颇为时尚的咖啡馆。许多汽车停在路边，形成了一个长长的队列，正在等待着主人回去。门口有印度警察站岗。公园相当广大，因园内模仿自然的景象建造，看起来比实际的占地更开阔。尤其是树林间通往最里面的行道让我很喜欢。小鸟不停地鸣唱，蝴蝶穿梭起舞。路边开满了红色和白色的鲜花。有全家一起来的，有

---

[1] 公共租界工部局1914年在原兆丰花园的基础上辟建公园，因原为英商兆丰洋行的地产，又称兆丰公园，1942年汪伪政权收回租界时，将此改名为中山公园，亦即现在的中山公园。
[2] 村松梢風『魔都』、9頁。

全是女伴的，也有男女恋人的，形态不一。①

需要指出的是，1928年之前，工部局在租界等处开设的公园不对华人开放，所以门口有巡捕房的印度警察站岗看守，梢风所描述的景象，其实与本地的中国人无缘。

上海的舞厅也是梢风颇为赞赏的。

> 上海现在交谊舞大为流行。在这里，支那的戏曲姑且不论，说起外国人的娱乐，就只有电影了，所以交谊舞流行也自然有它的道理。大的宾馆和咖啡馆酒吧一定有舞厅的设施，每天夜晚有很多男女聚集在这里通宵达旦地跳舞，使上海人的生活显得最为华美、色彩最为浓郁的是交谊舞。其中最高级、规模最大的一家是卡尔登大戏院②，那里既有电影院，也有餐厅和舞厅。……像我们这些人，从小浸淫在所谓的东方趣味中，说老实话，像交谊舞这种洋人玩的柔软的玩意儿与我们的习性并不相合，但是即便如我这样怪癖的人，瞧着那些伴随着快活的狐步舞、优雅的华尔兹而依偎拥抱的男女翩翩起舞的景象，自己的心魂也不知不觉地浮荡起来，也想跳入舞池与他们一起舞蹈。③

---

① 村松梢風『魔都』、9-10頁。
② 日语原文直译为新卡尔登咖啡馆，经查考，应为位于今南京西路黄河路上的卡尔登大戏院（Carlton Theatre），1923年2月建成开张，是一家内有戏院、舞厅等的多功能娱乐场，1954年改为长江剧场，1990年代拆除重建，至今尚未竣工。
③ 村松梢風『魔都』、10-11頁。

南京路是比东京的银座更为繁华的所在。

称之为大马路的大街,就是所谓的南京路,是超过东京银座的上海第一的繁华大街,各种大商店鳞次栉比,有先施公司、永安公司等,其他著名的百货公司大抵也在南京路上。街中央通有轨电车,车道上各色汽车络绎不绝。①

但是,"在所有文明的设施都完备、光华美丽,而且可以尽情寻欢作乐的上海这座都会里,一旦你踏进它的内侧,就立即会被一层阴森的大幕所包裹。那里猖獗着所有的犯罪行为,充满了所有的罪恶。偷盗、杀人、欺诈、赌博、绑架、走私者、秘密帮会、卖淫、恐吓、美人计、吸食鸦片以及各种大大小小的犯罪,不分昼夜,不分区域,一年四季都在上演"。② 事实上,当时的上海确实是一个犯罪率高而破案率低的都市。上海的地盘大致可分为公共租界、法租界和华界三大块,各自为政,各有各的法规,各有各的警察(甚至主要国家的领事馆内都有人数不少的警察组织),彼此间只能管辖自己的范围,于是犯罪者就在这三者之间翻越腾挪。在华界犯罪的,只要潜入租界,就天高皇帝远,反之亦然。除了巡捕警局、外国大亨外,还有本地的各种帮会组织在暗中翻云覆雨,于是编织起了各色错综复杂的网络,局外人跌入其中,往往会如入五里雾中,动辄得咎。

梢风在《魔都》中绘声绘色地叙述了某个妇人在光天化

---

① 村松梢風『魔都』、13頁。
② 村松梢風『魔都』、24頁。

第四章　村松梢风："魔都"意象的制造者 / 147

日之下的南京路上被几个西洋人悄无声息地用麻药醉倒，然后携入车内扬长而去的故事；一对日本夫妇分坐两辆黄包车前往某地，途中男的回头相望，载着其夫人的那辆车已经不知所踪，事后再也无法寻到她的踪迹。自然，这些都来自他的听闻，但是用笔墨渲染之后，就不免使人徒生恐惧之感。喧阗芜杂的上海街市，在梢风的笔下则成了如下的场景：

> 总之，上海是一个十分喧嚣的城市，想一下都会令人感到毛骨悚然。……在街上行走时，不可神情恍惚。狭窄的马路上，电车、汽车、马车、人力车如梭如织。在路上行走彼此间差不多都要推推搡搡。真不知道这么多的人是从哪里出来的。人群在密密麻麻地蠕动。稍不留神，钱包呀、手表呀就会失踪。而且不小心的话，即便不被汽车撞死，也会让黄包车的拉手棒捅伤腹部。在上海，即使汽车、电车轧着了人也不会受什么大的处罚。[①]

如此这般，"魔都"的意象就慢慢地晕染出来了。

作为浪荡公子的梢风，对于上海的妓院和赌场是相当熟悉的，他甚至夸大地说："上海全市无论走到哪里，都有成群的卖春妇。在街头也罢，公园也罢，咖啡馆也罢，剧场也罢，电影院也罢，都有。……色彩浓郁地装点着夜上海的，是'长三'和'幺二'这种所谓的妓和'鸡'。长三只是纯粹的艺妓，被叫到酒席上卖唱，除了自己的丈夫外绝不向外人卖淫，而幺二则既卖唱也卖淫。其次就是鸡了，这也分普通的鸡和野

---

① 村松梢風『魔都』、20 - 21 頁。

鸡。普通的鸡是所谓的高等内侍，去一定的场所，为客人服务，而野鸡则徘徊在茶馆、娱乐场和马路上拉客。"① 梢风还津津乐道地叙述了自己在四马路上的青莲阁、小花园、惠乐里等妓馆云集的场所游荡的经历，介绍了他去大世界附近一家赌馆的见闻："沿着水门汀的走廊往里走，来到了一间满是人的房间。房间里分放着两张大桌子，两边都在赌钱。桌子的周围拥挤地坐满了人，在其后面站满了人，在其外侧放着长凳子，这上面又站着很多人。放赌抽头的局东大声地报着数字。哗啦哗啦理筹码的声音、银元的碰击声、难以名状的紧张的噪音充溢着整个房间。"② 除了正式的赌场外，在新世界等地还聚集了许多所谓猜诗谜的貌似有些文雅的赌博场所，粗通汉字汉诗的梢风，也常常在此流连忘返。

当时上海还有两家规模很大的跑马场，一处由租界当局经营，今为人民广场；另一处在郊外，由中国人经营，在今天的杨浦区武东路一带，每逢周末皆有赛马。梢风两家都有光顾，对江湾的那家叙述甚详，结果当然都是输钱。

差不多时隔三十年，梢风在以第三人称撰写的自传中再次概括了魔都的内涵。

> 上海是一个世界各国的人种在各自的国旗下经营自己随心所欲的生活、世界上独一无二的国际大都市。它是一座被称为魔都的罪恶的巢窟，但同时它又具备了所有可以满足人类本能的物质条件。凡是人们能想到的东西，上海

---

① 村松梢風『魔都』、28-29 頁。
② 村松梢風『新支那訪問記』騒人社書局、1929、212 頁。

都实际存在。①

上文已经述及,与同时代的日本文人相比,梢风在上海的沉潜是比较深的,他所接触和涉猎的范围也是相当广的。他以一个外来者的身份和好奇者的目光,对当时五色杂陈的上海做了仔细观察,然后通过《魔都》等进行了相当生动而详尽的描述,显示了他作家的才华。但在本质上,他对中国的历史和文化缺乏足够的知识准备,对近代以来中国社会的剧烈变迁也缺乏深刻的理解,就"魔都"意象本身而言,他也许成功地传递了一个各色元素叠合交叉、混沌的综合图像,但未能把握近代上海的内在肌理和内在脉络,在混沌的万象之中,帝国主义的侵略与近代西洋文明叠合在一起,中国的农耕文明、现代愚昧和民族主义意识的觉醒交错在一起,构成了"魔都"上海背后的两股主要的底流。遗憾的是,具有作家的灵敏而缺乏哲学训练和史学眼光的梢风,对上海的体验和感受乃至表述,很多还只是停留在表象的层面。

四 从赞美中国到与日本当局同调

1923～1925 年的四次上海之行,梢风虽也与国民党元老张继等就中国当时的政治形势和中日关系进行过访谈,与以创造社为主体的中国新文学家之间有过交往,但他更多的兴趣,似乎还是在于一般中国庶民的日常风景。

1928 年秋,梢风又一次来到中国。这次他将更多的目光

---

① 村松梢風「番外作家傳　梢風物語」『新潮』1953 年 1 月号、66 頁。

和精力投向了南京。"我是第一次观察北伐成功、所谓国民革命胜利后的支那,这种世态的变化尤其令我感兴趣。""在最近的世界历史中,最令人关注的地方应是南京吧。……在南京,汇聚了现代支那所有的精神。因此,要理解新的支那,首先必须了解南京。"①

1923年他游历过南京,这次他更多留意的是国民政府定都南京后的变化。梢风既徜徉在庶民气息浓厚的茶馆和书场之间,在六朝遗迹中留下了履痕处处,同时也访问了曾留学日本的国民革命军军医总监陈方之、南京市市长刘纪文,参观了初步建成的宏大的中山陵,对国民革命后的新气象颇为赞叹。但他同时也敏锐地感到了新政权之下弥漫着的各种浮弊,最为明显的一是跑官猎官之风的盛行,一是标语口号式的政治宣传铺天盖地,且新政权在大兴土木时不惜粗暴地毁坏旧有的古迹遗物,这也使他痛心疾首。总之,他感到的一种新而虚饰的气象。他一方面感到某种鼓舞,另一方面却有一种怅然若失之感。

梢风将在南京的所见所闻所感写成《新支那访问记》,先在《中央公论》上连载,后由其自己创办的骚人社书局出版。在序言中他表示,自己将以南京为窗口进一步探究中国,以后还会有第二次、第三次的南京之旅,这本书只是一种总论性的序文。可惜,梢风的这个愿望始终只是愿望。

南京之行两年后的1930年4月,梢风又开始了他的中国之旅,这次去了中国的南方,其目的上文已经述及。这次旅行前后历时两个月。一路经日本和中国友人的安排和介绍,看了

---

① 「序」村松梢風『新支那訪問記』。

都市、乡村和各地的名胜及各类学校，为探寻近代中国革命的源流，还特意去看了孙中山和洪秀全的故乡。与1923年初到上海时所写的见闻记相比，这一时期的旅行记已使我们感到，梢风对中国的了解无论是历史还是现状，其程度都较前大为深入。1930年春，正是李宗仁等在广西举兵反蒋的时候，广西与蒋掌握的广东处于战争状态。作为外国人的梢风也许一时还不能对中国政治犬牙交错的派系争斗的内幕有透彻的了解，但对两广的局势非常清楚。他曾去访问时任广东省主席陈铭枢，5月11日又随日本驻广州总领事须磨弥吉郎等一同坐船去广西参观已为广东军占领的梧州。对于这场两广纷争或是国民党中央与地方的龃龉，局外人梢风自然不便随便置喙，只是他在身临其境后对当时、当地的各类人物和风土场景生动而细致的描绘，令今天的我们读来依然感到兴味无穷。

梢风感到他在广东的另一个收获是见到了老友欧阳予倩。自上海相识以来，他与欧阳一直保持着笃厚的友情。欧阳当时在广东开办"广东戏剧研究所"，推动戏剧的改革和创新。说是研究所，实际是一所学校性质的机关，重在培养戏剧人才。梢风在欧阳的陪同下参观了研究所，并在翌日观看了由师生公演的《茶花女》。

1931年3月，大阪屋号书店出版了这次游历的结晶《南华游踪》。由此可知，一·二八事变以前梢风的中国游历主要在江南一带和闽粤一带的南中国地区。除了上述的著作集之外，这一时期他有关中国的记述结集出版的还有《支那漫谈》（骚人社，1928），做了大幅度增补的《支那漫谈》新版（改造社，1937），《续支那漫谈》（改造社，1938）。后两种虽出版于一·二八事变之后，但谈的大都是往事，其中以上海居多。

　　自1923年3月踏上上海的土地，一直到1930年4、5月间的华南之行，这七年间，对于中国，梢风是从生疏到熟识，从朦朦胧胧的憧憬到几近热恋似的痴迷。这样的情形在同时代的日本文人中并不多见。1928年5月，他在《支那漫谈》序中说："说句老实话，我有点儿近疯狂地喜欢支那。喜欢也有好几种，我是恋爱的那一种。支那是我的恋人。""有人说，你赞美支那也无不可，但那样地心醉神迷，恐怕就无法有真正的研究，会失去中肯的批评。这话也许有道理，但我还是认为倘若不心醉神迷，就难以抓住对方的真相。冷静的观察未必就能触及真实。热情和爱恋常常是理解的前提。"[①] 在与中国有关的日本人中，梢风最感共鸣的是一生支持孙中山革命的宫崎滔天。"但滔天自己绝不是一个革命家。他也不是政治家。也不是学者。他只是一个诗人，热情洋溢的诗人。他与支那发生关系的理由，就是因为他喜欢支那。"滔天在初次见到浩浩长江时，感动得怆然涕下，"我对滔天的这种心情比谁都能理解。……倘若我与滔天生在同时代的日本，或许我也会追随滔天投奔到孙文那里去"。梢风甚至幻想，若无家累，"我就自己一个人到支那去，寻找一处自己喜欢的地方，在那儿做一个无名的支那人而终老一生"。[②] 在同时代的日本人中，梢风常常引后藤朝太郎为同志。"大正昭和年间，在文人里对中国心醉神迷者中有后藤朝太郎和梢风。"[③] 后藤朝太郎原是一个研究汉语语音的语言学家，从1918年到1926年二十几次访问中

---

① 「序」村松梢風『支那漫談』。
② 村松梢風「私と支那」『新潮』1932年3月号。
③ 村松梢風「私と支那」『新潮』1932年3月号。

国，仅在1927～1930年就写了28本有关中国的著作。在后藤的笔下，中国简直成了田园牧歌式的理想之邦，而事实上那时的中国绝不会只是一片田园牧歌。梢风虽自认为痴恋着中国，但他笔下的中国是五色杂陈的。对上海，他写它的繁华、它的温情，也写它的喧嚣、它的芜杂和它在黑暗中的肉欲横溢。但上海确是他热爱着的都市，以至于他的长子才成婚不久，他就竭力推荐到上海每日新闻社去谋职。他尤爱江南的风物，他说："我确信世界上没有一个地方有支那的江苏、浙江一带那么美丽的自然和人生。"① 他有一段文字，写自火车上见到的沪宁线沿途的景色。

昨日夜半时分下起来的雨今日早晨已经停了，但还没有完全放晴，四周升腾起了浓重的朝雾。在弥漫的晨雾中，有座百来户人家的村庄寂静地横现在眼前。村里有条河，有小桥，有杨柳的树荫。在所有的国度，乡村里的人似乎都是早起的，可见戴着帽子、穿着长衣的农夫在田里耕作，身穿淡青色宽大衣服的老妇人来到河边洗菜。在尚未完全苏醒的早晨的光线中，我望着所有的这些景物。②

然而他也写苏州旧城的逼仄、古迹的颓败，写南京城区出奇的黑暗，写南京城门口人声鼎沸的杂乱和壅堵，写广州珠江上船民生活的诸种实相，写黄包车夫谋生的艰难。大正昭和时期出版的日本文人的中国游历记多达几十种，相比较而言，梢

---

① 村松梢風『支那漫談』、63頁。
② 村松梢風『支那漫談』、64頁。

风这一时期对中国的描述不管是怎样的五色杂陈,却始终是带着一种温情,没有芥川那样的冷眼。这种笔下的温情构成了一·二八事变前梢风中国观的基本色。

需要指出的是,1932年1月28日爆发的所谓第一次"上海事变",成了梢风中国认识或者说对中国态度的一个分水岭。梢风从此前的中国赞美者,骤然变成了日本当局的同调者。严格地说,上海事变以后梢风到中国来已不是纯粹的游历了。这一时期他有关中国的著述结集出版的有《话说上海事变》(1932)、《热河风景》(1933)、《男装的丽人》(1933)和重新编定的《支那漫谈》(1937)、《续支那漫谈》(1938),在战后有将以前的长篇小说《上海》和《男装的丽人》稍做修改后重新出版的《回忆中的上海》和《燃烧的上海》。

19世纪中叶以后,随着西方势力侵入东亚,以朝贡体系为核心的前近代东亚国际秩序逐渐瓦解。明治以后日本在东亚的崛起改变了东亚的形势格局,自明治中期前后开始,无论是"脱亚论"者还是所谓的"亚洲主义者",都已开始以俯视的姿态来对待中国,即便是主张与中国携手的亚洲主义者,也明确地认为在与西方列强对抗的阵营中,日本是东亚的盟主,是主导者和领袖,负有对中国实行改造的使命。19世纪末以来,素有"支那通"之称、对中国的历史和文化造诣甚深、著有《支那绘画史》的内藤湖南竟然也认为:"倘若因什么样的情形,日本与支那成了同一个国家,那么文化的中心就转移到了日本,日本人在支那的政治上、社会上发挥重大作用,支那人也不会觉得有什么奇怪。"[①] 他认为,如果没有所谓"五胡乱

---

① 内藤湖南『支那論』創元社、1938、266頁。

华"和后来蒙古人、满人的入侵给中国输入了新生命，也许中国文化早就衰败了。"事实上，支那之所以能够维持如此长久的民族生活，完全是因为屡屡有外族人入侵的缘故。"① 言下之意，就是如今到了日本给中国输入新生命的时候了。从这样的逻辑出发，号称思想比较开明、著有《东西文明之调和》的大隈重信，在他担任首相时会对袁世凯执政的中国提出具有领土、政治和军事野心的"二十一条"，在日本人看来似乎也并非过分之举。

在这样的思想背景中成长起来的村松梢风，他来上海之前对中国的认识，无疑会受到这种主流意识潜移默化的影响，只是他此前对中国似乎并无表现出太多的关注，我们也无从探讨他来上海之前的中国认识。他来上海更多的是出于对多元自由世界的向往。他坐船进入长江时，却不由自主地涌上了一阵感动。出于他的个性和习性，他喜欢上海富有刺激的生活，喜欢江南的温润、富饶和美丽，对镌刻着古老时代印记的中国旧迹，他也表现出了相当的兴趣，由此产生了对中国的"痴恋之情"。但即便在那一时期，他也并未忘却自己日本人的立场。当上海发生五卅事件时，他把事件的起因归结为中国人的"排日"，指责中国人行为的过激。当他在五卅事件的余波尚未平息的1925年6月上旬坐船进入长江口时，看到了"日本的三艘驱逐舰劈风斩浪、勇往直前地驶过了我们的轮船"，心里觉得一阵安心。虽然这是一个很小的细节，却也能解释为何在一·二八事变发生时及以后他竟然会成为日本当局的舆论先锋。其实，明治中期以来日本对华的主流意识在不同的程度上

---

① 内藤湖南『支那論』、266頁。

一直影响着每一个日本人。

　　昭和时代开启之后，日本的对华政策越来越具有侵略性。1927年4月田中义一内阁上台，紧接着召开了进一步向中国扩张的东方会议，提出了所谓《对支政策纲领》，计划先占据"满蒙"（中国东北），进而控制整个中国大陆，并在1927年和1928年借口保护日本居民蛮横地两次出兵山东，试图以武力来阻止北伐军对张作霖地盘的进攻，确保日本在中国东北的既得利益。继被日本人炸死的张作霖掌握了东北的张学良，在1928年底通电全国，表示服从南京国民政府，"改易旗帜"。这使日本当局感到向东北扩张的计划受到了严重阻碍，终于导致了九一八事变的发生和东三省的沦陷。与此同时，中国国内的抗日、反日情绪也越来越高涨，使日本在华的经济利益受到了巨大打击。为转移世人对中国东北局势的关注，1932年1月18日，关东军通过上海公使馆陆军副武官田中隆吉中佐，并勾结川岛芳子（金璧辉）雇佣中国无赖策划了日僧被殴事件，[①]企图借此扑灭上海的反日、抗日活动。28日夜里，在上海市市长吴铁城已经屈辱地答应了日方提出的所有条件之后，日本依然悍然出兵攻击中国的闸北守军，一·二八事变于是爆发。以十九路军为主体的中国守军与日本驻上海海军陆战队及其援军发生了激烈的战斗，血腥的攻防战持续了近两个月，5月5日在英、美、法、意四国的调停下签署了停战协议。

　　据梢风自述，闻悉上海事变的消息，他大感震惊。他对上海怀有不同寻常的感情，决定冒着战火去上海实地察看。1932

[①] 1946年7月5日，田中隆吉在东京远东国际军事法庭审问时向检方作证，披露一·二八事变前日本僧侣被殴事件乃是自己受关东军的旨意策动的，于是真相大白。

年2月7日凌晨，他作为《朝日新闻》的临时特派员①从长崎启程，8日抵上海，先是住在西华德路上的日本旅馆万岁馆，后一度到华懋饭店（今外滩的和平饭店）避难，第一次在上海待了近20天。1930年梢风去广东时，曾与第十九路军的长官有些接触，与该军的原主要将领陈铭枢有过访谈，参谋长黄强也多次与他交往。从内心而言，他自然不愿意看到第十九路军与日军作战。梢风在战后披露了这样一段内情。有一次从广东回到上海的旧识欧阳予倩来访，希望梢风从中斡旋，促成第十九路军与日军之间的停战，并表示只要日军给予中方适当的面子，中方可做大幅度的后撤。"第十九军是梢风过去受过照顾的军队，他自然极为赞成停止战争，于是应允起一个桥梁作用。他通过特务机关的田中隆吉中佐，热心地去游说此事，却并无结果。对于日本的军部而言，战争已犹如日常食物那么不可缺少。于是便将此意向予倩做了转达，回绝了此事。"②此事是否属实，因是一家之言暂时无法确定，但梢风披露此事时，当事者均尚健在，应该不会杜撰。

抵达上海不久，他就立即给《东京朝日新闻》写稿，最初刊登在该报上的几篇通讯，虽已有明显的日本人的立场，但大抵还算属实。从内山完造的口中得悉鲁迅和欧阳予倩（那时欧阳予倩应该还未来访他）等平安无事，他不觉松了一口气："像鲁迅、欧阳予倩这样的人若有个万一，那才真是千古的恨事，听说都平安无恙，我感到十分欣慰。"③ 在《流浪的

---

① 现无资料表明是否为正式的委派，但梢风赴上海前已有为该报写通讯稿的允诺。村松梢風「梢風物語（完）」『新潮』1953年3月号。
② 村松梢風「梢風物語（完）」『新潮』1953年3月号、35頁。
③ 村松梢風『上海事変を語る』平凡社、1932、142頁。

小姑娘》这篇通讯中,他记述了一个居住在闸北、家已在战火中烧毁的小姑娘,为寻找失散的家人在街上流浪徘徊的情景,"不管怎么说,她是在战祸中流离失所的一个羔羊"。出于同情,梢风塞给了她一块银圆。① 在《吴淞战争风景:俘虏和间谍》一文中,他叙述了原居住此地的一家三口冒着战火来察看自己的老屋时,被宪兵队当作间谍抓获。"我可以想象,一旦被认定为间谍后,他们将会是怎样的命运。我还想到了他们三个可爱的孩子今后的命运。"② 虽然文章的笔调一直比较婉转,但还是流露出了梢风对遭受战火之苦的中国民众的同情。

但是从整体而言,梢风的日本人立场是坚定而明确的。2月下旬他回到东京,立即将此前撰写的通信和文稿进行了整理,著成《话说上海事变》一书,由平凡社在3月15日(3月10日即已交付印刷)出版。在《话说上海事变》的序言中他写道:"支那的排日运动,其本身就已经是一场很厉害的战争了。虽然导致直接的交火是由支那方面对我陆战队警备区域开枪挑战引起的,但事实上,上海抗日救国会不法的暴虐、残忍行为已经超越了经济绝交的范围,与公然对日本宣战已没什么两样。……我军为了世界的正义和人道,不得已以实力对此不法的抗日运动进行猛烈的镇压,此亦属必然之事。"③ 梢风的这些话写于3月3日。具有讽刺意味的是,上文引述的表现了梢风对中国无限眷恋的《我与支那》一文,竟也是发表在

---

① 村松梢風「さすらう小娘:上海の町スケッチ」『朝日新聞』1932年2月17日夕刊。
② 村松梢風『上海事変を語る』、158頁。
③ 「序」村松梢風『上海事変を語る』、3~4頁。

《新潮》杂志同年3月号上。这篇文章写于何时暂不可考，但依日本的情形，实际的执笔时间与发表的日期应该不会相距太远，这实际上表现了梢风复杂而无奈的心境。

平心而论，在当时日本国家主义甚嚣尘上的氛围中，就梢风所能获得的信息，《话说上海事变》这本书还不算写得太过分，他对上海事变发生的历史轨迹叙说得还算比较清楚。只是因为他的日本人立场，准确地说是日本民族主义者的立场，在客观上他误导了一般的日本民众。对于成为引发上海事变导火线的日本僧侣遭殴事件，限于当时日本的单方面报道（中国方面其实也完全被蒙在鼓里），他的整个叙说自然会激起日本民众对中国人的强烈憎恨，这一罪责也许不应归咎于梢风本人。但限于他知识储备的不足、方法论上的缺陷和视点的偏颇，他对近代中国尤其是国民革命发生以后民众反对帝国主义列强（一战以后日本已经取代了英国成为在中国势力最盛的头号列强）的民族解放运动基本上缺乏正确的认识，他把国共两党达成共识的"打倒帝国主义、废除一切不平等条约"方针的提出看成是从单纯的抵制日货演变为政治上反抗日本的转折点。梢风认为，明治以后的日本，在近代产业和法制体系等建设上的稳步发展终于达成目前的水准，因而才可以与列强要求废除不平等条约，而"支那的国民生活状态、国内政治的不统一、治安的混乱、法律的不完备，所有的这一切跟以前都没有两样，唯一的变化就是前面提及的打倒帝国主义思想的普及"。① 依照明治以来日本对华的主流意识，梢风觉得目前的中国还不具有"打倒帝国主义"的资格。在梢风看来，中

---

① 村松梢風『上海事変を語る』、10-11頁。

国国内反对帝国主义运动的兴起，使得中国变成了世界的麻烦制造者，他指责其根源在于一部分青年知识人的民族意识觉醒。1927年1月北伐军攻陷武汉后对汉口英租界的强行收回，3月进入南京时对于外国设施的攻击，也许确实带有一般民众运动的暴烈倾向，但其诉求本身是出于民族的正义。至于1931年末以上海为中心兴起的抵制日货、反对日本的商业扩张，其本身的起因主要是由日本占领中国东三省的侵略行径所激起的，目的在于救亡图存。碍于狭隘的民族主义立场，梢风对于近代以来日本的对华政策和行径几乎没有反省。在他看来，此时中国的军事打击是对反日运动日益高涨的"暴戾支那"的惩罚。纵观《话说上海事变》，其基调就是对日本军事行动正义性和日军士兵作战勇敢的颂扬，虽然书里也提到了上海日本居留民狂热的民族情绪和一部分所谓的"壮士"对三友实业社内中国人的袭击和杀戮行为。

1933年2月至5月，日军以热河省属伪满洲国领土为由，公然向当时的热河省和河北省发动进攻，占领了承德周围的地区。承德有昔日清廷的行宫避暑山庄及众多的喇嘛教旧迹，极少有外人进入，对绝大多数的人来说是一个充满神秘色彩的地方。对未知的世界一直有浓厚兴趣的梢风便向当局申请去承德作文化考察，获得了允准。1933年6月经朝鲜半岛、伪满洲国进入承德，在承德待了10天，考察了避暑山庄和八大喇嘛庙。7月3日他坐军部的卡车在崎岖泥泞的道路上奔波了4天后来到了北京，在北京游历了半个多月，在日本公使馆翻译原田的安排和陪同下，会见了国民政府军政部部长何应钦和外交部部长黄郛。离开北京后又南下济南，特意去青岛看望了以前在上海相识的旧情人赤木芳子，然后再从青岛经大连回到了日本。后来，梢风将这次游历的文字整理成《热河风景》一书出版。

朝鲜、中国东北乃至热河省、察哈尔省①的一部分，其时都在日本的占领之下，一路过来都有日本军政当局的接待，日语通行无阻。这种体验进一步刺激了梢风的"大日本帝国臣民"的自豪感，以至于他在《热河风景》的序言中都有些得意忘形的言辞了。

> 这次在朝鲜、满洲、华北匆匆走了一圈，首先深有感慨的是，日本也终于强大起来了呀！（如今，台湾、千岛列岛、库页岛、朝鲜、满洲都并入了日本的版图）这是一个多么了不起的帝国啊！我在朝鲜、满洲旅行，充分感受到了这个令人惊讶的伟大帝国欣欣向荣、光辉灿烂的机运。……我觉得是因为全体日本人的伟大。正因为日本人的伟大，军部才能有如此的伟业。我觉得世上没有比日本人更勤勉、更富有效率的国民了。……支那人虽有储积之心，却无建设之力。这是支那人最根本的缺陷。没有建设之力，就是因为没有计划和效率。人们常说支那的政治混乱，但国民若是优秀的话政府就不会糟糕。现在支那的政治恰好与支那的国民相吻合。政府并不见得比国民更坏。满洲这样的地方若交给支那人自理，就等于要等待百年才能盼到河清之日。但是，依靠日本人的力量建立起来的满洲国，成立才不过一两年，但建设整顿已井然有序地在展开了。这种建设的干劲，无论是欧美人还是任何其他民

---

① 上述两地大致相当于今天长城以北的河北和内蒙古的一部分。

族，都远远赶不上日本人。①

这些文字清楚地表明，在以前的中国游历中梢风的头脑里并不十分彰显的"日本人"意识，在战时的特殊背景下，或者说在高举红灯笼庆祝获胜的大游行氛围中，在充溢着全日本的那种闹哄哄、热腾腾的"万岁"声中，竟然如此急剧地膨胀了起来。需要指出的是，这绝不是出现在梢风个人身上的孤立现象。曾用日文改写了许多中国古代的小说、参与过《大鲁迅全集》的翻译、与郁达夫和田汉等曾相交颇深并两次来中国游历的佐藤春夫，在一·二八事变后不久，就逐渐沦为"大东亚战争"的吹鼓手。1920年代以后作品被大量译介到中国、在中国人的心目中有着良好形象的武者小路实笃，后来竟也会写出《大东亚战争私观》这样公然为侵略者帮腔的东西来。1938年，林芙美子等22名作家积极报名参加从军记者，一路深入中国内地来欢呼武汉会战的日军大捷，连以左翼作家出名的佐多稻子也多次到中国进行战地慰问。以至于1942年诞生了由内阁情报局一手操纵的文学报国会，几乎全日本的作家都归顺在了它的麾下。这实在是一段令人深思的历史。

收录在《热河风景》中的《黄郛、何应钦访问记》，是梢风在1933年7月上旬抵达北京后，去中海的居仁堂春藕斋和丰泽园颐年堂访问黄郛和何应钦的记录。写好后当即发表在《朝日新闻》上，今天读来仍有其史料价值，在此结合相关背景择其大要简述如下。

黄郛和何应钦当时的官职分别是政务院北平政务整理委员

---

① 「序」村松梢風『熱河風景』春秋社、1933、1-4頁。

会委员长和国民政府军政部部长、北平军分会代理委员长，可谓国民政府在北平的最高行政长官。两人均有留日经历。黄郛约在1904年入东京的振武学校，是同盟会的最早成员，后又入日本陆军测绘局地形科学习，前后约待了6年。何应钦1913年肄业于东京振武学校第11期，1916年毕业于日本陆军士官学校第22期。黄郛此前曾担任过国民政府的外交部部长，在梢风访问前的5月31日，两人代表中方与日方签署了向日方做出了重大退让的《塘沽协定》，暂时平息了中日在长城沿线剧烈的武装冲突。

何应钦与梢风的访谈一开始带有译员，后来索性用日语进行，而黄郛则自始至终用日语进行，梢风对他日语水准的评价是没有口音、非常标准流畅的日语。何应钦谈话的要旨是，此前中日之间发生的军事冲突并非战争，只是吵架而已，中国无意与日本发生战争。若说战争，目前倒是与共产党之间在进行着战争，"剿灭"共产党是政府的当务之急。与日本之间的问题，若时机到来，自会达成谅解。现在倒是需要日本的帮助，来消灭共产党。何应钦的谈话没有一字触及中国东北问题（即日本对中国东北事实上的占领），只是强调要中日合作。黄郛谈话的要旨是，这次双方直接谈判达成的《塘沽协定》，效果比去年由外国调停的《上海停战协定》要好，日本军部体谅了中方的心情。中方是诚心诚意希望达成和平，但日方也应该跟中方一样诚心诚意，不然事情就难办了。目前中央政府尚无法控制整个中国，当务之急是实现国家的统一，这方面要借助日本力量之处不少。现在华北地区骤然增加了来自东北的几十万失业者，影响了社会的治安。梢风插嘴说，这方面日本也有责任，日本应该助一臂之力。黄郛苦笑道，事实却没有那么如意。①

根据当时国民党政府对待日本和中共的政策和实际行为，梢风的这篇访谈应该是实录。

从梢风对承德旧迹的介绍、对北京古城的记述、对济南名胜的描写来看，他对中国尤其是中国文化还是满怀感情的。但这感觉与上海事变前已经很不一样了。在事变中或事变后的游历中，梢风已不再（或不能够）与当地的中国人交往了，他的一切游踪都受到当局或军部的安排，因此他个人的体验也就相当有限，属于他自己个人的感受也就相当模糊了。

这里稍稍再讨论一下梢风何以会从一个中国的赞美者骤然变为一个日本侵华政策的鼓吹者。其实这个问题的设立有点不准确。第一，梢风的变化并非骤然，后者的元素在前期他的身上就已部分存在；第二，前期的梢风也不是一个纯然的中国赞美者。他对上海或其他地域的感情本来也比较复杂，他对中国的描绘准确地说应该是五色杂陈，但笔端是温暖的，情感是真诚的。

可以说，与中国割舍不断的文化情结和膨胀的"日本人"意识构成了大部分大正、昭和前期的日本文人的中国观的两个基本层面。这两个层面不是截然分开的，更多的场合是交织在一起、互为表里的。这在梢风身上体现得比较明显和典型。在一·二八事变发生之前，他发表的有关上海和中国的充满温情的文字，笔者相信是真诚的。因为就当时日本国内的氛围而言，他对中国表示赞美的文字未必会博得一般大众的喝彩。他虽是一个大众作家，却也无意以对中国的揶揄和嘲讽来迎合主流意识。而他后期为军部的呐喊和对中国抗日运动的抨击，大

---

① 「黄郛・何應欽訪問記」村松梢風『熱河風景』、217－234頁。

部分也是发自内心,与本书后叙的金子光晴、武田泰淳等不同,他对中国的喜欢有点类似于青春期的热恋,而并无深厚的中国古典学养为底蕴,换言之,他对中国的理解缺乏历史的厚重感。他也不同于后叙的阿部知二和堀田善卫,他没有很好地受过近代西方思想的训练,尤其缺乏以理性主义为基础的人道主义或人文主义的内涵。换言之,他对中国的理解缺乏哲学的深邃性。另外,如果我们考虑到当时日本社会的整个氛围,一·二八事变时及以后战争的风云日益诡谲时,梢风的言行在当时的日本语境中似乎也并不过分。诗人金子光晴曾这样描述当时的日本社会气象。

> 在我们的周围,比如说我公司的上司们,大家都在想,作为一个日本国民该如何为国家做贡献(其实私下里却在期待通过这样的行为将来能给自己分得一杯羹),他们随时随地都准备将公司的业务转到御用事业的轨道上。他们在墙上挂了很大的世界地图,根据新闻报道,日军每占领了一个新地方,就把小旗帜插到那里。那些御用作家也纷纷前往海外,加入了战地报道的队伍。也听说有些文人成了军部黑幕的一员,暗地里在制作与军部不合作的作家的黑名单。……战争时期那些报纸杂志的报道和评论显然都是不可信的,但是,一旦当别的言论渠道被封锁时,即便是那些觉得自己有独立、公正判断的所谓有识之士,最后对那些不可信的东西也会相信了。人其时并不是那么坚定、坚强的。[1]

---

[1] 金子光晴『詩人金子光晴自伝』平凡社、1973、196-197頁。

金子光晴的这段话可以为梢风的言行提供一个比较有力的注解。战后梢风曾坦率地说："梢风虽不是一个日本侵略主义的赞美者，但那个时期，确实认为日本了不起。"① 像梢风这样的文化人，容易受明治以来日本主流社会对华认识的影响和受当时有些疯狂的民族主义或国家主义思潮的裹挟。随着这一时期日本国内民族扩张主义的日益升温，其中国文化的情结便日趋弱化，而"日本人"的意识则越来越凸显。一旦某个契机（比如像上海事变）来临，"日本人"的意识就会猛然盖过中国文化情结。另一方面，上文也稍有提及，梢风虽然可以称得上是一个文化人，却并不是一个合格的知识人。日本虽然在明治初期就引进了西方近代的政治思想和政治理念，但严格而论，至少到昭和前期，这些近代政治思想和政治理念还没有真正成为日本知识阶层共有的思想力量。况且明治以来，日本社会一方面在引入近代西方的思想，另一方面官方也在处心积虑地制造"国家神道"，抬举甚至膜拜天皇至高无上的权威，鼓吹"八纮一宇"的"皇国"意识。在这样的思想背景下，一般的日本人，包括不少文人一直缺乏深刻的民族自省力和社会批判力。也因为如此，他们往往更容易为一种情绪化的东西所左右，梢风在中国认识上的变化也说明了这一点。

---

① 村松梢風「梢風物語（完）」『新潮』1953 年 3 月号、37 頁。

第五章　金子光晴：不被时代吞没的冷静观察者

金子光晴（1895～1975），日本现代诗人、作家，一生经历了日本明治、大正、昭和三个时期，对明治晚期的日本具有清晰的记忆，在大正时期度过了自己的青年时代，而他波澜起伏的人生大半也与大半个昭和时期相始终。金子光晴的人生履历必定具有深刻的时代印记。

金子光晴青少年时期的教育履历和人生经历有两个比较明显的时代特点。

其一，沿承了江户和明治时代前期的历史脉络，整个日本社会还在相当范围内留存了比较浓厚的中国传统文化的影响。据金子自己的叙述，他大概自十四五岁开始对中国古典产生兴趣，读的是《古文真宝》和《十八史略》，并曾背诵《古文真宝》中白居易的《长恨歌》和《琵琶行》。家里有两册传统和本装帧的《游仙窟》和《寒山诗》，也是他早年爱读的书。前书的汉文旁附有日语雅文的假名。"我觉得这些美文，渗透到了我内心的最深处，充溢了我的整个心胸。"[①] 中学三年级的

---

① 「中国古典と私」『金子光晴全集』第八卷、中央公論社、1975、424頁。

时候，他一头沉入了中国的古典，在汉文老师野间三径的指导下习读了《大学》《中庸》《论语》《孟子》。不过相对于经书，他更喜欢史书，阅读了《左传》和《战国策》。他还经常出入东京日本桥一带的一家名曰"崇山堂"的旧书店，搜寻到了唐本的《秘书二十一种》，内有《吴越春秋》《越绝书》等。有一日他还从书店中将多卷本的《资治通鉴》大汗淋漓地背回家。据他自述，这一时期他对汉文古籍几乎到了痴迷的地步，自己仿照大人的笔迹和印章写了请假函投寄给学校，"放弃了其他所有课程，请了假，连暑假也是自早至晚都沉湎于古书之中"。① 他对于儒道诸书皆有涉猎，不过相比较立足于庙堂的儒家，他似乎更欣赏在民间有重大影响、讲求现世享乐的道家。这些古典在他的脑海中初步形成了一个中国图像，从中他强烈地感知到日本精神文化里中国的影响。他说："日本所谓的武士道呀、仁侠道等，其原型在很早的中国就有了。……要知晓日本人精神生活的过去和现在，不可忽视汉学的影响之大。当然，封建政治家出于自身的需求采用了儒家的官僚思想，这一思想起到了一种高压的稳定作用，而作为一种反叛精神，老庄的虚无思想也为人们所喜爱。江户市井的讽刺和轻快的幽默，其底蕴深处有着老庄的气息。"②

金子虽然是一个好读古书的少年，但在明治末期和大正初年亦非特别的例外。比他长一辈、与中国渊源较浅的作家森鸥外和夏目漱石，虽一个游学德国，一个负笈英伦，但都能写得

---

① 金子光晴『詩人金子光晴自伝』、35頁。
② 「中国古典と私」『金子光晴全集』第八卷、425頁。

一手不错的汉诗和汉文。① 与金子同辈的芥川龙之介和佐藤春夫，前者不仅精通中国古典文化，对于中国的书画亦造诣不浅，后者则不仅熟读中国的古籍，还将不少唐宋传奇改编成日文小说。当然，进入大正后期尤其是昭和时代后，随着日本的崛起、扩张和中国的动荡、衰败，不仅是现代中国，古代中国即汉学这一历史脉络的影响也日趋式微，这一点也是必须看到的。

其二，明治前后，随着西风东渐，欧美的影响汹涌而来。至大正时期，社会一般人的生活尤其是都市生活中西洋的印迹几乎比比皆是。金子少年时代求学的晓星学校是一所天主教背景的教会学校。在早稻田大学求学时期，他阅读了大量的西方文学作品。不过他不喜欢托尔斯泰，而迷恋另一位具有虚无颓废倾向的俄国作家阿尔志巴绥夫，为他的长篇小说《沙宁》所倾倒。他还耽读于王尔德的《莎乐美》，对爱伦坡的作品也大加赞赏。在25岁那年（1919），他只身从神户出发坐船到了英国的利物浦，后来曾在伦敦大英博物馆附近居住了一段时间。但他对欧洲文化更深刻的感受，主要来自生活于比利时的一年。其间，西欧的绘画和文学令他十分痴迷，尤其醉心于法国诗人波德莱尔和凡尔哈伦（他后来翻译过许多他们的诗作）。有一段时间，他在欧洲潜心阅读，日夜浸淫在浓郁的艺术氛围中。在象征派诗风的熏陶下，他写作了两部诗集《赤土之家》和《金龟子》，后者成了他的成名作，初步奠定了他

---

① 日本的中国文学研究家吉川幸次郎著有《漱石诗注》，对他的汉诗评价颇高。中国也出版了《夏目漱石汉诗文集》（华东师范大学出版社，2009）。上海外国语大学的陈生保以《森鸥外的汉诗》获得了东京大学的博士学位。吉川幸次郎『漱石詩注』岩波書店、1967。

在日本现代诗坛的地位。两年之后他经法国马赛回到了日本。十年之后他还有一次时光更为漫长的海外之行。①

从上述相关的履历我们可以看出：

第一，金子光晴是一个具有良好汉学修养的人。他在前往中国之前已经大致形成了对古典中国的认知，同时他绝不是一个日本民粹主义者或亚洲主义者，他对欧美的文学艺术和各种新思潮抱有浓厚的兴趣，相较同时代的许多日本人，他比较具有世界主义的胸怀。

第二，无论对于东方还是西方的思想，他对正统的、主流的意识形态多少具有一种叛逆的态度。相对于具有官方色彩的儒家，他更倾心于老庄的人生态度；相对于西方古典的人道主义，他更醉心于唯美、颓废、虚无的末世情绪。这两点思想背景，在他去中国之前大致已经形成。当他在观察、感知、理解和描绘当时的中国时，应该已经有了古典中国、日本和西洋这三个参照系，这对于我们理解金子光晴的中国认识应该是至关重要的。

一　与中国文艺界的交往

金子光晴第一次来中国，应该是在他第一次游历欧洲时乘船顺道停留上海的1919年。1921年回国时也有一次停留，但对此他几乎没有印象。他在日后的自传体作品《骷髅杯》中说："1919年最初的欧洲旅行时，船应该也曾停靠过上海并上过岸

---

① 这一部分主要根据金子光晴的回忆文字（如改定版『詩人——金子光晴自伝』、『どくろ杯』、『西方東方』）和《金子光晴全集》第15卷中所附的年谱。

的，但不知为何，那时的记忆已很模糊了。"[1]

1926～1929 年，他共有三次到中国游历，主要居住地是上海，其中以最后一次逗留的时间最长，接近半年。根据笔者对中日文相关文献的稽考，具体的日期如下。

金子偕夫人第一次沪上游历应该是在 1926 年 4 月。这是夫妇俩的婚后旅行，时长一个月左右，除了在上海各处访友、闲走之外，他们还去了苏州、南京、杭州游览。金子将游历的观感写成了《发自上海》《南支游记》《古都南京》《西湖诗篇》等文字，翌年并将夫妇俩有关此次上海游历的诗作集成《鲨沉》出版。

第二次来华是 1928 年 3～4 月，同行者是日本明治后期的名小说家国木田独步的儿子、诗人国木田虎雄夫妇。除了上海之外，他们还去了杭州等地。这在多年后小田岳夫（后来成了郁达夫和中国现代文学的研究家）的回忆文中也可得到证实。小田当年在日本驻杭州领事馆任职，曾接待和陪同过到杭州来游玩的他们。"金子是和国木田独步的儿子国木田虎雄一起来的，我陪同两人（应该还有虎雄的夫人——引者）在西湖边漫步，夜晚在一家名曰聚丰园的杭州首屈一指的餐馆请他们吃饭。"[2] 鲁迅在 1928 年 4 月 2 日的日记中也有记载："达夫招饮于陶乐春，与广平同往，同席国木田君及其夫人、金子、宇留川、内山君，持酒一瓶而归。"[3] 这一次来中国，费

---

[1] 金子光晴『どくろ杯』中央公論社、1971。此处引自『金子光晴全集』第七卷、39 頁。
[2] 小田岳夫「取り止めもなく」『金子光晴全集 月報』第 5 号·第 5 回第三卷、中央公論社、1976、1 頁。但在时间上小田错记成了昭和二年（1927）。
[3]《鲁迅全集》第 14 卷，人民文学出版社，1991，第 708 页。

用都是由国木田虎雄提供,经济上是最宽裕的一次,行程与上一次也大抵相仿,但没有留下多少文字。

　　第三次的中国之行及逗留的时间,笔者参阅了各种史料后确定是在1928年12月至翌年的5月。就在第二次中国之行后的同年12月,夫妇俩又一次启程前往上海,这次最终的目的地是欧洲,但夫妇俩几乎是囊空如洗,根本无法购买去欧洲的船票,于是便在上海住了下来,从初冬至翌年的暮春,共5个月左右。这次他们不再是匆匆而过的旅人,而是暂时成了虹口一带的日本侨民。他们住进了位于当时北四川路余庆坊123号旧式石库门住宅的前楼,该房屋为一位名曰石丸的长崎出生的日本老妇人所有。1926年春来上海的时候,金子夫妇俩也曾在此赁屋寄宿。这一时期,金子为谋生而炮制色情小说《艳本银座雀》并雇人销售,又用浮世绘笔法绘制《上海名所百景》,举办画展售画,鲁迅曾购画两幅。在此期间他与来上海的日本小说家前田河广一郎、画家秋田义一交往颇多。1928年12月中旬,为某日本在沪印刷企业征收会员费等,夫妇俩坐船沿长江前往武汉,盘桓了两周左右。1929年4月与秋田义一同往苏州游历了半个多月。同年5月中旬,夫妇俩以售画所得作为川资坐船前往香港,在香港逗留了一个半月后去新加坡,然后去欧洲。

　　金子夫妇俩在上海虽然处于一种漂泊的状态,但5个月的时光,他们已不再是匆匆的过客,较长时期的日常生活使金子对上海光怪陆离的社会场景有了较深的了解。

　　1926～1929年金子光晴的三次来华期间,正是上海文坛颇为活跃的时期。五四后的新文学已经逐渐成熟,各色思潮和各种社团在上海交叠汇聚,形成了五色杂陈的多元局面。当然,限于语言的障碍，金子光晴在上海交往的主要是有留日经历的作家，而其中重要的媒介，就是开设在北四川路上的内山书店。

1926年4月金子夫妇来上海时，从谷崎那里获得了七封介绍函，通过内山完造联络到了田汉等一批文艺家。据金子当时的记载，见面会的日期是4月24日，地点在内山书店①。其时，郭沫若已在该年3月18日去了广州担任广东大学文科长，而鲁迅尚未抵沪，出席这次聚会的有田汉、谢六逸、陈抱一、欧阳予倩、方光焘等以及数位在沪的日本人。金子与他夫人合写的《发自上海》一文中详细叙述了当时的情景。

到会的人中，有神州女学院的谢六逸，② 是一位正在翻译日本《语源》的日本文学通，据说最近还将着手翻译《万叶集》，是一位面色白皙、温厚的绅士。其他支那方面的有田汉君、方光焘君、支那美术界的第一人陈抱一君等。……郭沫若君，虽然特意请谷崎出具了介绍函，但不巧已经去了广东的大学，未能遇见，深感遗憾。

（以下部分由金子夫人三千代撰写——引者）白色桌布上的花瓶插满了紫藤花，这是从陈抱一自家的庭院中带来的礼物。我赞美说，真漂亮。这时陈用非常熟练的日语回答说，花朵比日本的紫藤花要大一些，垂落的花簇也短一些，白色的在支那称为银藤。他的日语如此流利，是因

---

① 当时应该还在魏盛里，1929年书店移至北四川路的施高塔路11号。高綱博文「上海内山書店小史」日本上海史研究会編『上海：重層するネットワーク』汲古書院、2000。
② 其实神州女学已在1926年2月停办，这时谢已进入复旦大学中国文学科任教。陈江、陈达文编著《谢六逸年谱》，第31页。顺便提及，《谢六逸年谱》中未述及谢六逸与金子的交往。

为他毕业于东京的美术学校,现在的太太也是一位毕业于菊坂的女子美术学校的日本人。日后我去拜访他们在江湾的寓所,在宽大的画室中见到她时,她已完全变成了一位支那妇女,一开始我都认不出来了。不过出席今天聚会的各位日语都相当不错,开口说话与周边的日本人毫无差异。倒是光晴,显得像个支那人。

  过了一会儿,田汉来了。这是一位外貌相当瘦削、似乎有点神经质的人,仿佛感情的变化在心头变幻不定似的,看上去行色匆匆。开口没说几句话,突然又停了下来,还以为他要继续说下去,却是陷入了沉思,仿佛在努力思考要接下去的话语。他原先是写新诗的,现在写剧本,同时又经营着一家电影公司。他对电影制作的态度很认真,话题说到电影时,内心的自信和抱负就在瘦削的脸颊上泛起了红潮。

  响起了汽车的声音,出现了欧阳予倩像是画过淡妆的漂亮的面影。他此前活跃于舞台上,以出演花旦而著名。如今听说和田汉一样在参与电影的拍摄。

  ……在说及北京的胡适的诗时,田汉说,如今已不是胡适的时代了,已经诞生了一大批年轻的新诗人。虽然只有寥寥数语,却意味深长。……谢六逸因患病,不巧未能出席今天的聚会,觉得很遗憾。[1]

这次聚会上虽未能见到谢六逸,但在此前后他们应该通过

---

[1] 金子光晴「上海より」『日本詩人』1926 年 6 月号。此处引自『金子光晴全集』第八卷、314 – 316 頁。

内山书店有所交往。因为在这一次上海游历之后，金子夫妇将在上海期间所作的诗作汇编为一册诗集《鲨沉》，在诗作前赫然印着这次上海之旅需要特别感谢的九个人，其中除了谷崎润一郎、内山完造等日本人之外，还有田汉、谢六逸和唐槐秋三个中国人。谢六逸在本书第二章中已有述及。唐槐秋，1911～1916年在日本留学，毕业于东京成城中学，后去法国学习航空技术，却是志在戏剧，与田汉和欧阳予倩交情甚厚，1926年与田汉等发起成立南国电影剧社，一生贡献于演剧，被曹禺等赞为"中国话剧的开拓者"[①]。

1926年4月的上海之行时，与主要是游学日本归来的上海文人的广泛交往，使金子对当时新兴的中国新文艺产生了浓厚的兴趣。他通过与中国文人的交谈和自己的阅读，大致把握了当时以上海为代表的中国南方文艺界的各种新动向。他在回国不久就撰写了《南支的艺术界》一文，刊登在影响颇大的《朝日周刊》上。金子光晴的这篇文章向日本文坛提供了许多新的信息，也不乏真知灼见，虽不免有些管窥蠡测的偏颇，但在近代中日文学关系史上应该引起一定的重视。

金子在这篇文章中主要向日本文坛传达了三个方面的信息。第一，当今活跃在上海文艺界的，主要是自日本留学归来的年轻人，诸如田汉、郭沫若和谢六逸，而日本的近代作家对中国的新文坛也具有很大的影响力。他提到了郭沫若已经从写作新诗转向了写白话文小说，而谢六逸则在翻译介绍日本古典文学和现代文学方面建立了不小的功绩。第二，他介绍说中国新文坛的主流已经从早期的新诗转向了白话小说，但后者总的

[①] 《二十世纪湖南人物》，湖南人民出版社，2001，第772页。

来说仍处于摇篮期。第三，上海的话剧和电影方兴未艾、新人辈出，如田汉的南国电影剧社，黎锦晖与上海大中华电影公司的新片《透明的上海》，以及《传家宝》《多情的女伶》等新片。金子认为虽然中国的电影受美国的影响不小，但其本身的实力和未来绝不可小觑。金子得出的结论是："当今日支两国，虽然政治上和经济上纠葛甚多，但要是能在比其更重要的精神上的、文艺思想方面彼此获益，彼此培植起亲近的感情来，那么日支亲善反而更可以结出硕果。我想说的是，我们除了邻邦关系，还有友情。"[1] 由此可见，金子除了是一个日本人之外，还是一个比较真诚的书生。

以下就金子与田汉、郁达夫和鲁迅的交往再做一些展开。

1925年，田汉等在上海成立了南国电影剧社，试图在文学创作、演剧和电影诸领域打开一片新天地。1926年4月，金子光晴夫妇持谷崎润一郎的介绍函并经内山完造的安排，与以留日归来的新文学家为主体的上海新文坛开始了交往，其中与田汉的交往比较深入。

金子光晴在当时所写的《南支的艺术界》的开头部分就将北方的胡适和南方的田汉推为中国新文艺界的创始者。这虽有些偏颇，也可见他对田汉的推举。他介绍说："从诗歌的世界转入小说的田汉，又投身于剧本的创作，最近又创办了南国电影剧社，最近制作的影片有《到民间去》。他的作品大抵都比较热烈，充满了一种慷慨激昂的气势。"田汉曾将自己的一出独幕剧脚本给金子看，金子读后（笔者无法确定金子读的

---

[1] 金子光晴「南支の芸術界」『週刊朝日』1926年11月28日。此处引自『金子光晴全集』第十五卷、141頁。

是否中文原本）评论说："用的是很生动的悲剧性的写法，从这份剧本中可一窥其理想主义者的一面。"①

金子认为，像谢六逸、田汉等这些自日本归国的文人，"尤其与日本人最为亲近，是今后可以与我们有深入交往的人"。②

事实上，金子与田汉确实有比较深厚的友情。1927年5月，田汉担任了国民政府总政治部宣传处艺术科顾问和电影股股长。6月20日上午，田汉与军人出身的雷震乘坐长崎丸轮船自上海出发前往日本，21日正午抵达长崎，22日抵神户。③据村松梢风当时的《骚人录（一）》④的记叙，田汉在6月26日上午10点抵达东京车站，受到佐藤春夫等的欢迎，并会见了不少旧雨新知，还特意去看望了金子光晴夫妇。关于这次会见，金子本人在《骷髅杯》中有这样的记述：

（那天）事先没有任何告知，家里突然来了两位稀客，在上海相识的友人田汉，带了一个名叫雷天振鸣（雷震）的高大汉子，田汉还是一脸的神情不定，从寒舍

---

① 金子光晴「南支の芸術界」『金子光晴全集』第十五卷、139頁。
② 金子光晴「南支の芸術界」『金子光晴全集』第十五卷、139頁。
③ 田汉在《日本的印象》（《良友画报》第19期，1927年9月30日。未收入《田汉全集》）一文中记为8月21日；张向华编的《田汉年谱》（中国戏剧出版社，1992，第91页）则记载为7月21日。而据1927年6月23日日本《朝日新闻》的报道，田汉一行的访日是在6月，报道全文为："（据来自神户的电话）南支那的新锐创作家、同时又以南国电影公司的新人闻名的田汉氏与其后援者雷震氏一起乘坐长崎丸邮船于6月22日下午三时半抵达神户港。"当时的新闻报道应该比事后的记忆更可靠，参照各种文献，认定田汉的访日是在1927年的6月20日至7月2日。
④ 『騒人』第2卷第8期、1927年8月1日。

的院子外向内张望。听说雷天是支那的一个陆军中将,到日本来是为了考察电影的摄影棚。我正想去借点钱来款待一下,田汉却反过来邀请我们夫妇去参加当天在小石川传通院内中国餐馆的晚宴。那天的主人是菊池宽,在座的有较熟的(佐佐木)茂索、(片冈)铁兵、横光(利一)等,也有平素交往甚少的十一谷(义三郎)、川端(康成)等,我稍稍觉得有点扫兴。年轻时的田汉神情潇洒、风采卓然,与土里土气的菊池那拨人不可能话语投机。我们就把菊池等撇在一边,畅叙旧谊,在妻子的怂恿下,田汉唱了一曲汾河湾,妻子则用奇怪的调子唱了一段我教的大津绘。我们这种旁若无人的样子,一定使在座的那些文人不快了吧。①

晚年的金子又撰写了《田汉》一文,② 追忆当年往事。虽然内容上并无特别新意,仍可见他对田汉的一片深义。金子去世后的翌年,夫人三千代对这段往事仍然记忆犹新。她的回忆对此有些补充。

我记得是住在中野的时候,从上海来的田汉突然来造访我们。田汉是我们拿了谷崎润一郎的介绍函在上海相识的朋友,曾在日本留过学,是一位日本通。那天田汉还另外带了一个人,因为太突然了,我们一时都手足无措,坐的地方也只有榻榻米的坐垫,田汉对日本的生活虽然很熟

---

① 金子光晴『どくろ杯』中央公論社、1971。此处引自『金子光晴全集』第七卷、44-45頁。
② 金子光晴『三界交友録』新評社、1976。

悉，但另一个人不会坐，他不会盘腿坐，只有把坐垫叠起来让他坐。想要拿什么招待，也只有茶而已。……那天我们畅谈了以前在上海的交往，非常开心。回去的时候想要送点什么给他，也实在拿不出什么东西，只好取出一个儿子出生时别人送的肚兜模样的一块薄毛呢给他。……原来是横光利一把我们的住址告诉给田汉的。①

金子光晴1926年4月来上海时，郁达夫恰好去了广东，未能谋面。根据对文献的稽考，两人的相识应该是在金子第二次来沪时的1928年的3月底或4月初。现在有确切佐证的是前文已经引述的鲁迅1928年4月2日的日记，但相识应该更早些，地点则很可能是在内山书店。对于内山书店，金子有如下的描述：

> 经常会有各色人物在那里相聚，是一处梁山泊的聚义厅。随着时代的变化，出现的人物也会不一样，但吴越同舟，中国人也罢，日本人也罢，只有在这里才能敞开心扉各抒见解，这是一个人们能进行心灵交流的场所。店主内山完造是一个很会引发大家观点的人，一个良好的调停者，一个没有偏向的理解者，也是一个罕见的、为大家提供了愉快地谈天说地场所的人。②

与鲁迅交往颇频繁、鲁迅曾收藏他一幅油画作品《倒立

---

① 森三千代「「こがねむし」の後（4）」『金子光晴全集 月報』第11回 第14卷、6頁。
② 『どくろ杯』『金子光晴全集』第七卷、86頁。

之演技女儿》的日本画家宇留河泰吕,是金子来上海之前、来上海期间及归国之后一直保持往来的旧友,他对内山书店有这样的记忆。

> 当时(内山书店)是一个向中国年轻人提供进步的新思想的学术仓库兼客厅一样的地方,是一个令人愉悦的沙龙,不仅中国的青年才俊经常光顾此地,而且日本的文化人、文学青年也常来这里,虽然各自的思想和生活方式不尽相同,但不知为何,这些充满了年轻活力的人们,不分昼夜,在此流连忘返。①

金子很有可能是在内山书店结识的郁达夫。他回忆说:"我也经常在内山书店见到他们(鲁迅和郁达夫)两人。有时是坐在里面的客厅,有时是紧贴着书架旁站着。"② 4月2日在陶乐春的晚宴,鲁迅日记中记的是"达夫招饮",但也有日本学者推测有可能是内山完造请郁达夫做中介人,将鲁迅一起请来认识,实际的主人是内山。③ 不管怎么说,郁达夫和鲁迅之所以与金子相识,内山完造及其所经营的书店是一个极其重要的中介。

金子早期似乎没有直接描述郁达夫的文字,但他在1928年11月和12月发表的两首题名为《上海》的诗中,都将"致郁达夫"和"致郁达夫君"作为副标题,也许他在浮想五光十色的上海时联想到了郁达夫。他在发表于1950年6月的

---

① 宇留河泰吕「どうにもはや」『金子光晴全集 月報』第4回第10卷、4頁。
② 『どくろ杯』『金子光晴全集』第七卷、99頁。
③ 星野幸雄「金子光晴と魯迅」『野草』第21号、1978、17頁注8。

《郁先生》中这样写道:

> 郁先生经常与鲁迅两人在北四川路上行走。
>
> 郁先生穿一件带藏青色的风尘仆仆的长衫。鲁迅穿什么衣服不记得了。两人的话似乎没完没了,而说话的总是郁先生一方。……
>
> 郁先生长得有点像河童,像是在发着什么牢骚,撅起的上唇像是在笑,这本身就令人觉得很滑稽,像一个调皮的孩子。
>
> ……
>
> 在外白渡桥的桥栏边,他们俩在观赏舢板的舞蹈。郁先生很容易激动。①

金子在《骷髅杯》中回忆了他们夫妇与郁达夫夫妇的交往。

> (在我关在寓所作画期间)郁达夫和他年轻的夫人把我们带了出去,拉到了他们在法租界的寓所,教会了我们如何玩麻将。郁达夫是一个喜欢玩的人,对我这样一个既不会成为毒药也不会成为良药的人为同伴很是满意。他的妻子和我的妻子都是师范毕业,彼此很亲密。结果是他提议我们四人一起去普陀山旅游,当时我们经济上处于极端的窘态,若全由他掏钱不免有些尴尬,不得不谢绝了他的

---

① 金子光晴「郁さんのこと——アジア地域の文化」『新日本文学』第 5 卷第 4 期、1950 年 6 月。此处引自『金子光晴全集』第十一卷、286~287 頁。

好意。①

他还说:"我试图通过郁先生来研究中国人,但结果恐怕失败了。郁先生竟是如此与日本人相像。但是,他的激动虽是真的激动,却不会为之而拼命。从这里,我还是看到了一个中国人。"②

几十年之后,晚年的金子这样表述自己对郁达夫的印象:"感觉上不像中国人,倒是与日本人很相近。……与他谈话时没有抗拒感,觉得很容易亲近,一见到他就觉得自己已经很了解他了。"③ 这大概是岁月积沉下来的多层印象的一种叠合了。

在自传体作品《诗人》和《骷髅杯》中,他屡次写到鲁迅和郁达夫。

> 不管我到哪里去,都常常见到鲁迅和郁达夫两人在北四川路附近结伴而行,个子不高的中年的鲁迅身边,是身体有些瘦弱的郁达夫,对着鲁迅说着由来有些复杂的秘密话,鲁迅则是不住地点着头。有时看到他们俩蹲在苏州河边,鲁迅用石子在泥土上画着图像在做着解说,有时看到郁达夫坐在横浜桥的栏杆上,一个小时左右,两个人一语不发地在思考着什么。④

笔者没有在郁达夫的文字中读到他与金子交往的记录,金

---

① 『どくろ杯』『金子光晴全集』第七卷、130 頁。
② 『どくろ杯』『金子光晴全集』第七卷、287 頁。
③ 金子光晴的谈话,见伊藤虎丸等编『郁達夫資料補篇』下、205 頁。
④ 『どくろ杯』『金子光晴全集』第七卷、98 頁。

子也没有提到他们在文学上的深入交流,但他们保持着长期的友情。1936年11~12月,郁达夫在任福建省政府参议期间,去日本访问了一个月,名义上是省政府的公差,实际上负有劝说郭沫若回国抗日的使命。其间与金子有多次交往,对于这次访日及两人的交往,金子和郁达夫本人都没有留下记录,但我们依然可以从别的文献中窥见其一斑。当年的日本《中国文学月报》第21号"文化消息"栏目中有如下报道。

创造社以来的著名文学家、现任福建省参议的郁达夫将于11月13日来日本,在此计划逗留两个月左右。本会以及相关方面正在准备欢迎。

横光利一在1936年12月12日的日记中有这样的记述:"午后六时,出席中华民国的作家郁达夫、郭沫若两位的欢迎会。地点在山水楼。"① 但在横光记录的出席者名单中未见到金子光晴。不过,郁达夫却并未忘记老友,主动到金子位于东京余丁町的家里去看望他。金子的夫人森三千代对当时的突然造访有比较清晰的记忆。

恰好当时我们有一个"辉会"的活动,这是此前长谷川时雨编辑的杂志《女人艺术》遭到了停刊之后组织起来的一个会,聚在一起活动的几乎都是女性。于是这一年年末的忘年会准备上演女剧作家冈田祯子的戏剧。这天

---

① 横光利一「日記」『文学界』第4卷第2号、1937年2月。此处引自『横光利一全集』第13卷、河出书房新社、1982、505頁。

正好在我家排演。……就在紧张排演的时候，突然郁达夫进来了。这时金子恰好在二楼，我把郁达夫一一介绍给了我的朋友，这期间金子与女佣一起准备了很多菜，又从附近的中国菜馆里买来了叉烧和老酒等，然后收拾了一下刚才在排演的房间，大家一起围桌吃了起来。就在这时，金子请郁达夫题写了《鲛》①的书名。②

在另一篇由文艺批评家古谷纲武撰写、发表于1938年11月的《郭沫若与郁达夫的印象》较为详细地记述了郁达夫在这次访问中与金子的关系，但因是将近两年后的回忆，日期记成了两年前（1936）的春天，参照横光的日记，应该是12月中旬前后。古谷记述说：

（郁达夫）来到日本的时候，因多次到支那南方游历而与其成了熟人的金子光晴的介绍而与他见了面。

有一天，金子来到我这里，说明天郁先生要到自己家里来玩，想见一些日本年轻的文学家，叫我一起过去。

翌日上午，我如约前往。郁先生已经在那了。我对他的印象不太好。是嗓音不好呢，还是有点夸张，给我的印象是比较粗粝，没有一点清澄的感觉。但是非常开朗，动作轻快，看上去极善社交，在看惯了日本文学家的我的眼中，倒是比较罕见的一个人。不过这与艺术家的形象相去

---

① 《鲛》是金子1937年出版的一部重要诗集，郁达夫的题字现在依然保存着。
② 森三千代「「放浪」前後（2）」『金子光晴全集　月報』第13回第11卷、5-6頁。

甚远。①

言谈间，郁达夫说起很想见一下古谷的老师谷川彻三，于是由古谷和金子的夫人森三千代陪同去拜访了谷川，并在谷川家用了午餐。餐后，郁达夫说他要去见郭沫若，晚上在东京神田的大雅楼请客，请大家都过去。当日晚宴的出席者有金子光晴夫妇和孩子、谷川夫妇、古谷、郭沫若及他的两个孩子。"我们就像一个大家庭似地围着一张大餐桌。郁先生和郭先生都是酒豪，微醉后的郁先生就更活跃了。"②

此后日本发动全面侵华战争，彼此之间几乎处于音讯隔绝的状态。二战结束后不久，金子获悉了郁达夫在苏门答腊惨落日军魔爪并死于非命的消息，悲愤不已，撰写了《郁达夫及其他》，悼念这位昔日的文友。

> 据说是被日军的凶手杀害的。愤懑，难以入眠。想到他是死于日军之手，成了那些强盗杀人犯毫无理性的、凶暴行为的牺牲品，我眼前就会浮现出那时不肯通融的郁达夫像执拗的孩子一般撅起了嘴、一脸反抗的神情，而这一切都已无法追回，想来令人遗憾不已。郁达夫是一个正直的弱男子，应该没有什么理由会被杀害。③

---

① 古谷綱武「郭沫若と郁達夫の印象」『中国文学』第 44 号、1938 年 11 月 1 日。
② 古谷綱武「郭沫若と郁達夫の印象」『中国文学』第 44 号、1938 年 11 月 1 日。
③ 金子光晴「郁達夫およびその他」『秋桜』第 7 号、1947 年 10 月。此处引自『金子光晴全集』第 11 卷、223 頁。

三年后他又撰写了《郁先生》一文来怀念旧友。以后在自传体作品《诗人》和《骷髅杯》中又一再写到了郁达夫,可见郁达夫在他的心目中印象之深。

在中国,恐怕是因为研究鲁迅才有人注意到金子光晴。金子与鲁迅相识,大概在1928年4月初,因为金子1926年春天来上海时,鲁迅尚在厦门。鲁迅4月2日的日记中第一次出现了金子的名字,此后在内山书店大概也经常见面,金子经常在北四川路上见到鲁迅。上述的引文中已有与鲁迅相关的文字出现。在金子的笔下,鲁迅是一个脸色黝黑、留着上唇须的小个子中年人,常常与郁达夫相伴。

> 有时候我走过去与他们搭话,鲁迅显得有些尴尬,露出一口龋齿,特意装出笑脸来说:"你是不是在上海待得太久了?"话里像是包含了些警告的意味。郁达夫在一旁插话说:"有太太在一起嘛,在哪里都可以待久啊。""你是在为自己辩解吧。"郁立即遭到了鲁迅的嘲讽。郁达夫身上所体现出来的,是无法毁坏的沁入身心的知识分子的生活,而鲁迅具有的,则是丢弃了令人惋惜的深厚的文人式的教养吧。我从他们两人身上嗅到了这样的气息,觉得自己与他们具有同一族类的意识,我一时苦于找不到合适的言辞劝慰,就只有悄悄地离开了。①

金子的夫人森三千代也是一位诗人和作家,大约在上海逗留期间的1929年初,金子设法将她的诗集手稿《姆依修金公

---

① 『どくろ杯』『金子光晴全集』第七卷、99頁。

爵和麻雀》托一个在上海开印刷所的日本人岛津四十起刊印了出来。森三千代比较崇敬鲁迅，就托郁达夫转赠给鲁迅一本。鲁迅在1929年1月31日的日记中记述道："达夫来并转交《森三千代诗集》一册。"① 1934年，与金子一起在东南亚和欧洲流浪了两年之后回到日本的森三千代出版了新诗集《东方之诗》，也郑重地给鲁迅寄赠了一本。鲁迅在1934年3月12日的日记中记道："午后得《东方之诗》一本，著者森女士寄赠。"并在17日日记中记道："寄森三千代女士信，谢其赠书。"② 此信在尘封了六十多年之后，由金子和三千代的长子森乾于1991年刊布了出来。

> 惠赠的《东方之诗》已于前日拜受，得此可以坐着旅游各种地方。在此表示深切的谢意。说起兰花，当年在菜馆里相聚的场景还历历如在目前。可如今的上海已与当时大不相同，实在是非常的寂寥。③

而森三千代的这本诗集，则保存在上海的鲁迅纪念馆。

1929年3月，为筹措前往欧洲的旅费，金子将关在余庆坊寓所内画成的"上海名所百景"借塘沽路上的日本人俱乐部的二楼举办了画展。金子于绘画并非外行，他自幼即受过相当好的训练，9岁左右跟随日本画家田中一圭的弟子百圭习粉本画，中学时绘画的成绩一直是数一数二。1915年20岁时，

---

① 《鲁迅全集》第16卷，第122页。
② 《鲁迅全集》第16卷，第428、429页。
③ 引文乃是笔者根据《鲁迅全集》第14卷第288页信函原文，与刊载的译文不尽相同。

他从早稻田大学退学进入了东京美术学校日本画科专门习画，虽然数月后退学，但在绘画上还是有不浅的造诣。在第一次的旅欧期间，他出入于各种美术馆，浸淫于浓厚的艺术氛围中，汲取了多种艺术营养。鲁迅素来对美术怀有浓厚的兴趣并有深湛的造诣，金子又是友人，于是前去观赏。金子在《骷髅杯》中记述了此事。鲁迅1929年3月31日日记记载："午后同柔石、真吾、三弟及广平往观金子光晴浮世绘展览会，选购二枚，泉廿。"① 选购的是怎样的两幅画，当事人没有记录，1986年出版的《北京鲁迅博物馆藏画选》则表明，这两幅作品依然留存，分别是《大世界歌女之图》和《铁桥》。② 这倒是印证了购画之后鲁迅与金子的一段对话并非金子多年之后的臆想。

> 鲁迅说："唱戏人的美人和中国的美人不一样。是日本美人的脸呢。"我回答说："日本的美人和中国的美人有这样大的差异吗？我原想，在中国就是中国美人，到了日本就成了日本美人了。"他对此也没有否定。③

上述这些日记、信函和画作，都是当年金子夫妇与鲁迅交往的有力佐证。

在现有的文献中，似乎没有金子曾经阅读过鲁迅作品的记录，也未能看到任何对鲁迅作品的引用和评价。这一方面主要是因为当时鲁迅的作品基本上还没有日文译本，金子虽然能阅

---

① 《鲁迅全集》第16卷，第128页。
② 北京鲁迅博物馆编《北京鲁迅博物馆藏画选》，天津人民美术出版社，1986。
③ 『どくろ杯』『金子光晴全集』第七卷、134頁。

读古汉语,却无法阅读现代白话文。另一方面,他对鲁迅的文学地位似乎也没有充分的认识。在他1926年撰写的《南支的艺术界》中只字未提鲁迅。这一方面固然是由于其时鲁迅尚未到上海,另一方面却也说明了此时他对鲁迅还没有任何认识。他后来主要是通过在上海文坛(以留日归国的文学家为主,也包括内山书店)所获得的信息以及他本人与鲁迅的直接交往来认识鲁迅的。鲁迅的有些话令他印象深刻,以至于多年以后他仍能将其记录下来。

  日本人常常以孔子中国的眼光来看中国,也应该以道教中国的眼光来看一下。
  中国的城郭周边用城墙围起来,战争的时候,农民等任何人都可以进来,一起在城内抗击敌人。而日本的城堡只有上层武士才可以待在里面,其他的人就被撇在城堡外撒手不管了,两者在构造上有很大差别。①

这些都是事后所记,未必是原话,但大抵意思应该是不错的。金子由是感到:"将中国一刀一刀鲜明地切割开来,然后放在手上让大家看的鲁迅,不单单是一个文人。"② 这些认识都是来自金子与鲁迅交往的直观感觉,已经颇能显出鲁迅的深刻。日本有学者认为:"鲁迅与许多日本知识人有交往,其中金子光晴是在某种程度上读懂鲁迅的少数人之一。这也许是因为彼此之间有一种用言辞很难表达的相互共鸣的东西存在

---

① 金子光晴『三界交友錄』、175頁。
② 金子光晴『詩人金子光晴自伝』、164–165頁。

吧。"① 倘若他深入阅读过鲁迅的著作，对鲁迅的解读也许会更加深切。

二 上海的大欢喜与大悲哀

上海往往是很多近代日本人前往中国的第一个登陆点。1875年2月，三菱汽船会社开通了横滨至上海的第一条日本海外航线，之后又开通了长崎至上海的航线，航行时间差不多只需要一昼夜。当轮船进入长江口折入黄浦江时所眺望到的情景，几乎是许多日本人所感知的第一幅中国图像。金子光晴在1926年春天的上海之旅时撰写的《发自上海》没有记录初识黄浦江两岸时的感受，但多年以后的自传体作品《骷髅杯》这样叙述了1928年初冬邮船进入黄浦江时的印象。

> 在江水的一方，吴淞的陆地渐渐显现出来。在我们的右边，灌木的树枝已经枯零凋落，紧紧地交缠在一起，陆上的土地显得比较干燥，船从这里进入支流的黄浦江。如果在美好的季节自这里经过的话，可以看到杨柳绽放出嫩芽，一片盛开的油菜花，如今却是自然荒芜的季节，只有干燥的泥土、石块和裸露的树根，一片荒凉。近九点时，如钝刀一般的太阳光才终于从云间露了出来，射下了无力的光芒。②

这只是一幅情感色彩很淡的风景画。激动、欣喜、厌恶、

---

① 星野幸雄「金子光晴と魯迅」『野草』第21号、1978、10頁。
② 『どくろ杯』『金子光晴全集』第七巻、77頁。

景仰、蔑视,从这段文字中我们几乎都无法感知。这差不多是金子光晴的第一幅中国图像,从中我们没有见到当年宫崎滔天和村松梢风的那种感动。中国文学的研究家青木正儿曾这样记录他早年的感觉。

> 我想起了在上海登岸的数小时前,有人说船已驶进了长江口,过了不久,就见在一抹闪亮的曙光中呈一直线地浮现出来的两边江岸,开始时只是像丝线那么细微,渐渐变得有如麻绳那么粗细,再过一会儿才使人感到这真的是陆地。就在这时,看到江岸断断续续有一片带状的烟霭。再过一会儿,才看清这是岸上的柳烟。这柳条的柔嫩若要用来比喻,那我就仿佛是面对着一位纯洁无瑕的少女一般,眼前的情景令我心潮起伏……①

宫崎和青木抵上海前已有很浓的中国情结,而村松对中国只有朦朦胧胧的图景,但他们初次目接中国大陆时,都表现出了深切的感动。相比较而言,金子所描绘的只是一幅色彩淡淡的风景画,这也许是那个时代相当一部分日本人初抵中国时的感觉吧。自1862年千岁丸初航上海之后,随行的高杉晋作等人用文字向日本人传递了中国正日趋颓败的图像,此后甲午战争中中国战败的结果,更使中国的形象一落千丈,虽然汉学的历史脉络并未立即中断,但古典文化所传达的令人景仰的中国面貌无疑已经破碎了。也许宫崎、青木等人的情感在当时已不属主流,倒是金子们的感觉更常见。

---

① 青木正児『江南春』平凡社、1972、4頁。

1920年代的上海，经过1843年开埠以后的多年建设，在苏州河南岸的公共租界和法租界已经形成了一个近代大都市，而南市的旧城区和北侧闸北一带的华界，大都还是破败的老街和新形成的贫民窟，居于河南岸租界和北侧的华界之间的，是算作公共租界的日本人集中居住的虹口（经常被人们称作日本租界，但历史上日本租界并不存在）。因此，当时的上海是传统中国、西洋和日本三种文化的交汇场。有时候是互相交融，有时候是互相碰撞，在有些区域则泾渭分明。金子光晴在前后三次的上海游历中，其主要的活动区域在虹口。第一次和第三次的上海游历，他在北四川路的余庆坊内一处由日本人将内部改造成榻榻米样式的石库门房子里住了半年以上，日常的生活范围大抵都在四川路一带。当然他也曾涉足西洋人集中的南岸租界和处于边界地带的杨树浦和江湾，因此，他所描绘的上海图景是五光十色的。

　　（上海汇聚着）在本国已经退休拿着薪金的工部局的官吏，有过前科的西洋冒险家，在霞飞路一带拼命掘金的犹太血统的白俄，那些趾高气扬对东方人视如猫狗的大英帝国的顽固家伙，除了猎色之外无所事事的法国小男人。夹杂在三十几个国籍这一杂色社会中的上海支那人，在支那人中也可谓非常独特的了。……与那些疲惫憔悴的上海西洋人相比，支那的知识阶层中也不乏来自各地的俊秀。至少与在别处所见到的支那人相比，具有一种新鲜活泼的感觉。也有不少富有知性的美丽女性。[①]

[①] 金子光晴的《上海滩》约写于1933年，后收入『日本人について　増補版』春秋社、1972。此处引自『金子光晴全集』第11卷、61頁。

第五章　金子光晴：不被时代吞没的冷静观察者

作为一个具有唯美颓废倾向的诗人，金子光晴对于上海的娱乐场所可谓了如指掌。

> 民众的娱乐场，有大世界和新世界。花两三毛钱买一张入场券，既可看各种曲艺，也可看新派剧、老戏、电影、魔术，可根据自己的兴趣随意选择。也可演到一半进来出去，玩一整天也无所谓。也有小孩的运动场、餐馆。虽不可赌现金，但可赌香烟，与附近法租界的赌场无异。在永安、先施、新新三大百货公司的屋顶上，也经营着相同的娱乐场，收取特别的费用，名曰永安韵楼、先施乐园、新新花园，黄昏以后的这些乐园就成了野鸡、刁客的场所了。……在上海的银座南京路的背后，开设着大舞台、共舞台、天蟾舞台等演旧戏的舞台。那一带还汇聚着一品香那样的旅馆，陶乐春、致美斋之类的菜馆，艺妓馆、青楼就夹杂其间，朝朝晚晚，都可听到不知从何处传来的锣鼓声、胡琴声和各种拍子的击打声，营造着一种甜美倦怠的气氛。①

这里说的虽是娱乐，却弥漫着浓厚的中国庶民文化的气息。虽处于洋人统治的公共租界，却分明是一个中国世界。不过不同于传统中国的是，这里有着电影、舞场、百货公司这些现代西洋的元素。这就是近代上海，既迥异于中国的乡村和内地的小城，也不是欧美某一都市的移植。五方杂处，五色杂

---

① 金子光晴「おもいでになった上海歓楽境」『中央公論』1937 年 10 月。此处引自『金子光晴全集』第 11 卷、65 頁。

陈，五光十色，有时候也有点五彩缤纷。这在日本人金子光晴看来，是相当刺激的。20世纪前后，东京、大阪、横滨、神户这些城市也纷纷开埠，也出现了洋人和洋货，开始形成了近代都市的面貌，但一切都以日本人为主导，日本人是绝对的主角，绝无五色杂陈的感觉。1920年代日本的政治氛围，大正的民主主义热潮已经跌入低谷，军部的势力日益抬头，法西斯主义正在萌芽。"这时去上海，对我而言，就仿佛是堵塞在前面的高墙崩溃了，突然出现了一个洞口，外面的空气一下子吹拂了进来，有一种令人振奋的解放感。"①

不过在金子光晴的感官中，最强烈的印象也许是"喧嚣"②和"臭气"这两点。白昼几乎到处都是拥挤的人群，熙熙攘攘，摩肩接踵，一片喧哗，卖货的吆喝声，高调的说话声，尖厉的唱戏声，激烈的吵骂声，几乎昼夜不绝于耳。还有就是日本少有的臭气。随地便溺的气息，一长溜排列在小路上弄堂里洗刷完后盖子朝天的马桶，苦力和乞丐身上散发出来的汗臭味，贫民窟内的霉臭味，再加上刺鼻的脂粉气、工厂里的油烟气，混合成一种多元的臭气。

他的一首代表作《鲨沉——寄黄浦江》，集中体现了他对上海以及由上海所展现出来的中国的感觉。这首诗有些长，谨引录其中的一节。

白昼！
且听一下那扬子江黄色浊流的滔天之势。

---

① 『どくろ杯』『金子光晴全集』第七卷、38頁。
② 日文原文是"物騷"。

在水平线上颠簸的破旧的船栏杆边,
集聚着一群流浪汉、逃亡者……
流动的江水、破绽的用草席编制的船帆、生了铁锈的空罐,
只有巨大的船体,出没在江面上。
哦,绚烂得几乎令人觉得耻辱的"大洪水后"的太阳。

在盲目的中心一条大鲨鱼深深地深深地往下沉落。

川柳的塘边垂挂着水尸、白鳗。

下锚吧!
难道你没听见码头边拖船的苦力们喧嚣悲哀的声音吗?
不,这声音的底部,也许是暗沉沉的昏睡吧。
……排水口的垃圾堆上,飞落了一群鸣声苍凉的海鸥。

是大欢喜,还是大悲哀?
哦,寂静的白日、水的杂音的寂寞!!!
……
扬子江黄色的浊流在天上泛滥。①

---

① 金子光晴「鱶沈む」『詩神』1926 年 9 月。此处引自『金子光晴全集』第 1 卷、411-412 頁。对于诗的翻译,笔者完全没有信心,只能传递一个大致的意象。

三　历经兵燹的旧时江南

金子 1926 年 4～5 月第一次正式来上海时，曾游历了苏州、南京和杭州。1928 年 3～5 月第二次来上海时，又去杭州等地游历。第三次来上海时，1928 年 12 月中旬为某日本在沪印刷企业征收会员费等，夫妇俩坐船沿长江前往武汉，盘桓了约两周。1929 年 4 月与画家秋田义一同往苏州游历了半个多月。金子光晴关于杭州的文字主要有 1926 年发表的《西湖舟游》和《西湖诗篇》，1927 年发表的《湖心亭》和《西湖》等诗作；关于苏州的文字主要有收在 1927 年出版的诗集《鲨沉》中的诗作《寒山寺》、《虎丘》和《苏州城》，以及自传体作品《骷髅杯》中有关苏州的记述；关于南京的文字主要有 1926 年发表的《古都南京（1）》、《古都南京（2）》和诗作《古都南京》《莫愁湖》等；关于武汉的文字，主要是《骷髅杯》中的相关记述。

民国初期的杭州、苏州和南京，一方面作为位于富庶江南、具有悠久历史的城邑，依然保持着某种程度的安逸和优渥，也留存着不少的人文古迹；另一方面经历了清末民初长期的动荡和战乱，整个街市已显得有些萧索和凋敝。

通观金子描写杭州的文字，其中充满了江南旧城的古典气息。

西湖沉浸在月亮之中。宽宽的船橹划开了水里的菊花，行驶在夜丛中。西湖在叹息。西湖在我的手指间流淌。[①]

[①] 「鑪沈む」『金子光晴全集』第 1 卷、409 頁。

第五章　金子光晴：不被时代吞没的冷静观察者

泡桐花谢了。绯红的夏天开始了。手提着木鱼、唢呐和纸钱，肩挑着馒头蒸笼，背负着香炉罗汉的行列，穿行在树丛间，匆匆走向阳光照耀下的大伽蓝。①

《骷髅杯》中记述了自上海坐火车去苏州时的窗外景象。

上海至苏州是一片平坦的大陆，到处都是同样安闲的风景，春光摇曳，春返大地，低垂的杨柳绽放出了鹅黄色的嫩芽。并不很整齐的耕地上一片繁忙，巨大的耕牛正在缓缓地牵动着沉重的灌溉用的水车轱辘。②

走近苏州城的印象是：

壮丽巨大的外濠边的苏州城墙，与流经此地的宽阔的运河水一起，在逆光下现出黝黑的模样，威严地压迫过来。……由喧闹的城门口进入的街道称为正门外，各种游乐场、旅馆，还有很多家脏兮兮的餐馆密集在一起，十分热闹。③

他们选了一家中国旅馆住下，一个房间无论住多少人都是一样的房价，这较之日本旅馆便宜很多。旅馆本身虽然没有食堂，但可从附近的菜馆随意叫各种吃食过来，廉价而方便。但

---

① 金子光晴「天竺寺」『随筆』1926 年 11 月。此处引自『金子光晴全集』第十五卷、224 頁。
② 『どくろ杯』『金子光晴全集』第七卷、107 頁。
③ 『どくろ杯』『金子光晴全集』第七卷、107 頁。

中国旅馆的房间门没有上锁,小贩和妓女往往随意而入,令人不快。而到了夜半,各种喧闹之声仍然不绝于耳,戏班的演出尤其热闹。"唱戏人都是些十四五岁的小姑娘,拿着写有各种曲目的折帖,大多是些京剧花旦的曲目,由客人随意点唱,名曲有《玉堂春》里的苏三起解、《四郎探母》中的四郎别母等。唱戏人身边一定跟着拉胡琴的男人。"①

金子对苏州印象最深的是水。

> 水是古都苏州魔力的根源,城内富有风情的街衢都浮游在水上。在四通八达的运河上架着的如骆驼背一样的拱桥,据说数量达到三千五百之多。坐黄包车在城里行走的话,遇到拱桥,客人必先下来,车过了桥后才可坐上。坐着黄包车在一座座拱桥前上上下下实在麻烦,于是我们就改骑驴子了。②

他对寒山寺的记叙是:

> 寒山寺在一条河边上,已是人烟稀少,相当荒凉。粉墙内的寺院没有一座像样的堂宇。院子内,在一堆圮坏的瓦砾中,只有一些今春新长出来的杂草。在围墙的一角有座钟楼,虽然有楼梯,可楼梯的踏板都已经断落,扶手也摇摇晃晃,只能伸长了脖子看一下大钟而已。……流经寺院门外的小河上架着一座寻常的拱桥,即是枫桥,桥上贴

---

① 『どくろ杯』『金子光晴全集』第七卷、108 页。
② 『どくろ杯』『金子光晴全集』第七卷、109 页。

着欢迎蒋主席的字样,很煞风景。绽放着新芽的一棵杨柳下系着一艘篷船。①

金子的一首具有象征派风格的诗作《苏州城》,概括了他对苏州的整体印象。

> 苏州城浮游在水上。
> 水呈现出绿色、浅黄、砥石色、黑色、紫色,或宽广或狭窄,水面或高或低,在这座旧城的屋甍和画壁中散发着腐败的气息。
> 仿佛是停滞不动的河面,流经的两边是放置着盆栽老竹的内窗,酒窖和酱园。
> 在雨中裸身工作的漆匠,伞骨,街市内的石桥,粉墙颓败的小巷,破损的乌篷船,等等。
> 啊,苏州城哟。破败的画舫哟。
> 城外青草一片,在朱帆和片云浮动的河塘里,我望着黑漆漆的城墙,在日落中悸动。②

南京虽云六朝古都,朱元璋时也曾定都于此,但经历了太平天国运动后,近半的城市遭到毁劫。在 1927 年以后国民政府进行首都建设之前,不要说郊外,即便城墙内的街区也处处显出荒凉颓败的景象。谷崎润一郎在 1918 年南京之行后所作的《秦淮之夜》中所描绘的南京街区的荒芜和夜晚的漆黑,

---

① 『どくろ杯』『金子光晴全集』第七卷、111-112 頁。
② 「鱶沈む」『金子光晴全集』第 1 卷、406-407 頁。

读来甚至都有些令人悚然的感觉。金子光晴留下的有关南京的文字主要作于 1926 年，亦即国民政府定都之前，衰败中残留着昔日的荣华，诗意里掩饰不住今日的荒凉。下了火车，映入他眼帘的是：

> 在下关下了车，绿色的草丛中可见甍其崩坏的坟墓，一行呈现出梦幻般烟霭的杨柳，在河流上飘荡的船头涂有色彩的篷船，南京的近郊是一片栖息着青蛙、水牛的荒廖田野。①

在车站坐了黄包车沿长江前行，金子对长江的感觉是：

> 阔大沉郁的扬子江，如鲨鱼一般迟钝的扬子江，如死尸一般腹部朝下地横亘在那里。一清早就给人以沉痛感觉的扬子江缺乏鲜明的感情。这是一片让人感到如白痴一样迟钝、黝黑，同时又是巨大的流域。……如果说日本的自然是感伤的、富有人情味的，那么支那的自然就是哲学的、虚无的。②

改坐马车进入城里后，金子看到的是：

> 鼓楼是一座用红瓦作屋顶的如城楼般的大建筑。登上北极阁可以眺望一望无际的原野。在原野的一边，是昔日

---

① 金子光晴「古都南京（1）」『短歌雑誌』1926 年 10 月。此处引自『金子光晴全集』第八卷、323 頁。
② 『金子光晴全集』第八卷、324 頁。

的城墙，呈黑色的锯齿状在眼前展开。城墙外玄武湖的湖水一半被荻草遮蔽，投射出暗淡、如戎刀一般的光芒。①

梁武帝时建造的鸡鸣寺在一个小山丘上，是一座如瓷器一般精致玲珑的建筑。坐在红木的大椅子里，吃着西瓜子、大枣和桂圆肉，俯视窗外的江南一带，真有一种阔大的感觉。孙权时吴国的石头城，明太祖时所谓后宫三千衣香鬓影的所在，就是左边一片稍稍隆起的小丘。往昔的南京只是残留在这块土地上而已。时光流逝。南京只是作为过去的遗迹，显示着它凄凉的美。②

不仅客观的物象已是今非昔比，人间社会也折射出破败的气象。金子光晴等在明孝陵的残迹里，还看到了另一种情景。

穿着青灰色军服的支那士兵，斜背着用竹子做伞骨的雨伞，都躺在路旁的草丛中。张着口睡在草丛里，脸上的神情看上去又像是觉得疲惫又像是感到满足。他们的军训就像是玩耍似的。……他们的头脑中完全没有昔日威仪堂堂的军事大国的余威。他们只是一群昨天是为了赵国、今天是为了魏国而仓皇被赶上战场的流民而已。③

而事实是，当时的中国正是军阀混战的时代。就在金子游

---

① 『金子光晴全集』第八卷、325 頁。
② 『金子光晴全集』第八卷、325 頁。
③ 金子光晴「古都南京（2）」『不同調』1926 年 10 月。此处引自『金子光晴全集』第八卷、330 頁。

历南京前不久，孙传芳的军队与奉系的军队为了各自的地盘大战于江苏、安徽一带；而此后不久，北伐军又在此地迎战孙传芳的军队。这些穿上军服的士兵，也只是些为了糊口的农民罢了。金子恰好看到了其中的一个场景。这样的中国，虽然多少还残留着几缕往昔灿烂的余晖，但实在已经无法激起一般日本人的憧憬和敬畏了。

1926年金子写有《古都南京》一诗，谢六逸曾将它译成了中文。这首诗《谢六逸年谱》没有提及，《谢六逸文集》也没有收录，姑且引录如下。一方面可一窥金子诗中的南京意象，同时也作为当年中日文人交往的一个留存。

杨柳里的旧都呵！
有描着黄龙的旧屋瓦，有古钱形。
岑寂的杂草里，有赤壁的崩颓，水牛游息的水池，
鹡鸰于飞尽的城墙……

笼内的鸟声盈溢着的茶楼下的运河里，画舫。
红紫色的灯笼，彩色的栏杆，白昼唯有倦怠与寂寥。
（鸦影掠浊水飞过）
歌女仍疲劳而安眠了吧，除去璎珞，闭着朱唇……
胡琴简板不响，永远衰颓下去的旧都的，
奇妙的猫耳形耸立着的荒寺的屋顶、屋顶。
若你愿听人间的颓废的哀调，到秦淮去，
若你愿听深沉的兴亡的歌，到草地去吧。

那鹧鸪和茎草，黑而丑的蟾蜍与棺材，还有那野犬，

第五章　金子光晴：不被时代吞没的冷静观察者

> 你在风里可曾听着环佩声，
> 你可未曾见那涓涓的行潦里映着古旧的廊影。①

1928年12月中旬，金子光晴夫妇坐轮船前往汉口。他们乘坐的是船上的官舱，却并无被褥之设，冻得无法入寝，而同船的中国人大都自己带着被褥和各种吃食。像是商人模样的一家人，连同掌柜和学徒，围着船上客厅里的桌子，旁若无人地欣然进食。船停经芜湖、九江等地时，三四等舱的乘客都争相探出头来向岸上购买如乳脂糖般的小块鸦片，每块两毛钱。江面时常有些浅滩，不时需要人去探测，探测的吆喝声此起彼伏，几乎彻夜不断。"汉江的两岸，叶子已经落尽的树枝上，一长溜的停满了喜鹊，发出嘶哑的鸣叫声。冷得出奇，街上一片萧条。"②

到达汉口后不久，当地就发生了黄包车夫与日本的海军陆战队军车冲撞之后死亡的事件，激起了中国民众强烈的反日情绪，一般日本人蜷缩在租界里不敢外出。"对岸的武昌有一座黄鹤楼，想去看一下，日本旅馆的老板说危险，别去，我们也不听，雇了一个男孩当向导，摆渡过了江。从广东一路打过来、像是刚到的杀气腾腾的士兵，站在道路的两边对我们骂道'东洋人、东洋人'，要是搭理他一句，恐怕马上就会冲过来。所谓黄鹤楼，就是矗立在山崖上的一座小楼，并无特别观赏的价值。听说第二年发洪水时，被冲毁得无影

---

① 『金子光晴全集』第1卷、399-400页。个别印错的汉字根据原诗略有订正。
② 『どくろ杯』『金子光晴全集』第七卷、133页。

无踪了。"①

对于武汉，金子并未留下太多的文字，倒是沿途在江轮上的经历，令他印象深刻。

以上的三次中国游历，有三点笔者觉得应加以注意。第一，金子的三次中国游历均是私人旅行或短暂居留，既不同于由报社派遣和出资的芥川龙之介、由报社派驻上海的尾崎秀实等，也不同于受到军部派遣前来中国战场劳军的林芙美子、佐藤春夫等，他没有任何的公家和官方的背景，因此他所感知和描绘的中国图像更多的是私人性的。第二，正因为他没有任何公家和官方的资助，除了第一次基本筹措到了旅费和第二次依仗国木田虎雄的私囊，他的大部分行程在经济上十分困顿，有时候甚至是入不敷出。这就使得他较多地接触到了中国社会的中下层，他的中国图像也具有较多的灰暗色彩。第三，金子从根本上来说是一位具有唯美和颓废倾向的诗人，虽然他的记叙和描绘大部分是写实的，但不少也带有浓郁的主观情感色彩。上述三点，也使得他的中国图像更具有个性和独特的价值。

四　战时姿态：冷眼旁观，孤军奋战

在日本，至少在战败以前，金子光晴基本上是一个游离于主流文坛之外的诗人。1921年第一次欧洲游学归来后，他以诗集《金龟虫》登上日本诗坛，参加了同人组织诗话会的活动，也在杂志《日本诗人》上发表诗作。但他与当时整个主流文坛似乎并不融合。"当时文学世界的趋势，与我的志趣还

---

① 『どくろ杯』『金子光晴全集』第七卷、133–134頁。

不相吻合。文坛上正是无产阶级文学蓬勃兴起的时代，整个媒体被左翼作家所席卷。另外，《文艺春秋》一派，如横光（利一）、川端（康成）、十一谷（义三郎）等艺术家还在发出一点声音，而诗人的世界，正是安那其（无政府）主义的全盛期。……我则没有任何的发言权，不管写什么作品，一开始就不会受到任何的认可。"[1] 这样的感觉，也促成了他第二次欧洲游学。总体而言，在这一时期，他对政治未表现出强烈的兴趣，也没有特别的派别意识，他在上海交往的中国作家就有鲁迅、郑伯奇、王独清、张资平、茅盾等各种色彩的文人。1929年他在第二次前往欧洲时，因缺乏旅费，在新加坡逗留了半年。在此期间，他在《新加坡日报》的创办者长尾正平的藏书中读到了马克思的《资本论》和列宁的《帝国主义论》等马列主义的经典著作，虽然没有接受马克思主义思想，但明显受到了马克思等对资本主义和帝国主义批判意识的影响。

在巴黎期间，他获悉了九一八事变的消息。与在本土的日本人接受这一消息的媒体渠道不一样，他在欧洲感受到的不是日本全国上下举着红灯笼庆祝胜利游行时群情激奋的气氛，而是英法等国对日本行径冷冷的批评声音，这就使得他能够从另一个角度来审视这一重大事件的性质。1931年12月初，他从马赛回国。途经新加坡时，强烈感受到了当地华侨对日本侵占东三省行径的愤怒情绪，人们在街头编演各种歌颂民族气节的节目，以表示对日本的抗议。

归国后的金子除了发表一些诗作，几乎不参加日本诗坛的活动，直到1934年9月，才加入了杂志《日本诗》的同人圈。

---

[1] 金子光晴『詩人金子光晴自伝』、162－163頁。

其时他的诗作逐渐用象征、隐喻的手法表露了他对思想统制、军队跋扈及帝国主义的批判，《泡》《鲛》《蚊》等是这方面的代表作，其中的《蚊》被当局发现与时局的主旋律不相吻合而受到了内务省警保局的警告。1937年8月，他的新诗集《鲛》由人民社出版，但几乎没有销路。

1937年10月下旬，他以商业考察的名义与妻子一同乘坐日本军火运输船抵达天津。此后前往北京，并经山海关至张家口，又登八达岭。1938年1月中旬归国。

相比较1920年代后期的三次南方游历，金子光晴夫妇行游北方的1937年末已经是一个特殊的年代了。日本军队在发动卢沟桥事变后迅速占领了华北，京津一带已经处在了日本人的统治之下。因此，他所看到的北部中国已经不是原来的中国，而是一个外来民族武力威压下的地区。具有讽刺意义的是，入侵中国的正是金子的祖国。

笔者曾经比较过不少这一非常时期日本作家或文人来中国的旅行记或访问记，相对而言，金子在描述这样的中国时，几乎没有丝毫征服者的得意和狂妄。事实上，他一直是日本官方意识形态的局外人，他笔下的客体也比较接近于当时物象的原貌。在某种程度上，可以说留存了一份比较珍贵的历史文献。轮船到了塘沽港后，映入他眼帘的是：

塘沽车站就紧挨在码头后门面，到处站满了戴着耳套、手持上了明晃晃刺刀的步枪的哨兵。幽暗陈旧的车站内，贴满了日军司令部自9月以后的一张张布告，有的已经漶漫斑驳甚至脱落了。大多是些抚慰支那民众的言辞，有的还附有简略的彩色图解。穿着被污垢擦出光亮来的黑旧布棉袄的支那人，连同孩子一起悄无声息地聚成一团，用害怕的神情远远地望着检票口那里熙熙攘攘的日本人。车站背后有一处房屋用黏土堆造的支那人小村落。事变①以后日本人大量涌入，出现了许多廉价的旅馆、酒馆，和各种内容可疑的铺子，可谓鳞次栉比。在水洼已经冻成了坚冰的小巷内，穿着有点脏兮兮的朝鲜衣服的女子正在进进出出，这些都是日本人在山海关那里用几元几十元买来的乡下姑娘，现在正忙得不可开交，一片生意兴隆。②

白河③沿岸的风景一片粗杂。放眼望去，几乎空无一物，仿佛被人剥光了似的。堆积在土洲上的盐渣（附近出产的盐称为长芦盐），耕地上冰冻，宛如炉灶一般的农民的住家，苍茫的天空，在这样的景象中，一列从塘沽开出的火车，呼哧呼哧地吐着黑烟，向天津方向驶去。④

进入天津市内，沿着堆置石料的仓库的河岸，向金刚桥方向走去，看到原先的市政府"在我军炸弹的轰炸下，已经成了一片瓦砾，只剩下牌楼和围墙"。⑤ "晚上特别第一区（原德国租界）的一家名曰吉斯林的咖啡馆，听说这样的地方事变

---

① 指卢沟桥事变。
② 金子光晴「没法子：天津にて」『中央公論』1938 年 2 月。『金子光晴全集』第 11 卷、72 頁。
③ 今海河。
④ 『金子光晴全集』第 11 卷、73 頁。
⑤ 『金子光晴全集』第 11 卷、73 頁。

以前很少有日本人来，如今看看周边，大半都被携着艺妓、头带着皮帽、手握着军刀的帝国军人占据了。"①

"我眼中所看到的比较繁荣的支那北部，都是靠军队的力量暂时支撑起来的。必须承认，因为我们是日本人，所以大家都可以借着军队的威光在这里随意行走。在日本租界的旭街上，开过了一辆又一辆满载着手持刺刀、带着钢盔的军人，蹲在车上，默不出声；另有一辆汽车，载着五六个神情紧张的军官。"② 租界内，有来自横滨的日本人新开的理发店，中国书店里摆满了各种日语自学的书籍，誊印店里贴出的都是早稻田大学法学士、明治大学预科毕业的证书的样本，还有所谓华北青年会贴出的信赖日军、防共反共的宣传单。当地的中国人看上去对日本人都很驯顺，连黄包车夫对日本人也都有优待。"对于这些现象，有些人觉得世界的舞台正在轮流转，有些人认为他们只是在强压之下暂时表现出来的迎合，支那人的真意尚不明了。……但是，倘若我们考虑一下他们在何等巨大的天灾地变之下都能应对生存下来、保持着自己繁盛的历史时，就可以明白这是一个具有怎样巨大坚忍力的民族了。"③

1938年1月，他与妻子去了八达岭。他事后回忆道：

我们搭乘了拥挤不堪的列车，在元旦的清晨到达了青龙桥车站。沿着结了冰的坡道登上了长城。那里站着哨兵，一再询问我们是什么人，因为那时还不允许军人之外

---

① 『金子光晴全集』第11卷、74頁。
② 『金子光晴全集』第11卷、74-75頁。
③ 『金子光晴全集』第11卷、75頁。

的任何人进入。城墙高高耸立在凛冽的寒风中,枯草随风,犹如海浪一般。①

战后,他补记了当时不便记录的各色人物、场景和自己的感想。他在天津邂逅了一个旧识,数年前来到中国东北(其时是被日本人占领的满洲)闯荡,谋求发迹,此时已得到了军部的重用,穿着华衣美服,情绪昂扬地吹嘘着征服中国、进军北美的大计划。另一个是在天津的一家设有壁球游戏的酒吧里偶然相会的以前早稻田大学时代的一个叫谷尾的学弟,小个子,外表显得弱弱的,曾去法国游学一年,对欧洲文明倾倒不已,觉得远胜于东亚。重新见到的他,已留着上唇须,正对着别人颐指气使,然而一见到旧日的学长,立即转成了谦恭的表情,赶走了邻座的一个中国人把位子让给了金子等。他已经一改昔日的西方优胜论,"完全学着军部的腔调,仿佛要为过去的欧洲情结找一个泄愤口一般,滔滔地谈论说,中国今后将接受日本的统治,受此恩惠中国今后可避免内战,将会诞生一个新中国,蒋介石明年6月就会举起白旗,日本将会凌驾于欧美之上,完成世界霸业"。② 然而当金子等对他的宏论不置可否时,他又变得惶恐起来。金子觉得:"即便没有像他如此极端,但像他那样的人到处都有。这种性格,正是典型的日本人性格之一。"③

战后金子还记述了自己当年在八达岭时的感想。

---

① 金子光晴『詩人金子光晴自伝』、198頁。
② 金子光晴『絶望の精神史:体験した「明治百年」の悲惨と残酷』光文社、1965。此处引自『金子光晴全集』第12卷、90頁。
③ 『金子光晴全集』第12卷、90頁。

昭和十三年元旦，我们登上了八达岭，俯瞰万里长城。日本士兵用几乎要发狂的紧张的目光，死死地盯着我们。我理解他们目前尴尬窘迫的处境。他们就是那些家门口堆满了"欢送出征"的人造花圈的人家中被强行带到这里来的普通老百姓。我还记得有一户开面馆的邻居，男主人被送上了战场后面馆就关门了，我曾去门口一窥，已是一片寂寥。我觉得对于他们而言，比死亡的危险更难以忍受的是，明明是个寻常百姓，如今却被强制扮演一个凶煞恶鬼的角色，被迫压抑自己的本色，精神几近崩溃。而那些操纵着他们的军队的干部，却把他们当作战斗力，以他们的牺牲来实现多年的梦想，如今正在得意扬扬。①

这一次的华北之行，对金子的触动极大。他后来回忆说："这次旅行，确定了我对于这场日中战争的大致认识，我觉得至少我自己由此决定了一个明确的态度。"②

这一态度，就是反战的态度。

曾在南洋耳闻目睹了西方殖民者压迫当地人的金子，对于日本打着"解放亚洲"的旗帜进攻英国和荷兰的殖民地，在感情上没有太大的反感，"但是对于支那的战争，日本就没有什么正义的理由了。对军人而言，战争就是买卖，打赢就是正义。而一般的民众，平时所郁积起来的野心，则在这场战争中一下子爆发出来了，比军部的宣传还厉害。……日本的法西斯

---

① 『金子光晴全集』第12卷、91頁。
② 『金子光晴全集』第12卷、94頁。

思想家，只是利用了民众的这一情绪而已。"①

1942年5月，作为日本当局对于意识形态的一个管制措施，成立了一个"文学报国会"，同时强行解散民间组成的文艺家协会，由当时极端的国家主义者德富苏峰（同时担任大日本言论报国会会长，战后被开除公职，一度被列为甲级战犯的嫌疑人）出任会长。差不多所有的日本文学家都被网罗在内。几乎没有人敢公开拒绝加入报国会。一旦被军方列入"非合作"的名单，连生存都困难。②

金子光晴也被要求参会。据金子自述，他曾参加过一次活动。这是一次商议由军方主导的大东亚文学者大会日程安排的会议，与会者有十来人，金子只认识一个名叫细田民树的过气普罗作家。主持会议的会长久米正雄，因临时被陆军报道部的某个大佐叫了去，迟到了。所谓大东亚文学者大会，"其真正的意图，好像就是当局想要炫耀一下军部的威力。与会者的表情和会议的气氛，使我感到这不是我应该来的地方"。③ 会议大致商定了带与会者去的地方，"我对这些安排都无所谓。但当讨论到亚洲各国的文化人到达之后，首先要带他们到宫城前去进行遥拜，然后让他们朗读印好的弘扬八纮一宇精神的说明书，要彻底贯彻日本精神的时候，我实在有些糊涂了，于是忍不住插嘴道：'这一精神，对日本人来说也许是无法更改的，但对于别国的文化人来说，连意思也搞不明白，恐怕难以理解

---

① 金子光晴『詩人金子光晴自伝』、199頁。
② 作为当事者的金子光晴曾这么写道："文学报国会产生了，如果不是会员的话，就会被认为非合作者，连文笔活动也难以为继。文人们如果不积极充当为国家提红灯笼的角色，就会面临难以生存的危难状态。"金子光晴『詩人金子光晴自伝』、197頁。
③ 『金子光晴全集』第12卷、94頁。

的吧。这部分还是删除为好。'我这样一说,引起了全场骚动,其中有一个第一次见面的名曰中山省三郎①的,从邻座侧过脸来对着我,用严厉的目光指责我说:'他们不是别国的文化人,都是在天皇的荣光下汇聚在一起的共荣圈的人。'……其态度相当傲慢,盛气凌人,实在让人无法忍受,但本来就很胆怯的我,没敢再顶撞他,就中途退席了"。② 他决定疏远这一组织。后来报国会也就没再叫他参加会议,他自己更不会主动参加。对上面提出的撰写战争赞美诗、设计战争动员海报等要求,他一概置之不理。"非合作,渐渐就在我的心里变得很顽固,已经不可救药了。"③ 他的这一态度的确立,在当时是需要极大的勇气的。

当然,金子只是个诗人,并非战士。他知道在当时的逆流中自己无法挺身而出单枪匹马地与当局做正面的斗争。他只是利用可能的因素,来与当局做消极的抗争。其抗争的一个具体行动,就是设法让儿子乾逃脱兵役,不做战场上的炮灰。1944年4月,当局对乾下达了征兵通知书,经检查第二乙种合格,且在福冈上船出发。金子知道,从福冈出发多半是被派往华东和华北战场。在中国战场上见过了日本兵凶神恶煞模样的金子,实在不希望自己的儿子也成为这样的角色。恰好他的儿子体弱多病,特别是患有哮喘,于是金子就采用燃烧松叶让烟来呛他、让他光着身子在雨中挨淋的方法来诱发他的哮喘病复发,然后请临近的医师开具诊断证明书来逃避兵役,第一次获得了成功。当年年底,美军开始了对东京等大城市的空袭,金

---

① 中山省三郎(1904~1947),日本诗人,俄国文学翻译家和研究家。
② 『金子光晴全集』第12卷、95頁。
③ 金子光晴『詩人金子光晴自伝』、207頁。

子全家避难至山梨县南部的山村。但翌年3月,第二次征兵通知书还是没有放过他的儿子,于是他再次如法炮制,也获得了成功。后来在谈到这一行为的动机时,金子说:"除了父爱之外,英雄主义多少也起了作用。也就是说,我要鼓励自己说,这里至少还有我这样一个反对者在孤军奋斗。这也许是有些怄气的想法,但这样的想法,对于当时的我已经给予了足够的勇气了。"①

1945年8月15日传来了战争结束的消息,当许多日本人沉浸在沮丧和痛苦中时,与反战的永井荷风一样,金子与他的一家却在庆贺战争的终结。他在留声机上放起了《圣路易斯的布鲁斯》,跟着乐曲翩翩起舞,惹得邻人都来窥看。② 这一刻,金子确实有一种解放感。

明治以后的日本人,在目睹了西洋的兴起和中国的衰败之后,从日本本国的利益出发,在对待中国的态度上主要有亚洲主义和"脱亚入欧"两大思潮。前者主张携手中国乃至朝鲜等受到西洋威胁的国家和地区,以亚洲的价值和传统为纽带,组成一个亚洲(至少是东亚的黄种人)联盟,来抗衡或抵御西洋人或是白人的压迫,持这一态度的代表人物主要有1898年整合具有亚洲主义思想的力量而成立"东亚同文会"的近卫笃麿、文化评论家冈仓天心和前面提及的宫崎滔天等,也包括"玄洋社"的部分活动家。后者则以明治初期的启蒙思想家福泽谕吉和曾任外务大臣的井上馨为代表,他们并不认同所谓的亚洲价值,而服膺西方人的"文明论",倡导"脱亚论",

---

① 『金子光晴全集』第12卷、96頁。
② 金子光晴『詩人金子光晴自伝』、216頁。

主张摈弃顽冥不化的"非文明世界"的中国和朝鲜,使日本首先进入"文明世界",跻身于世界列强的行列。早期的亚洲主义者具有一定的民权主义思想,比较认同以中国为主体的东亚文化传统,但随着现实中国的日趋衰退,日本优越的思想逐渐成为主流,"亚洲联盟"也必以日本为盟主,进而以日本国家利益为最高出发点的国权主义思想成为主导。到了大正时代,对现实中国的蔑视几乎成了一般日本人对中国的态度或是中国观的基调。

尽管成长于这样的一个时代,但从思想底蕴的根本上来看,似乎金子光晴既不是亚洲主义者,也不是"脱亚论"的同调者。尽管他早年熟读中国的古典,对中国的历史文化烂熟于心,青壮年时期憧憬西洋,曾两度游学欧洲,但终其一生,金子都不隶属于日本主流意识形态(无论是战前还是战后)的范畴。在政治上,他从来不属于左翼或右翼。与同时代的日本人颇为不同的是,他比较具有世界主义的胸怀,而较少狭隘的日本民族主义的立场。因此,他对近代中国的感知和描述,既有同时代日本人的某些共同点,也有鲜明的个人色彩。囿于日本本土的沉闷而希求一种解放的感觉,他对多元文化并存的五光十色的上海感到刺激和新鲜。因为并无对亚洲价值或东亚文化传统的强烈认同,他在对江南的历史旧迹表现出某种程度的欣赏时,也并无特别深情的迷恋和陶醉。因为具有世界主义视野和人道主义精神,当他在京津一带看到日本人飞扬跋扈的征服者姿态时,胸中无法产生丝毫的自豪和得意,倒是深切流露出了内心的愤懑和痛楚。在此后的整个战争期间,他几乎拒绝与日本官方合作(而当时绝大多数的文学家屈从了官方或军部的淫威),在所谓的"爱国诗歌"喧嚣泛滥的 1937 年 8 月,他出版了由郁达夫题写书名的具有反战倾向的诗集《鲛》。战后 20 年,他出版了《绝望的精神史》一书,对这场战争进行了深刻的反省和强烈的谴责,书中多次使用了"日本人的侵略暴行"[①] 这样的词语。他又撰写了《日本人的悲剧》一书(富士书院,1967),对日本人的国民性也有比较深刻的批判。我们从其描述的中国图像中,已经可以看出他的这一思想脉络。

[①] 『金子光晴全集』第 12 卷、92 - 93 页。

第六章　旅华十年，终是过客：草野心平对中国的了解与误解

在近代日本文学史中，诗人草野心平（1903～1988）恐怕是第一个、差不多也是战前唯一在中国的大学中接受过完整学历教育的日本文学家。这段青年时代刻骨铭心的留学生涯，注定了他与中国不解的因缘。1921年1月，18岁的他只身坐船经上海来到广州，9月考入美国人办的岭南大学。1925年7月，因广州爆发了反对帝国主义的民众运动，心平害怕生命有危险，在毕业前夕匆忙回国。出了几本诗集后，他在日本的诗坛赢得了一点名气，却完全不足以果腹，尝试了各种营生后，开了一家烤鸡肉串的小店。恰在此时，岭南大学时的同学、其时已当了汪伪政府中央宣传部部长的林柏生给了他一个南京伪政府的官职，于是他便去了南京，一直到战后被遣送回国。1956年9月，已经担任日本现代诗人会干事长的他突然受到邀请，作为访华文化使节团的副团长至新中国游历了三个月，重新唤起了他的中国情结。

从1930年代初起，草野心平开始撰写有关中国的文字。而这一时期，恰好也是中日关系跌宕起伏、风云诡谲的非常时

期。他所感知的中国，或者说他所描绘的中国图像，在多大程度上映射出了这一时代的普遍印记，又在多大程度上透露出了他独特的心路历程？他自己书写的文本，是本章要探讨的基本素材，而同时代日本文人编缀的中国图像，是本章在探讨时需要时时留意的一个横向比较轴。

一　广州：诗、青春、远方和沙基惨案

草野1903年5月12日出生于日本东北地区的福岛县石城郡上小川村，在福岛县立磐城中学读了四年后，于1920年4月插入东京的庆应义塾普通部三年级。少年时期在美术和文学方面表现出了天分，他对寻常的学校教育感到不满足。他学习外语的目的是到海外求学。大正中期正是民主运动高涨甚至是左翼力量复苏和抬头的年代，同时也是军人势力日趋壮大的岁月，这让青春萌动的草野感到气闷甚至有些许窒息，他想离开日本去见识一下海外的新天地（这一感觉与当年撰写了《魔都》的村松梢风有几分相似之处）。① 具体到何处去，他内心其实并没有十分清晰的图景。1920年，有一支夏威夷的日裔棒球队到日本来比赛，草野就跑到他们在新桥的住宿地，请球

---

① 他后来回忆说："那时候，我就是想离开日本，去哪里都可以。虽然也有些家里的情况，但更主要的是，我抱有一种强烈的梦想，离开日本，到海外的什么地方去。"『作家の自伝16　草野心平』日本図書センター、1994、3頁。在另一部回忆录中他这样写道："东京的生活对我而言是十分暗郁的。……渐渐地，到一种与日本迥然不同的环境，比如说试图离开日本这一国家的愿望，就在自己的心里涌现出来了。离开了以后怎么办，今后的人生该怎么样，我当时其实并无确切的目的，总之就是想离开。"草野心平『茫々半世紀』新潮社、1983、169–170頁。

队带他去夏威夷。结果人家告诉他，去观光几天可以，但要在那里久待是不行的。于是他就想到了中国，想到中国是因为报纸上经常有关于中国的报道，这激起了他去看一下的念头。于是他从庆应义塾退了学，白天前往位于神田的正则英语学校学习英语，晚上则到纪尾井町公园内的善邻书院学习北京官话。善邻书院是曾在中国保定的莲池书院跟随桐城派大家张廉卿学习过中国古典文化的宫岛大八于1895年创立的。恰好草野的父亲有一位商人朋友涉谷刚，在广州的沙面（当时主要是外国人的集聚地）开了一家"广东实业公司"，而另外一位常去中国和南洋做生意的朋友並河荣治郎恰好要去广州，于是就带着一心想到海外去的草野离开了日本。应该说，在去中国之前，草野对于中国并没有多少了解。从相关文献来看，我们看不到他读过多少中国的古籍，基本上是在大正时期接受教育的他，总体上已不具备良好的汉文阅读和写作能力。他对中国的知识大致来自报纸杂志等媒体，而这一时代的日本传媒或社会舆论，已普遍采取对中国俯视的态度。在潜移默化中，草野自觉或不自觉，也会受到这一时代一般日本人的中国观的影响。1921年1月，穿着木屐与和服的草野，跟着去爪哇的並河荣治郎乘坐日本邮船八幡丸从神户出发驶向上海，那时他还不到18岁。

为了要转乘去广州的轮船，他和並河在位于上海昆山路（那一带俗称虹口，是二战前日本居留民的集聚地）並河的友人家住了四五天。后来回忆起初到上海，他依然有着清晰的记忆。

一个人闲逛的时候，也没有特别的事情，曾经走进过礼查饭店。① 我见到了开电梯的服务生穿着金纽扣的制服。在上海还是第一次看见穿金纽扣的人，像神经反射似的我回看了一下自己的金纽扣制服。礼查饭店虽是木造的房子，但作为西式的旅馆，我想上海好像只有这一家吧。国际饭店、汇中饭店（现和平饭店南楼——引者）、百老汇大厦（现上海大厦——引者）等当然那时还没有。日本的旅馆好像有万岁馆等，但那时我不知道。

礼查饭店的斜对面有俄国的领事馆，靠近苏州河和黄浦江交汇处的地方。领事馆旁边的空地边有一堵水泥墙。我靠在那堵墙上望着浑浊的河水。……没有人戴着我那样的学生帽，于是走进了一家南京路上的帽子铺，买了一顶打猎帽。不仅是南京路上，几乎每条街商店都显眼地排列着或横或纵的很大的店招，觉得繁杂纷乱（我后来才认识到这些店招的字很富有个性美）。

永安公司当年已经有了。再往西一点就是跑马场，上海的城区到了这里差不多也结束了。跑马场的西边就是水田了，一条细细的石子路伸向远方。我曾经坐着马车沿着这条道路去过同文书院，② 马蹄发出清脆响亮的声音消失

---

① 西洋人 1846 年在上海建造的最早的西式旅馆，位于外白渡桥北堍，初名 Richards Hotel，中文名礼查饭店，后物业易主，英文名改为 Astor House，中文名不变。1906 年因路面改造而拆除，翌年重新建成五层的砖木结构英式建筑，爱因斯坦等诸多名人曾在此下榻，今浦江饭店。草野在文中所用的名称是 Astor House 的日文发音。
② 指东亚同文书院，日本东亚同文会 1901 年在上海开设的学校，1939 年升格为大学，1945 年日本战败后关闭。初时校址在上海南部的高昌庙，草野来上海时学校已迁往徐家汇虹桥路上新建的校舍，那时还比较荒僻。

在了冬天的天际。①

这是心平最初感受到的中国，或者说从上海感受到的中国。这样的中国，不消说他的家乡比不上，其摩登的程度甚至超过了当时的东京。

在上海时，他还与一位中国青年有过一次交谈："我向美国领事馆与日本领事馆之间的江面上的一段石墙走过去，看到有一位穿着中装的中国青年，倚靠着石墙正在看书。我在《再见了，上海》这首诗中曾经提及，对于年少的我来说，他与周边的风景一起留在了我的印象中。那位中国学生正在阅读英文版的几何教科书。我指着海关大楼问他，那是什么建筑？他用英文回答说，那是海关大楼。这是我第一次跟中国人讲话。通过这位学生，我自己对中国的全体学生不觉产生了好感。我心想，接下去在广州的学校生活一定也会很愉快吧。"②

此后他乘坐日清汽船公司的一艘货船巴陵丸费了几天的时间经香港来到了广州，在广州居住在位于沙面的涉谷的家里。白天在他经营的广东实业公司帮忙，晚上则去珠江畔的基督教青年会夜校补习英语。6月，他报考了岭南大学，初试通过后随即在岭南大学的暑期班里学习了两个月，并住进了校园内的宿舍。9月，他通过正式考试进入该大学学习。③

岭南大学原为美国长老会派牧师哈巴安德（Andrew

---

① 草野心平『わが青春の記』オリオン社、1965。此处引自『草野心平全集』第 9 卷、筑摩書房、1981、280 - 281 頁。
② 草野心平「支那の青年層」『グラフイック』、1939。此处引自『草野心平全集』第 8 卷、86 頁。
③ 『作家の自伝 16　草野心平』、7 - 8 頁。

Happer) 1888 年创办的教会学校格致书院（Christian College in China）。1903 年，该校在广州东南的康乐村购得两百多亩土地，开始了大规模的校园建设。同年，格致书院改名 Canton Christian College，中文校名亦改为岭南学堂。1918 年正式改名为岭南大学（一说正式改名在 1927 年），是广州最早具有现代大学内涵和规模的教育机构。据草野回忆，就学期间，他是唯一的日本学生，其余学生多来自广东、广西和福建。教员中五分之三是美国人，其余为中国人，另有英国人和德国人各一人。学生约有五百人，小学、中学和大学均在同一校园内，所有学生均为寄宿生。① 草野后来回忆说："我们的学校位于外国侨民集聚区的沙面和广州市对岸的一个名曰河南岛②的地方。……学校是外国资本的教会学校，规模很大，有专门为学校服务的邮局、汇丰银行支行，还有一个虽然比较小却专供学校使用的发电站等都在校园内。如茵的草坪之外，是榕树、椰子树、橡胶树等的行道树，渐渐地，这些绿色的草坡和平地上修建了 24 个网球场，这在当时是很不寻常的。农场是大规模的耕作方式，就像橄榄球制服上的条纹格一样，整齐地排列着菠萝、木瓜、香蕉等的种植地。有定期的快艇和摩托艇穿梭于学校与沙面和广州市区之间。"③

总的来说，草野心平在广州四年半的时光是比较愉快的。

---

① 草野心平『止まらない時間のなかを：草野心平随想集』PHP 研究所、1976。此处引自『草野心平全集』第 12 卷、65 - 67 頁。
② 相当于现在的海珠区，珠江以南，老广州人依然称此地为河南。早已有多座大桥与此地相连，如今已无岛屿的感觉。
③ 草野心平「嶺南大學の思ひ出」『改造』、1938。草野心平「嶺南大學の思ひ出」『支那点々』三和書房、1939。此处引自『草野心平全集』第 8 卷、65 頁。

岭南大学在当时政治风云动荡的广州差不多是一个世外桃源。十几年以后，他对校园生活留下了这样的文字。

> 短暂的狂风骤雨过去之后，我从图书馆沿着草坪上的道路走回宿舍，心里很舒畅。雨滴在椰子树的树叶上闪着光亮，滴落了下来。榕树和橡胶树上也滴下了雨珠。草坪透发出了绿茵般的明亮。我吹着口哨，没有直接回宿舍，而拐入另外一条道路，来到了学校的农场。一排排菠萝张开了青龙刀朝向天空。长出了香蕉的芭蕉地一片繁茂。夕阳将它们抹上了一层橘红色，显得生机勃勃。[①]

至少岭南大学的生活让他觉得比较舒心。不过他一直没有说清楚自己到底进了哪个学系。授课的语言多为英文，他的英文程度应该不错，但不知他的中文程度如何。他与中国同学的交往，似乎更多的是借助英文。后来在南京的生活表明，他应该掌握了中文一般的听说能力，但程度似乎不高。由于经济并不充裕，草野与其他七个同学同居在四层楼宿舍建筑的屋顶阁楼上，即四楼以上至人字形屋顶之间的阁楼，空间相对狭小，靠窗处各放置了桌子和床，一年的房费为当时的港币 10 元，约相当于 12 日元，每月也就 1 日元。那里住的都是穷学生，其中有后来出任华南联大文学院院长和中山大学图书馆馆长的叶启芳和著名画家的司徒乔。草野在后来的回忆文中说，他读的并不是文学专业，但因为爱好文学，参加了学校里的文学俱

[①] 草野心平「亜熱帯の夏」『名古屋新聞』、1938。此处引自『草野心平全集』第 8 卷、106–107 頁。

乐部（Literary club），因而结识了不少有共同志向的中国同学，其中有刘思慕（岭南大学期间名刘燧元），后来曾前往莫斯科中山大学和维也纳大学留学、新中国以后出任上海市文化局副局长和世界知识出版社社长；以及去法国留学的著名诗人梁宗岱，当然也有后来成为革命活动家的廖梦醒、廖承志姐弟和出任汪伪政府宣传部部长的林柏生。

为了获得一些经济收入，暑期里草野曾与几个穷学生一起关在闷热的地下室里做植物标本。每天正午查看用棕榈树叶搭建的小屋内的晴雨表，以此获得一点收入。当时他是学校里唯一的日本人，学校因此开设了一个日语学习班，请他来教授日语，他也可借此得到一点经济上的补贴。不过他也有些紧张，他出身日本的东北地区，日语的发音带有地方上的口音，而学校里有两位自幼在东京长大的中国学生，这就是廖仲恺的一双儿女。"听讲的学生有十四五人，都是岭南大学非常出色的青年。恐怕他们都是怀着复杂的心情在学习日语吧。你想，日本已提出了'二十一条'，他们会是怎样的心情呢？也许就是因为如此，他们要了解日本到底是个怎样的国家，因而来学习日语的吧。他们也许认为，将来日语总会有用的吧。"① 日语的授课大概持续了一年。草野自己觉得，后来自己的日语发音比较接近标准语、对日语的语法也有了相当的了解，这都有赖于在岭南大学的教学经历。他后来不无自嘲地说："对我而言，日语是在广东学会的。"②

在五年的留学生涯中，草野回过两次日本。一次是在

---

① 『作家の自伝16　草野心平』、21－22頁。
② 『作家の自伝16　草野心平』、26頁。

1923年7月,为了接受征兵检查,专门回国一次,9月再回到广州。另一次是1924年7月,出版了几本自己用钢板刻写的诗集,8月回到广州。除了这短暂的三四个月之外,草野差不多在广州度过了四年半。日常的岁月自然多半是在美丽的校园内度过,但他也时常走出校门,目睹和体验了广州人的日常生活,尤其经常出入当时是英国人和法国人租界的沙面,那边也有不少日本人开的洋行。为了挣一点学费,他担当了"电通"① 广东支局的临时通讯员,为他们搜集信息和写稿,每周必去一次,往往是周六到那里并度过周末。因而他对沙面的熟识度,要超过对广州一般中国人社会的了解。

他对沙面的感觉是,这几乎是一个与寻常中国人生活隔绝的异国天地。根据1842年的《南京条约》,广州在翌年开埠,1861年沙面成为英法租界,总面积不过0.3平方千米,其中将近五分之四是英租界,其余是法租界。由英法获得后,进行了填江造地,将原先的一个滩涂地改造成一个紧靠江岸的岛屿。英法两个租界各有一座桥梁通往陆地,从陆地进入沙面,必须经过英国桥或法国桥,或者是由江面上的舢板摆渡,一般中国人不易入内,俨然是另外一个世界。因而草野评论说,这与上海的公共租界和法租界大相径庭,上海的租界华洋杂处,或者说中国人的居民占了大半,而沙面则几乎是一个洋人的世界。不仅是西洋人,日本人也在里面有不小的势力。除了官方的日本领事馆之外,还有三井、三菱、日本邮船、日清汽船、

---

① 全称是日本电报通讯社,前身是日本广告株式会社,1901年创立。根据日本政府的要求,1936年通信社的新闻通信部门另外组建为同盟通讯社,广告部门则独立成以"电通"命名的广告公司,战后演变为日本最大的广告公司。

东洋棉花、横滨生丝等许多家商号，人数在上百人。每逢元旦，当地的日本人会在领事馆的组织之下，在"君之代"的合唱声中庆贺新年，大家喝酒唱歌。"从香港运来的松树和竹子被做成门松，也准备好了屠苏酒，与日本国内并无两样。"甚至喝醉了酒横倒在街头的模样也与国内无异。这让有了比较后的草野觉得有些羞愧，因为中国人绝不醉倒在街头；西洋人里，喝醉了酒跟跟跄跄互相扶着行走的，也只是水兵而已。①

但是对于在中国的土地上有这么一个外国人的世界，草野没有任何异样的感觉。他丝毫没有觉得这是列强的势力在中国的一个霸道存在。日本早年在被迫开放之初，也曾与西方列强签署过不平等的通商条约，在横滨、神户等地也有外国人居留地，欧美诸国在日本享有领事裁判权等特权。但居留地不是租界，一般的行政管辖权仍在日本人手里。即便如此，当明治后期日本逐渐强大起来后，修改条约中的不平等条款也就成了日本人的迫切心愿，几经交涉，尤其是日本在中日甲午一战大获全胜之后，西方列强对日本不得不刮目相看，纷纷修订、删除了条约中的不平等内容。至20世纪初，日本已经完全跻身于西方列强的行列。自懂事时起，草野就再也不曾目睹过西洋人在日本的土地上飞扬跋扈、趾高气扬的场景，他完全没有感受过受帝国主义压迫的屈辱。相反，在中国的土地上，他的潜意识中或多或少其实也一直具有日本人的优越感。能够自由出入沙面的世界，他多少是有点享受这种感觉的。因帝国主义的压迫而激起的中国人的反抗情绪，他恐怕很难感同身受。

---

① 草野心平「沙面の回想」『新愛知』、1938年9月。此处引自『草野心平全集』第8卷、83–84頁。

说起中国本土的图像，草野所感受到的，大多是一些泛泛的印象。比如到了新年，当地的中国人会燃放鞭炮，在门户上贴上胭脂色的门神，还会贴上寓意吉祥的对联，大家都喜气洋洋、兴高采烈，但街头没有横倒在地的醉酒人。在他眼里，中国是地球上少有的迷信国度，一年里大小节日不断，一月元宵，二月龙抬头，五月端午节，七月七夕，八月中秋节，九月重阳节，十月祭先祖，十二月腊八粥等，各地还有数不清的各种民间节日。从珠江口溯江而上，直至三水、梧州一带，在江上生活着十五万左右船民，他们被称为"蛋民"。虽然生活颇为穷苦，但一到过年的时候，从江上的楼船开始，一直到道馆、花艇和做小买卖的菜艇都会贴上门神和春联，且备好了粉丸、年糕等各种食物。过年的几天，夜里都是灯火通明，家家户户都是酒宴不断，或者是拉胡琴、打麻将、吃宵夜。总之，到了新年，大家都显得比较悠闲，并不像日本人那样觉得过年是在过鬼门，人人都是步履匆匆、忙忙碌碌。①

草野自己感受过的广州人的生活，印象较深的有广州市民的奢爱物"鱼生粥"。他自叹道，在广州五年，既没有去探寻过粤东一带小有名气的尼姑卖淫，也没有去过最富市井气的陈塘一带宏大的粤菜馆，但是听过几回停泊在珠江上的楼船里的中国古琴和胡琴的演奏，夏日常与中国同学一起到校园的码头边散步。"那儿会有菜艇等着客人。要了鱼生粥，站在码头上向下看，厨师就蹲了下来，将四五片鲩鱼的刺身放入碗内，再放入花生米，放入墨鱼干，放入葱花，然后再放入少许去腥的

---

① 草野心平「正月」『旅とカメラ』、1937 年 12 月。此处引自『草野心平全集』第 8 卷、110－111 頁。

第六章　旅华十年，终是过客：草野心平对中国的了解与误解 / 227

香菜和薄脆，淋上几滴酱油。揭开大砂锅的锅盖时，一阵热气冒了上来。用勺子舀了滚烫的白粥盛入碗内。他在菜艇上站了起来，伸直了腰背，把一碗鱼生粥递给我。一边吹着热气一边吃，'倏'地冲入鼻子的葱花和香菜的气味，也真是很爽。一碗五分钱。"①

他还有一篇文章描绘了广州活鸡市场附近一条小巷内的公共厕所。无须寻找，只需循着浓烈的臭气走去，用低矮的砖墙围着的就是。里面有八个粪缸，人们就蹲在粪缸上解大便。粪缸几乎已经溢满，入眼都是黄黄的颜色，还有些尿液顺着缸沿往下流淌。脸色苍黑的男人们静静地吸着廉价的纸烟蹲在粪缸上。旁边有一间小棚屋，一个老人枕着瓷枕躺在竹榻上，抽着长长的烟管。另一头放着一个圆筒，有偿供应手纸。② 这是草野心目中的另一幅中国图像。与美国人办的岭南大学校园以及租界的沙面相比，差不多是另一个世界，虽然同在广州。

广州时代，草野真正接触的中国人，几乎都是岭南大学的学生。他后来专门写过一篇文章，记述了他交往的几位中国女同学。陈玉丽，父母都是广东人，她自己来自爪哇。草野跟她学了三个月的德语，对她的印象是："一个性格开朗的人，总觉得模样像日本人。"刘芳珍，平素总是沉默不语，但对世事都有自己的评判，有一次草野看见她在阅读英国费边社的读物。一次在渡江的船上邂逅，草野问她毕业以后想干什么，她静静地回答说，现在的国家如此，无法沉下心来考虑自己的

---

① 草野心平「魚生粥」『都新聞』（年月不明，估计在 1937～1938 年）。此处引自『草野心平全集』第 8 卷、59 頁。
② 草野心平「共同便所」『新潮』（年月不明，估计在 1937～1939 年）。此处引自『草野心平全集』第 8 卷、63 頁。

事。有一次四五个男女同学在一个月夜坐着舢板到江面上有一个旧塔的小山岗去，这时有一个女生念了一首诗：

洞庭西望楚江分，水尽南天不见云。日落长沙秋色远，不知何处吊湘君。

这一场景给草野留下了极深的印象。他觉得这样的古典性格应该是华东苏杭一带的人才有的。他还发现，平素看上去都是一些挺文静的女生，却常常可在一些政治活动中看到她们的身影，在人群中散发传单。他觉得中国的新女性，无论她们毕业以后从事自然科学还是农耕改良，都充满了参与社会、改造社会的使命感。[1]

草野在岭南大学的一个重要体验，或者说重要的成长经历（这一经历决定了他以后的人生选项），就是与中国同学一起参加文学活动。少年时的草野就是一个文学爱好者。在广州期间，他通过日本的丸善书店购买了英文版的《约翰·克里斯多夫》、《罗曼·罗兰传》和陀思妥耶夫斯基的小说。大学期间，因为就读的学校是教会大学，他接受了洗礼，成了一个基督徒，每天都要在校内的教堂内接受说教，做礼拜。他对此不免有些反感，也就不大去上课，往往是从图书馆里借了书来自己阅读，对文学的兴趣也就越加浓厚了。草野在岭南大学期间表现出了对于诗歌的强烈喜爱。他在图书馆内读到了大量美国的现代诗，尤其喜爱桑德堡（Carl Sandburg）使用了大量鲜活

---

[1] 草野心平「支那女学生の思い出」『国民評論』、1939 年 1 月。此处引自『草野心平全集』第 8 卷、91-93 頁。

口语的诗句。他请在京都的母亲给他寄来左翼经济学家河上肇主编的《社会问题研究》等杂志，并自行订阅了当时日本的左翼文学杂志《播种人》。此外，他还热衷于巴枯宁、克鲁泡特金等无政府主义者的著作。他与中国同学组成了一个"诗会"，经常在悦耳的钢琴声中朗诵各种诗歌，并且成立了一个名曰"天空与电线杆"的诗社，出版了同名诗刊，草野是其中的核心人物，后来他在上面发表了许多诗作。他们还借了教授的家开展活动，在钢琴的伴奏下朗诵诗歌。在岭南大学内，草野迈出了他作为一个诗人的第一步。有一次他在沙面的一份日文报纸上看到了《诗圣》杂志的广告，就写了一首诗投寄过去。1923年夏，他因要接受征兵体格检查而临时回国。在长崎上岸时，他在一家书铺里见到了自己的投稿诗《无题》被刊登在了三月号的《诗圣》上。这一年他与亡兄两人的诗歌合集《废园的喇叭》也付梓出版。1924年9月、12月及翌年2月他分别出版了诗集《BATTA》、《踏青》和《919》，展露了他作为诗人的才华。1925年4月，以他为主角，在岭南大学出了誊写版的杂志《铜锣》，后来成了著名诗人的梁宗岱、刘燧元等都是诗社的中坚分子。

《诗圣》杂志编辑为草野诗作写的按语说，这首诗寄自广州的岭南大学，一同刊登的还有一首署名黄瀛的诗作。这位黄瀛是中日混血儿。出生于重庆的他，父亲是一位留日学生，母亲是毕业于东京高等女子师范学校的日本人。但父亲不幸早逝，黄瀛在8岁时由其母亲带回老家日本千叶，受日文教育，但因有中国血统，遭到同学欺凌。1923年关东大地震时返回天津省亲，又临时进入了青岛的一所日本中学念书。黄瀛从《诗圣》上读到了一首寄自岭南大学的日文诗，就写了一封信寄到岭南大学，询问草野是日本人还是中国人。草野也由此知晓了黄瀛是一个当时在青岛的中国人。两人由此成了诗友。在以后的人生中，草野与黄瀛发生了颇为奇特的因缘。

在四年半的广东留学生涯中，草野特别记述了他与孙中山的见面。草野在广州的时候，广东大学（后演变为中山大学）尚未诞生，岭南大学是整个岭南地区唯一的大学，受学生和学校当局的邀请，孙中山也经常到岭南大学来做演讲，① 勉励青年学子投身于创建新中国的运动。作为听众，草野时常坐在台下。他对孙中山的印象是，"宽阔的脸庞和不断的微笑"，"充满磁性的东亚人的声音"。他演讲时的背景，总是一幅青天白日旗。② 他后来正式见过孙中山两次。据草野十多年后的回忆，一次是在1922年6月前后，他与日本领事馆的几个日本人坐火车沿粤汉铁路北上。经过韶关时，在北江上的船屋客栈住宿一晚，巧遇此时为躲避陈炯明的追击而在此休整的孙中山，同时还见到了苏俄政府的顾问鲍罗廷。孙中山用右手握住了他的手说：Don't mind（不用担心），话语里充满了自信，脸上带着温暖的微笑。这给草野留下了深刻的记忆。另一次是在学校的礼堂，宋庆龄陪伴孙中山一起来，草野主动上去打招呼，孙颇感惊讶。当得知他在此上学时，欣然回头看了宋庆龄一眼。③ 草野后来评价孙中山说："恐怕是东亚最杰出的政治家。"④ 他对孙中山

---

① 2017年夏笔者去现在属于中山大学校区之一的岭南大学考察，校园内伫立着孙中山的高大铜像，另在以前用作学校礼堂的马丁堂的红砖墙上制作一块石碑，记述孙中山曾在此做演讲事宜。
② 草野心平「孫文の印象」『新評論』、1936年第2期。此处引自『草野心平全集』第8卷、95頁。
③ 『草野心平全集』第8卷、96-97頁。
④ 『草野心平全集』第8卷、95頁。

的崇敬持续了一生。他后来听从林柏生的召唤而跟随汪伪政府与这种崇敬也不无关系。这一点在下文中再论述。

1920年代，正是中国人的民族意识日益觉醒、各种势力在中国大地上纵横捭阖的时代。尤其是1924年国民党改组后举起了"联俄、容共、扶助农工"的旗帜，抗击帝国主义、征伐北洋军阀的力量渐趋壮大。从南至北，各种力量此起彼伏，而中国人民与帝国主义列强的矛盾也日益尖锐，甚至到了一触即发的地步。1925年5月14日，日本纱厂的资本家开枪打死抗议日方压迫的工人顾正红（共产党员），激起上海民众的愤怒，上千学生30日在上海公共租界游行示威，遭到租界当局的镇压，当即有四人被枪杀，重伤数十人。于是导致了全国性的抗议运动，在英国殖民统治的香港率先发起大罢工。广州则于6月23日在国共的联合领导下，发起声势浩大的集会和游行，其中就有岭南大学的许多学生参加。当游行队伍行进至沙面时，遭到英法租界的军警开枪射击，当场死亡多人，此为"沙基惨案"。于是广州市内反英的浪潮更为高涨，连岭南大学的17名美国教职员也发表声明说：

特以自由及自动之意志表示恻怛之同情心，如此横暴之遭逢，实为不仁不公之袭击，沙面之主持此事者，当负其罪咎及责任。……我等决心与中国人合作，将中国方面所持之理由及合作之希望和目标贡献于世界。并将予所持之宗旨直接的令美国政府与人民知之。①

---

① 姜信夫等主编《中华民国大事记》第2册，中国文史出版社，1997，第347页。

从枪杀顾正红到五卅惨案,再到沙基惨案,始作俑者是日本人,大规模镇压的是英国人。自然,中国人民便将矛头对准了英国和日本。在广州,日本虽然还未必首当其冲,但反日的气氛还是比较浓厚的。沙面内的日本商社等纷纷歇业躲避,日本居民也不敢随意行动。岭南校园内甚至还出现了击杀日本人的标语,草野也感到了压力。他那时还不能理解中国人的愤怒,不能理解遭到压迫的民族奋起反抗的激情,近代日本人基本上没有这样的体验。从草野懂事的时候起,日本早已开始对外扩张了。他当时及事后用的一个词一直是"排日",或者有时连带用上"排英"。于是他等不到毕业,决定离开大学,离开广州,离开中国。这时已经进入了暑假,学校的学生多半已经回家。尽管如此,刘燧元等几个与草野要好的中国学生还是设法为他举行了饯别会,让他心头感到了几许温暖。于是在7月的某日,他回到了日本,匆匆结束了在广州四年多的留学生涯。

二 卢沟桥事变:一把刀扎进身体

草野心平虽然是近代日本第一个进入中国正规大学求学的日本人,但在弥漫着蔑视中国情绪的大正日本,他的这段留学生涯似乎并未给他以后的人生镀上任何耀眼的色彩。1925年夏日,他在东京的神田神保町田泽见到了相知已久的黄瀛。他与黄瀛继续编辑誊写版的《铜锣》,这时的同人都成了日本人,包括后来比较有名的宫泽贤治。还没有进入大学的黄瀛,赢得了权威的《日本诗人》杂志的有奖征稿第一名。而草野自己虽然出了《第百阶级》《母岩》等几种诗集,基本上还是籍籍无名,在家务过农,在东京的麻布十番开过摊档式的烤鸡肉串店，也在地方上的报馆做过校对勉强度日。

1934年5月，他进入实业之世界社出版的日报《帝都日日新闻》当编辑。这十来年里，他没有再来过中国，与原先的同学差不多也失去了联系。1936年，当年的同学刘燧元来到了东京，1937年7月初，毕业后留在岭南大学教英语的叶启芳也在暑假来到东京。7月8日下午，草野与两位老同学在东京银座的"不二家"二楼喝咖啡叙旧。街上叫卖报纸号外的声音吸引了草野，他下楼去买了一份，一看，卢沟桥事变爆发了！草野许多年后回忆说："大受震惊，仿佛被一把折叠刀扎进了身体。脚步顿时沉重起来，缓缓地走上了二楼。"① 骤然传来的号外使得温馨的气氛一下子变得凝重起来，刘、叶两人立即变得慷慨激昂起来，痛斥日本对中国的侵略行径，表示自己将立即回国，在一旁号称中国是自己第二故乡的草野也显得相当尴尬。沙基事件的结果，"使我不得不离开广州，燧元他们为我饯行，邀请我从大学码头那边坐了舢板，划近珠江上的一条支流，当时面对着广州郊外东山的我是22岁，虽是个22岁的年轻人，内心却是沉重而复杂。但是，今天的刘和叶两人一定比我当时更为沉重而复杂吧"。② 确实，脸色凝重的叶启芳当即表示将立即回国，无法在日本再待下去。刘燧元后来也带着患病的妻子坐船回到了中国。草野觉得非常尴尬。处于如此境地的他，虽然竭力挽留两位老同学，却想不出一句真正的安慰话。他曾多次对中国同学说起过，广州和中国是他的第二故乡，可如今这所谓的第二故乡却正在遭到自己祖国的进

---

① 草野心平『茫々半世紀』、9頁。
② 草野心平『茫々半世紀』、13–14頁。

攻和侵略（不过草野几乎在所有的时代都没有明确使用过"侵略"这个词）。由于彼此处于敌对的国度，他甚至想到："昔日大学的同学中，说不定会有几个自告奋勇地拿着枪对着这边，而我自己说不定也会把枪口对准对方。"[①] 并不是因为彼此之间是敌人，而是彼此的祖国眼下成了敌国。无疑，他的内心应该会有一定程度的痛苦和震颤。

其实，中日关系并不是到了1937年才骤然恶化的。以1931年的九一八事变为分界点，日本已经实质性地对中国实施了侵略性的大陆政策。卢沟桥事变只是日军进逼中国的一个必然升级。对此，身在日本的草野不可能不知道，不可能没有感受（虽然由日本政府主导的舆论往往是对中国的片面指责）。但这些感受，由于没有当时的文字留下来，现在难以简单做出判断。

中日战争全面爆发之后的1938年2月，草野受供职的《帝都日日新闻》的委派，到中国进行了两个月的考察旅行。1921～1925年，他虽在中国留学了四年多，但足迹只是局限于广州及附近而已，最多就是途经上海。这次考察旅行，他游历了中国的大江南北，从伪满洲国，经华北，东至胶东半岛的青岛，往南一直走到了上海、南京一带的江南，沿途撰写了二十多篇旅行札记，分别发表在《新潮》《中央公论》《国民评论》等较有影响的刊物上。他后来将这些文章汇成一册，取名为《支那点点》，1939年12月由三和书房出版。这里主要以这些文献为对象，考察这一时期草野对中国的认知。

1938年2月至4月，伪满洲国已经相当巩固，华北地区

---

① 『草野心平全集』第8卷、71頁。

基本上已经沦陷，日本取得了淞沪战役的胜利并一路攻陷中国的首都南京。这是一个中日两国在国家利益上发生尖锐对立的特殊时代。草野就是在这样的背景下展开了他的中国之旅的。通观这一时期他写的有关中国的文字，与有类似经历的日本文人（作家、评论家或者记者）在基调上有较大的不同。在1920年代一再表示"支那是我的恋人"的村松梢风，1932年一·二八事变发生时，立场就基本上转到了日本当局设定的位置上了，后来又主动要求到日军进攻热河的前线去，差不多在为日本的军事行动唱赞歌了。女作家林芙美子先是受《每日新闻》的派遣，在1937年12月到被日军占领的上海做了一个多月的采访，继而又在1938年9月参加了内阁情报部组织的"笔部队"，为占领武汉的日军官兵进行所谓的"劳军"，撰写了抚慰和歌颂日军官兵勇猛作战的《北岸部队》和《战线》。虽然也有些个人的无奈，但其作品充分表现了与政府和军部同甘共苦的"爱国心"。至于入伍的火野苇平，在《改造》1938年8月号和11月号上发表的小说《土地和士兵》《麦子与士兵》，则是将侵华的日军作为正面形象来描写。草野心平自然首先是个日本人，且从根本上说，他也谈不上是一个具有批判精神的知识人，只是因为他曾在广州度过了四年多的青春岁月，且又有多位友情深厚的中国同学，对他而言，中国并不是一个简单的他者。七七事变爆发时在银座"不二家"发生的那一幕，也在他的心灵中留下了深刻的震动，因而，身处国家利益和个人感情混沌纠葛的境地，这一次为期两个多月的中国旅行，对于他而言应该不是一次轻松愉快的观光之行。

这一时期草野撰写的有关中国的文字，我们可以比较清晰地感觉到,他试图去理解这场战争,试图用自己的目光去观察这场战争到底给中国带来了什么,一般中国人对于这场战争有什么样的反应和感受。他也试图去记录经历了炮火后的中国大地的种种实相。

他表示:"我在中国本土,尽可能地乘坐三等车。因为我想尽可能多一些接触中国一般的民众,能够在一定程度上观察和了解他们的动作、行为和心理。"在津浦线上的旅行,他也乘坐了三等车。"但我们乘坐的这趟列车没有一个中国人,穿着西装便服的就自己一个人,其余就是(日本)军人和宣抚班的人了。"① 而在从北京驶往石家庄的三等车厢内,"日本人跟日本人聚在一起,中国人则跟中国人一起挤在另一方",彼此没有交集。② 军人在车上的谈话,其实有许多信息可以捕捉,草野也愿意写出来传达给日本民众,但恐怕不合时宜。他有些无奈地说,且等到和平的一天到来后再发表出来吧。令他颇为不满的,是那些参加了宣抚班的人。所谓宣抚班,是日本当局组织的对占领地的民众进行宣传抚慰的组织,以稳定局面、安定民心,完全是为日本的所谓"国策"服务的,成员多半是来自日本本土的日本人,也有少量居住在占领地的日本人和个别帮着日本当局或伪组织摇旗呐喊的中国人。草野接触下来,觉得这些人"鱼龙混杂",问题并不在于这些人是否会讲中国话,而是这些人缺乏诚意。

他看到了经过的一些车站上,一些中国的大人和孩子在叫

---

① 草野心平「黄河を渡る」『改造』、1938 年 6 月。此处引自『草野心平全集』第 8 卷、14 頁。
② 草野心平「石家荘界隈」『国民評論』、1939 年 9 月。此处引自『草野心平全集』第 8 卷、33 頁。

卖烧鸡和煮鸡蛋、肉包子等吃食。一些孩童手臂上戴着"报童"字样的臂章,用刚刚学会的日本话在叫卖大阪和中国东北、华北的报纸。他内心升起了一种颇为奇异的感觉:"总而言之,这里是中国,是日本人与之作战的对方国家的平原。然而我们这些日本人心安理得地坐着日本人驾驶的火车穿过这些平原一路向南。中国的孩子在卖着日本的报纸。这一事实是一个重大的现实,且是一个与未来相延续的重大课题。唯有用我们双方的眼泪和热忱来面对和解决。"[1] 他也只能说些这样的话了。他是日本的报纸派来写报道的,不可能谴责这场战争(他也没有达到谴责或批判的认识),但是他没有丝毫的征服者或占领军的趾高气扬,他的内心一直有着怪异的感觉。"眼泪和热忱",这样的词语在硝烟弥漫的战争面前显然是相当苍白和空洞的,但他的内心是真诚的。

1937年夏末到1938年的春天,华北几乎完全为日军所占领,有的地方经历了战火,有些虽然没有遭到战争的蹂躏,但已经跟以前的气象大不相同了。日本人成了这些地区的主宰。草野的笔下也并不掩饰这样的景况。"(津浦线)全线的车站大抵都受到了战祸之灾,有些受到了严重的破坏。"[2] 1938年2月,中国军队为了阻止日军迅速渡河南下,奉命炸毁了济南北部的黄河大铁桥,但日军后来还是很快地占领了黄河以南地区。而南下的火车却不得不在此停下。"于是我们走过了黄河上的临时桥梁,换乘在河对面等着我们的列车。行李或者是自己拿着,多的人就委托国际运输的卡车运过去,到济南车站再

---

[1] 『草野心平全集』第8卷、15頁。
[2] 『草野心平全集』第8卷、15頁。

去取。"① 而维持秩序的都是日军士兵，一一检查着每个人的证件。渡过黄河快接近济南时，又遇到了"上了刺刀的日军士兵"。② 到了济南车站时，还必须领取"进城许可证"。为了满足大量来到的日本人，城里原先的旅馆都做了临时的改造，地面铺上了榻榻米。"真是生意兴隆，每家旅馆都客满了，稍一怠慢，就会找不到客房了。"③ 如果要在市内随意行走，除了进城许可证外，还必须持有日军机关发行的另一份证明，于是草野不得不跑了几家军务机关。在进入城门时，必须向站岗的日军出示后才可通过。

然而济南市内差不多还是如同往日一般。"方圆二里的大明湖，与其说是一个湖，倒更像一个池塘，水面上有几个小岛，在浅浅的泥沼上种植了藕、菱、慈菇等。坐上了画舫去游湖，杨柳的嫩芽倒映在水面上。"乘坐的画舫上有一楹联："明月清风非卖品，情深绿水自然人。"而对面驶来的一艘画舫上，他瞥见了"烟岚浓淡山千叠"几个字。战争的风云依然无法洗去中国人的风雅气。然而不寻常的现实又时时让人感到战争的存在："据说，城墙附近还有中国军队埋下的地雷，很危险。"山东省政府同时也是韩复榘的宅邸，韩复榘在逃离时将其烧毁了，"里面的建筑损毁得极为严重，被烧焦了的柱子等插在倒塌了的砖瓦上，像突兀的森林"。④

他还坐了火车从北平（草野的原文一直使用"北京"）去了张家口。一路遇见的中国民众都满脸沉郁，默不作声。他觉

---

① 『草野心平全集』第 8 卷、15 頁。
② 『草野心平全集』第 8 卷、16 頁。
③ 『草野心平全集』第 8 卷、20 頁。
④ 『草野心平全集』第 8 卷、21 頁。

得这沉默中其实有一股难以言说的力量在暗中涌动。到了张家口，他发现这里也出现了许多"日本旅馆"。"事变"以后，这里还出现了"蒙古咖啡馆"这类新的店招。草野走访了原来的察哈尔饭店，现在这里成了日本特务机关的驻地。此外他还采访了日本驻屯军司令部、伪蒙疆银行、宪兵队本部等。"张家口完全没有战争的气氛，总体上感到这里在迅速地恢复，生机勃勃。日本人也日益增多。"①

在这次考察旅行中，他4月来到了上海。据他自己记述，青年时代在广州求学时，曾坐船四次途经上海，这次是他第五次来到上海。"变化最厉害的，不用说是闸北一带。我原来已经预想大概那边都已经是一片岩石了，实际上比自己想象的更为惨淡，完全是一片废墟了。竟然破坏得这么厉害，我眼前浮现出了激烈的血战情景，心里一阵黯然。北站附近成了战迹保存区，当我看到弹痕累累的铁路总局的屋顶上飘着海军旗时，眼眶自然地一阵发热。自己少年时最初来到上海时的一个礼拜，曾住在乍浦路上的某个商馆，如今这家商馆已无踪迹。这条街已完全变成了日本人的街市，若是碰到节假日要悬挂国旗的话，沿街恐怕会是一大片的日本太阳旗吧。不仅是乍浦路，即使北四川路和文路（今塘沽路）也已经日本化了，超出了原来的想象。……外白渡桥还和以前一样，在两侧桥堍堆积着用作工事的土袋，桥上站着的日本水兵和英国的卫兵，枪上都插着闪亮的刺刀。"② 笔调虽然还比较平静，但日本人的立场

---

① 草野心平「察南の風物」『いのち』、1939年2月。此处引自『草野心平全集』第8卷、30-31頁。
② 草野心平「五度目の上海」『文芸』、1938年6月。此处引自『草野心平全集』第8卷、42-43頁。

是很明显的，也传递出了战争的残酷和恐怖。他在同时写的另一篇《大场镇界隈》中，描述了惨烈的激战之后的萧索和荒凉。大场保卫战是淞沪抗战极为壮烈的一幕，1937 年 10 月中旬以后，中日双方在大场进行了两周的血腥激战，最后大场落入敌手，附近居民也深受战火的蹂躏。"说是村落，最多也就三十来户人家了，村民房屋的屋顶和墙壁都倒塌了，没有一处像样的房子。槐树的枝丫折断了，树干上还留着弹痕。……破坏如此之大的大场镇，在无数的牺牲之后，和平也渐渐苏醒过来了，我衷心希望如此。"[①] 日本不少战地作家都描写过激战中或激战后的大场，相比较而言，草野的文字流露出了他对中国这片土地的复杂心情。

这次两个多月的旅行，他的足迹除了南京等南方之外，大部分在中国的北部。留学时虽然在中国待了四年多，但都局限于广州一隅，中国的其他地区，他体验的极少。这次漫长的旅行，行程自哈尔滨一直到长江南岸，一路领略了塞北的广漠、黄土的苍凉、古都的厚重、黄河的雄浑，虽然还只是局限于浮光掠影的走马观花，但无疑他对中国人的国民性及南北地域的差异有了一定程度的理解。

通过这一时期他所写的文字，我们可以察见到一个内心充满了一定苦楚和苦闷的草野心平。应该说，一开始他就不是一个狂热的民族主义者，他对日本国内甚嚣尘上的国家主义并没有表现出明显的同调。他基本上是一个和平主义者。更何况，他在广州留学四年多，他对中国无疑是有着不浅的情感的。他

[①] 草野心平「大場鎮界隈」『ホームライン』、1938 年 5 月。此处引自『草野心平全集』第 8 卷、46 – 47 頁。

第六章 旅华十年，终是过客：草野心平对中国的了解与误解

曾坦言："岭南大学的同学中没有一个人对我这个日本人有过冷眼相待，……在我求学的四年中，更没有一次不愉快的经历。"① 因此，对于日本的侵华行为，他内心是有困惑的。这从他所写的战争给中国带来的创伤（尽管文字的语调还是比较淡然的）可以感受到。但同时，他并不是一个对事物和物象有深刻思考力的人，也不是一个具有理性批判力的人，因此，他并没有认识到日本在策动一场大规模的战争，是一场扩张性的侵略战争，是一个给被侵略、被占领国家和人民带来屈辱和灾难的行为。他的日本人的情结还是比较深厚的，他的日本人的立场还是比较坚定的。比起反日的中国人，他自然更亲近于亲日的中国人。他对日本当局提出的"大东亚共荣圈"的蓝图，内心或许还真的抱有几分期许。因此当日军一路向南、向西进犯并取得节节胜利的时候，他一度也多少发出了欢呼之声。1938年10月，日军对武汉发起了强大的攻势，并在25日攻占了武汉。为了给前线的日军官兵鼓气，并将所谓的前线将士勇猛作战的壮烈场景传达给本土的日本民众，由内阁情报部等发起组织了所谓的"笔部队"，开赴中国劳军。日本学艺新闻社嘱托草野心平撰写"壮行诗"，他就写了一首《饯壮行》，诗里写道：

> 这就是汉口的土地。
> 这就是汉口的天空。
> 这土地就是黎明的箭镞。

---

① 草野心平「嶺南大学の教師たち」『止まらない時間のなかを：草野心平随想集』。此处引自『草野心平全集』第12卷、66頁。

也为了宏大、宽广、簇新的亚细亚玫瑰色的黎明。①

由此可见，在困惑中，他内心的天平还是倾向了当时的日本主流社会，与提着灯笼载歌载舞上街为日军祝捷的一般日本市民似乎也没有大的区别。

三 汪伪政权的文化官员

1938年12月27日，出逃至河内的汪精卫在香港的《南华日报》上发表了接受近卫文麿的第三次对华声明，并呼吁蒋介石取消抗战、与日本合作的所谓"艳电"，遭到了国民党最高当局和全国舆论的唾弃。而《南华日报》的社长，就是草野当年在岭南大学的同学、后来追随汪精卫的林柏生。林柏生1923年因参与学潮遭到开除，并未在岭南大学毕业，短期在广州的执信中学担任过训育主任后，1924年开始担任汪精卫的秘书，加入国民党。1929年，他奉汪精卫的指示在香港开设南华通讯社，后创办《南华日报》，成为汪派舆论的喉舌，1933年出任国民政府的立法委员，一直是汪派力量的中坚人物。日本发动全面侵华战争后，他也主张与日本议和，参与草拟了"艳电"并坚持在自己主编的《南华日报》上发表。此事遭到了重庆当局的忌恨，于是在1939年1月17日派人用锤子击杀他，造成重伤。草野通过日本同盟通讯社的报道获知此事，写了一首《柏生哟，你不要死》的诗来怀念自己与林柏生的同学之情，祈祷并鼓励他挺过这一关。"在琥珀色的黎

---

① 『草野心平全集』第8卷、137页。

明将要来到之际，柏生哟，你不要死。"①

由这首诗可看出，作为一介平民的草野，是赞同近卫文麿的第三次对华声明的内容，并且认为汪精卫集团采取与日本合作的姿态是值得赞赏的。事实上，他自离开广州后，与林柏生之间并无任何交往，林柏生也不算他在大学期间交往最密切的同学。他写这首诗的目的，与其说是怀旧，不如说是对林柏生对日姿态的一个响应。

1939年11月，草野离开《帝都日日新闻》，转而加入东亚解放社。1940年3月30日，在日本的支持和扶植下，汪精卫伪政府在南京宣告成立，林柏生担任了伪政府的宣传部部长、伪国民党中央政治委员会委员。在1939年9月举行的伪国民党第六次大会上，林柏生被选为中央执行委员会常务委员，成了汪伪政府的中枢人物之一。1940年5月16日，林柏生与汪伪政府的第二号人物、立法院院长陈公博等一起作为答礼使节团的要员出访日本，21日抵达东京，在拜会了天皇、米内首相等要人后，于6月4日回国。林柏生应该是在此期间见到草野心平的。他们以何种方式建立了联系，暂时不详。访日期间林柏生等与曾任同盟通讯社上海支局长的松本重治等一起去箱根观光。据草野自述，他与他们同行。旅途中，林柏生询问他到伪南京中央宣传部来担任专门委员如何，他欣然答应了。林柏生给他留下了路费。② 草野欣然答应的理由大概有两

---

① 『草野心平全集』第1卷、252頁。
② 草野心平『茫々半世紀』、105頁。草野在此书中叙述说是在1940年9月去南京的，但该书的年谱中记为7月，这里依从年谱。他在书中还记述说林柏生是与汪精卫一起来日本的，但查阅相关文献，在伪政府成立至他赴华前，汪精卫并未访日，而是以陈公博为首的答礼使节团在5月至6月初出行日本，文献明确记载林柏生同行。

个。一是当时他的经济情况一直很窘迫，曾几次经营一家摊档式的烤鸡肉串小店来补贴家用，在日本一直没有可观的前景，而林柏生已摇身一变成了汪伪政府的要人，他去那里谋职，经济上应该可以不再窘迫；二是他觉得自己与中国渊源深厚，可以为中日之间的"和平"事业做点贡献。于是在1940年7月，草野心平穿着短裤和木屐去了南京。他解释说，穿木屐并不是买不起鞋子，而是得了脚气。

对于自1940年7月至1946年3月在南京的这段岁月，或许是草野自己也觉得有些不大光彩，很少谈及。尽管如此，笔者还是试图从所能获得的一些资料中钩沉爬梳，尽可能地做一些论述。

草野于这一年的9月自日本来到南京，住在南京市琅琊路11号的一座自英国人手中接收而来的宽大的西式公馆，不久又将家眷自日本接来。从草野的宅邸步行至汪精卫的公馆只需两三分钟而已。在这座宅子里，草野散养着鸡、鸭、鹅，还养着八哥和山鸡。他对南京这座城市的感觉似乎相当不错："鸡鸣寺的一旁是城墙，登上城墙，可清晰地望见玄武湖、紫金山等。从环境上来说，真是一座相当悠闲的田园都市。"① 据其自述，他在南京并不负责具体的事务，每日如闲云野鹤。"我在南京，虽说是宣传部的专职，但并没有什么特别的事情。稍微像样的事情，就是为在南京举行的大东亚文学者大会联系安排出席者，为筹措资金而去东京跑了一次，或者是随同南京和上海的文学家去东京参加大东亚文学

---

① 草野心平『作家の自伝16　草野心平』、127頁。

者大会等。"① 出伪宣传部大门，对面就有一家放映日本电影的东亚剧场，一旁的小巷内有一家卖关东煮的酒馆曰"富士"，草野闲来就常去那里买醉。在经济上，要比他的东京时代优裕多了。

草野当然清楚，除了汪精卫的伪南京政府（草野当时的脑子里还没有非常明确的伪政府或傀儡政府的概念）之外，中国还有一个蒋介石领导的重庆政府，而且重庆政府是一个代表中国的正统政府，虽然也有十来个国家承认伪南京政府。而重庆政府与伪南京政府的最大区别，就是前者是抗日的，后者是与日本妥协并倚靠日本的。作为一个日本人，他选择了与日本妥协并倚靠日本的伪南京政府合作。他那时有一个比较天真的想法，就是伪南京政府的政策是寻求和平，避免战争，如此在日中之间就可以谋得和平，避免战火。因此，他愿意为伪南京政府做一点事。与那个时期被派驻到日本占领区，也就是名义上是汪伪政府管辖范围的飞扬跋扈、趾高气扬的各色日本顾问不同，草野是一个文化人，他从来不以一个占领者自居（他应该比较讨厌占领者这一角色），他也不怎么为汪伪政府的文化政策出谋划策。对于日本当局在中国的占领政策，他其实是不怎么首肯的，更不主张对中国施行武力压制的政策。他后来讲述了一段在"富士"这家小酒馆内发生的事。"我在那里跟东亚同文书院的学生吵了一架。那些家伙是些所谓的东亚征服论者。他们的主张跟那些军人一样，就是日本必须掌控东亚的霸权。到了最后，我听不下去了，就对他们说，好，你们等着，宣传部就离这儿不远，我去拿一挺机关枪过来。这样一

---

① 草野心平『作家の自伝16　草野心平』、115頁。

说，还真管用，那帮家伙就一下子蔫了，不敢发声了。当然，宣传部其实并没有机关枪。东亚同文书院里也出了一些好人吧，但是，总体来说，右翼倾向的人很不少。"① 这是他事后的回忆，事情应该是真实的，只是细节已无法一一核实。

被称为日本报道摄影的创始人、其时在上海开设太平出版印刷公司的名取洋之助，为公司的出版事务，于1941年底（或1942年初）自上海前往南京拜访了这时候在仕途上颇为得意的草野。名取洋之助原本是一个留学德国的颇为杰出的独立摄影家，但在战争的年代，他很快与军部连成一体，为当局策划出版了好几种为战争敲边鼓的杂志和宣传品，其经费也大半来自军部。所谓太平出版公司，也是在1941年12月日军攻占了苏州河以南的公共租界，强行接收了一家英资企业后设立的一个出版机构，其后盾是日本海军报道部。据草野回忆："我与名取的相识，最初是在我在汪政权宣传部的时候来到我这边的，他来找我，好像是希望我能在纸张供应上提供些便利吧。"② 虽是初次见面，彼此却有一见如故之感。他们觉得自己是在推进日中文化交流的事业，目的是日中亲善，睦邻友好，彼此在觥筹交错之间感到十分投缘。应名取的要求，草野欣然担任了太平出版印刷公司的顾问，以后每月一次自南京往上海，为他们的出版计划出谋划策。他还介绍了在东京富有编辑经验的川锅东策加入名取的公司。1942年春天，他又将来到南京不久的女作家佐藤俊子介绍给了名取。关于草野与佐藤俊子相识的因缘，他后来这样回忆道：

---

① 草野心平『作家の自伝16　草野心平』、110页。
② 中西昭雄「名取洋之助は何を残したか8 懐疑のうち、南京で敗戦を迎える」『アサヒカメラ』1980年8月号。

第六章 旅华十年，终是过客：草野心平对中国的了解与误解 / 247

那时，她带了原社会党议员的介绍函来。在把介绍函交给我之前，田村俊子来到了宣传部，直接会见了林柏生。于是林柏生的秘书来到我的房间，说是部长请你去一下。于是我在林柏生的房间里第一次见到了田村，那时叫佐藤俊子吧。问了她各种问题，她说她已不想回北京去了，想待在南京或上海。可是在南京，并没有可以供她谋生的合适工作，于是向她介绍了名取洋之助。①

佐藤向草野表达了自己想在促进中国妇女的自立进步方面有所作为的愿望，这与草野的想法十分吻合。他想到了自己担任顾问的太平出版印刷公司，于是将名取召到南京，促成了两人的相识。当名取与她谈及准备出版一种面向中国女性的杂志时，可谓正中她的下怀，当即表现出极大的热情，她本人也希望能去上海生活。于是名取邀请她来上海担任杂志的主编，并获得了日本驻上海总领馆"嘱托"（即特约人员）的身份。

名取专程赶到南京会见这位曾在明治后期的文坛上享有盛誉、在岁数上完全可以当他母亲的女性。经两人的商议，佐藤俊子答应到上海去为太平出版印刷公司编辑出版面向中国妇女的中文刊物《女声》。

这里稍微花些笔墨论述下草野在一定程度上参与了的《女声》杂志。经过大约两个月的筹备，1942年5月15日，以佐藤为编辑者的中文女性杂志《女声》创刊号问世了。佐藤在编辑者中出现的名字是"左俊芝"，不容易使人联想到日本人。她在相当于发刊词的《我们的第一声》中说：

---

① 草野心平『作家の自伝16　草野心平』、113–114頁。

《女声》第一次和读者见面,当然也是"初试啼声"的时候,不过在这沉寂已久的中国文坛,尤其是妇女的出版界——我们在很短时间内,想我们的第一声能使每个读者都认识本刊是"独一无二"的刊物,我们当然不敢武断,然而,至少我们是不断努力,要在这次第一声之后,贡献出许多不同的声音,是我国妇女界得到真正崇高的地位。

"女声"两字做我们刊物的一个名字,在这第一声发出时,不能不有所说明,请大家认真的了解而随时加以合作和指导,帮助我们完成创办这个刊物的初衷。我们的《女声》就是中国妇女界的声——亲切点说起来就是"您们的声"。"女声"含有三大意义:(一)乃妇女呼声(二)为妇女而声(三)由妇女发声。①

该刊创刊号上开设了"评论""世界知识""妇女与职业""修养""所见所闻""卫生""娱乐""文艺""家政""戏剧与电影"等栏目,以后基本上也是这样的格局。从最初的几期来看,几乎没有政治色彩,较为出色的是"文艺"和"戏剧与电影"专栏。据当时的主要撰稿人之一丁景唐记述,许多作者与当时的中共地下党有关。"根据党的关于敌占区的工作方针,自己不能办刊物,就向敌伪办的刊物或别的刊物投稿,楔入敌人宣传阵地,在当时政治环境允许的情况下,写一些有意义的文章。"② 而长期协助佐藤编辑刊物并与佐藤在北

---

① 《女声》,创刊号,1942年5月。
② 丁景唐:《关露同志与〈女声〉》,丁言昭编选《关露啊关露》,人民文学出版社,2001,第64页。

京大楼共同生活了一年零七个月的关露,就是潜伏在敌伪内部的中共党员。太平出版印刷公司的背景是日本的军部,《女声》的实际出资者是海军报道部,要在杂志中完全褪去当时的政治宣传色彩,第一出资者不会愿意,第二受制于人的编辑者也无法做到。《女声》自第四期开始增加了一些介绍日本文化和民众生活习俗或是采访来上海访问的日本文化人的文章;自第五期开始增设"国际新闻"专栏,从日本或汪伪当局的立场出发来报道时局政治或军事形势,如日本设置大东亚省和"南太平洋大海战""南京政府全面收复租界"等新闻,与原本柔和软绵的杂志风格显得颇不协调。直至1945年初,由于日本在对美战场上连连失败,汪伪当局本身也已是日薄西山、奄奄一息,该刊这样的所谓新闻才逐渐稀落起来,最后消失了踪影。

1945年4月13日,曾是左翼作家、上海沦陷后留下来的陶晶孙在自己的寓所举行晚餐会,邀请佐藤等一起来餐叙。8时左右佐藤辞出,坐黄包车沿北四川路回北京大楼,途经昆山路口时突然昏倒在车上。虽被路人送至附近的医院,但佐藤一直昏睡不醒。翌日早上,人们自其手提包中发现太平出版印刷公司及日本大使馆等联系地址,于是电话告知有关方面。身居南京的草野心平,17日从日本大使馆那里获知佐藤病危的消息,其时他的家人已陆续返回日本,他将一个自东京来他家寄居的患病友人送到名取的家里,一人坐夜车赶往上海,抵沪后才得知佐藤已于16日上午病故,当天即是她的葬礼。"葬礼在日中两国友人的张罗下在虹口的本愿寺举行,规模盛大。在堆满了花圈的现场,内山老人拍了拍我的肩膀笑笑说,我们若死了的话,恐怕就没有这样大的场面了,死得正逢其时呀。那时战败的预感已经在我们身边迫近了。"① 葬礼名义上是日本大使馆、汪伪政府中央书报发行所和太平出版印刷公司共同举办的。生前，佐藤曾对将病逝的妻子安葬在上海静安寺墓地的内山完造说，我死了后也帮我葬在上海，不料竟一语成谶。在停了一期之后的第4卷第1期上，陶晶孙、内山完造和草野心平等都发表了悼念文章，其中以关露所写的《我与佐藤女士》情谊最为真切。关露对佐藤的评价较高，未必是非常时期的应景文字，多出自她的内心。1940年代与《女声》关系密切的地下党作家丁景唐回忆说："据关露同志1980年告诉我，佐藤俊子是日本明治时期著名的女作家，是她的真心朋友。"② 1980年，已是关露可以敞开心扉说真话的年代，"真心朋友"，确是她当时以及一生的内心感觉。佐藤病逝后，关露接手编了两期，1945年7月《女声》出了最后一期。

　　1961年，由草野心平题字的田村俊子文学碑在北镰仓东庆寺落成。同年设立田村俊子文学奖。1988年，三卷本的《田村俊子作品集》在东京出版。此是后话。

　　1942年的秋天，③ 名取洋之助和草野心平以及作为日本同盟通讯社中南支（华东、华南）总局长而派驻在上海的松方三郎，在上海愚园路名取居住的公寓内商议在上海建立一座孙中山铜像。三人觉得在中国的日本人为了自己的利益建造了宏大的神社（比如在南京五台山上建造的南京神社），未免有点

---

① 「佐藤俊子さんの死」『草野心平全集』第9卷、155頁。
② 丁景唐：《关露同志与〈女声〉》，丁言昭编选《关露啊关露》，第62页。
③ 三神真彦『わがままいっぱい名取洋之助』筑摩書房、1988、237頁。根据另一位当事人会田纲雄的回忆，时间应该是在1941年太平洋战争爆发的前夕。草野心平『作家の自伝16　草野心平』、116頁。

太不顾及中国人的感情，于是提议在上海的某处建造一座孙中山的铜像，然后作为礼物馈赠给中国人。三人在这一点上立即达成了一致，最后由草野起草了一份《建立孙中山像意见书》，并想请他们的朋友、日本著名的雕塑家和诗人高村光太郎设计制作。恰好这时在陆军南京特务机关供职的诗人会田纲雄因父亲去世要回东京，他们便将这份书函托会田交给高村。"我带上意见书去见了高村，与他谈了一个小时左右，但高村的态度消极。"理由是要做就必须到上海去，而时间上只有夏天才有空，但是上海的夏天酷暑难当，自己受不了，"结果，这件事未能实现"。① 此事也可看出草野心平的中国情结，尤其是年轻时曾谒见过孙中山的经历，在他心中留下了深刻的印象。

草野在战后的一些回忆，无疑回避了不少他与日本当局同调的言行，而尽可能把自己的一些所谓善言善行揭示出来。事实上的草野，就像那一时代的大部分日本知识人或文化人一样，是一个比较复杂的矛盾体。他在这一时期公开发表的文字，比他战后的回忆更具有研究的价值。虽然有些文字是迫于时局，也不排除有些是应景的文字，不过细加研究，大半还是他真实心迹的吐露。

1941年11月25日，他给昔日岭南大学的诗友梁宗岱写了一封长信。其实分别之后（梁1924年去法国留学），草野与梁宗岱一直没有再会，他从杂志上读到了法国印象派诗人瓦雷里赞美梁宗岱的记述，约略知晓梁似乎在重庆（事实上梁自1941年开始出任迁居到重庆的复旦大学外文系的主任），于

---

① 会田纲雄的回忆，参见草野心平『作家の自伝16　草野心平』、116 頁。

是就写了一封给梁的公开信,这封信写在日本偷袭珍珠港、太平洋战争爆发的前夜,那正是日本最为趾高气扬的年代。信的主旨是,当今日本与中国都迎来了一个前所未有的大时代。日本要担负起建设新东亚的重任,中国是与日本处于同样命运的共同体,应该共同抗击长期以来英美对于东亚的压迫。至于日本对中国的侵略行为,草野只是用了一个"事变"来表示。

> 我们都明白,这一事变并不是一个简单的"卢沟桥"。至少我们各自的祖国大约花了几十年的时间在各个领域酿成了这次事变。犹如富士山的喷发一样,原因与其说在山巅上,不如说是在山底下。同样道理,真正的和平,也不是一两年内就能一蹴而就的。恐怕就像事变爆发的原因源于多年来长期的郁积一样,今天即使想要实现全面和平,日华亲善的事业,要超越事业的形态,成为各地各区所有人的常识,不是停留在观念意识上,而是成为人们日常生活中真正的一部分。这恐怕还需要几十年的努力。而且为了使这几十年早日来到,今天就应奋起努力了。为了期待东亚的和平早日实现,为了使你孩子的时代不再出现战争,为了使你的孙辈不再出现受欧美人颐指气使的悲剧,现在应该抛弃不切实的梦想。①

草野还试图打动梁宗岱等中国的文化人。他说,日本为何要打出建设东亚新秩序的旗号,目的就是拯救所有的东亚人。本来日本用自己的鲜血夺来的土地,自己在那里耕耘就好了,

---

① 草野心平「詩人梁宗岱におくる」、51頁。

第六章 旅华十年，终是过客：草野心平对中国的了解与误解

之所以要与中国等东亚国家联手，"实际上我们（发动）的事变，就是为了建设一个新的东亚，这是一场砸断欧美侵略的锁链、谋求新的东亚共同繁荣的战斗"。①

草野的基本想法就是希望重庆的中国人放弃抗战，与日本人实现和平。与那个时代的大部分日本人一样，他没有意识到或不愿意识到，这和平正是被日本军人用武力破坏的。真正修复和平的方法只有一个，那就是日本全面退出中国。写这样一封信，不知是草野主动请缨，还是迫于军部的压力。笔者的感觉是，或许两者都有，但前者的可能性大一些。

对于汪精卫集团主张放弃抗战、与日本合作的言行，不仅在当时，即便在战后，草野也认可其正当性。对于汪精卫作为一个政治人物的立场和地位，草野始终给予了充分的肯定。战后的1954年6月至11月，他在有影响力的大报《读卖新闻》（夕刊）上连载了生平唯一的长篇小说（尚有其他中短篇和未完成的小说6篇）《命运中的人》，翌年4月由新潮社出版单行本，加上后记，总共229页。这部小说的副线描写了国民党特工与汪伪特工之间的较量和争斗，除了部分的情节是基于事实展开之外，基本上是虚构的，或许是为了使其更像一部跌宕起伏的小说，而主线则是描述汪精卫、周佛海、梅思平、林柏生等汪伪核心人员与日本方面的代表人物，即陆军的影佐祯昭少将、海军的须贺少将、外务省的矢野书记官、不算正式官方人士的犬养健（被刺杀的犬养毅首相的儿子）等人物。小说差不多从汪精卫1939年5月8日自越南海防从海路抵达上海后开始，一直写到在日本人的扶植下建立南京伪政府为止。

---

① 草野心平「詩人梁宗岱におくる」、51頁。

他在这部小说的后记中写道："我在广州时曾得以亲聆孙中山和汪精卫，这两位世界性政治家的謦欬。那是关东大地震发生不久的时候。多年以后，我主要在南京，直接接触了汪先生的容姿和言行举动。……在他死后，我萌生了将汪先生的一生——哪怕人生的一个片段也好——写出来的想法。……作为命运中人的汪先生的悲剧，其实是在这部小说结束之后才开始的。什么时候，我想把他苦闷的晚年再写一个续篇。"① 这个续篇后来没有问世。

在这部小说中出现的汪精卫，是一个宅心仁厚、在一定程度上秉承了孙中山的衣钵、试图使中国人民脱离战争苦难的国民党元老。他的脱离重庆、与日本人合作，目的在于寻求和平的道路。他底下的一些人却是各有心机、各有盘算的人物。无奈日本人对于中国的野心过大，始终不肯放松钳制中国、占有中国利益的欲求，汪精卫对于日方所提出的合作方案感到实在难以接受。

> 周佛海带来了翻译成中文的（日本）兴亚院的原方案。通读了全文的汪精卫，脸上显出了难以言说的神情。他的眉梢的根部，拧成了跟平时不一样的倒八字形，这是他平素思考问题时的常见形态，夹杂了愤怒和悲哀的凝重阴郁的表情，久久地停留在了他的脸上。②

但迫于日本人的强大压力以及自己弱小而窘迫的地位，他

---

① 『草野心平全集』第 7 卷、540 页。
② 「運命の人」『草野心平全集』第 7 卷、283–284 页。

第六章 旅华十年，终是过客：草野心平对中国的了解与误解 / 255

不得不忍气吞声，委曲求全。经过数次谈判，达成了一个实际上是出卖国家利益的妥协方案，汪精卫的内心也倍感苦恼。小说同时也花了很大的篇幅，描述以参谋本部中国课长今井武夫为首的日方与重庆派至香港的代表进行了反复多次谈判的过程。① 笔者认为，草野之所以不惜花费笔墨来详写日本与重庆之间的这些内幕，恐怕还在于强调汪精卫集团与日本合作的某种正当性，也为自己出任汪伪政府宣传部专员这一行为进行辩解。直到战后，草野也一直不认为汪精卫集团的言行有何不妥，他一直在赞美这是一群抱有自己政治理想的人。他在战后的回忆录中说："汪精卫那些人，全面和平是他们强烈的理想，但是日本为政者的主流，只是把它当作处理现实的一种政策。把政策当作理想来做的东条（英机）等这些日本的为政者和军人，战后被关进监狱以后，一个个都蔫了。而中国的这些人物，却具有为理想而牺牲的精神，这让我印象很深。"② 从战后的这些著述和言论来看，草野依然没有对于过去的这场战争性质进行反省，依然认为汪精卫等人是一群真诚的爱国者。这也意味着，他对自己奔赴汪伪统治（实际上是日本侵略者主导）的南京这一行为，以及自己在汪伪政府中扮演的角色，没有丝毫的反省和愧疚。

在南京期间，草野屡屡发表诗作，为日本的对外战争尤其

---

① 今井武夫在1964年9月出版了详尽的回忆录，但草野心平在撰写这部小说时显然还无法看到这一重要文献。在他的回忆录的基础上，又根据今井武夫生前留下来的五千余件资料，高桥久志等监修了一部新的资料集。今井武夫『支那事変の回想』みすず書房、1964；今井武夫著・高橋久志・今井貞夫監修『日中和平工作：回想と証言1937～1947』みすず書房、2009。

② 草野心平『作家の自伝16 草野心平』、127頁。

是对美英的战争摇旗呐喊，为日本当局炮制的"大东亚共荣圈"鼓吹讴歌。这样的诗作总共有 20 余首，后来被收录在诗集《大白道》中，1944 年 4 月由甲鸟书林出版。这里试举出部分内容。在日本偷袭珍珠港的翌日，他发表了《我们将坚决战斗》。

啊，终于发生了。
日本历史二十七世纪①之初，大规模的轰炸终于来了。
迄今为止我们受够了太久太久的恐吓与压迫，
我们的敌忾之心已经激昂到了顶点，
如今已经没有一个人退缩，
没有一个人犹豫，
为了守护祖国的繁荣，
为了守护大亚细亚圈，
我们终于站了起来！②

在《迎接大东亚的新年》中他写道：

明天大东亚的所有地方都将树立起日本的太阳旗。
陆地上树立起太阳旗。
海面上飘扬着海军旗。
阿留申群岛热田的雪原上树立起太阳旗。

---

① 战争期间，日本当局发布新的纪年，即皇纪，以《日本书纪》中虚拟的神武天皇即位的那一年（相当于公元前 660 年）为纪年元年，1941 年为所谓的皇纪 2601 年，故诗中有所谓二十七世纪之说。
② 「われら断じて戦ふ」『草野心平全集』第 1 卷、323－324 页。

第六章　旅华十年，终是过客：草野心平对中国的了解与误解 / 257

南千岛群岛、北千岛群岛树立起太阳旗。
库页岛、朝鲜、台湾，
日本本土的所有地方树立起太阳旗。
马尼拉树立起太阳旗。
香港树立起太阳旗。
爪哇、苏门答腊树立起太阳旗。
新加坡、马来亚、缅甸、沙捞越树立起太阳旗。
南太平洋的所有岛屿树立起太阳旗。
满洲国、所有有日本人居住的中华民国土地上树立起太阳旗。
泰国、所有有日本人居住的法属印度支那树立起太阳旗。
大东亚的所有地方都将树立起太阳旗。①

其他诗作的内容，这里只需举出一些题目就可大体明了了：《大东亚共同宣言国民大会》《在德、意及其他轴心国承认（南京）国民政府的纪念酒宴上》《哦，军神加藤建夫少将！》《大东亚战争第二年之赋》。虽然在太平洋战争爆发之后，军部通过"日本文学报国会"几乎将所有日本的文学写作者网罗在了它的麾下，大部分的日本作家匍匐在了当局的淫威之下，但还是有些人选择了沉默或消极的抵抗，而草野心平应该是比较积极靠拢军部的一批人。或许是心甘情愿，或许是迫于淫威，或者是逢场作戏，总之，战争期间的草野留下了诸多不光彩的印迹。战后的1973年草野在出版《草野心平诗全

---

① 「大東亜新年を迎ふ」『草野心平全集』第1卷、336－337頁。

集》时，将战争期间写的那些鼓吹"大东亚战争"或"大东亚共荣圈"的诗作删除了，或者做了重大修改后再次收录，或者是为了掩饰自己战争期间的不良面目，或者是"悔其少作"吧。好在后人在编录他的全集的时候，仍然依照原作收录进来，留存了历史的原貌。

正如草野自己所说，他在南京的汪伪政府中做过的一点具体工作，就是在历届"大东亚文学者大会"筹备和举行期间，配合东京方面做过一些联络的事务。所谓"大东亚文学者大会"，是在军部背景下建立的"日本文学报国会"邀集日本占领下或日本势力范围内的所谓东亚国家的作家共同举行的会议，旨在宣传日本的皇道思想和"大东亚共荣圈"思想，为当时正在进行的"圣战"制造舆论，营造文化氛围。自1942年11月至1944年11月举行了三届，前两次在日本举行，最后一次在汪伪政府统治的南京举行。第一届会议时，除了日本方面占据了77席的绝对多数外，所谓的朝鲜、伪满洲国、蒙古（实际上是日本人控制的内蒙古地区）等也派出了若干代表，而南京的汪伪政府则派出了钱稻孙、张我军、柳雨生等12名代表。颇为荒唐的是，草野心平居然作为"中华民国"的代表与会。第二届"大东亚文学者大会"1943年8月在东京举行，主题是"大东亚战争决战大会"，草野心平依然作为汪伪的中华民国代表参加会议。第三届大会安排在南京举行，时在1944年11月。那一年，日本在太平洋战场上屡战屡败，在美军等的强势反攻下，日本已是日薄西山、奄奄一息，轴心国联盟也已分崩离析，南京也罢，东京也罢，都拿不出足够的资金来举办大会。于是草野奉命来到东京，向各个大出版社和杂志社募集资金，但遭到了反对战争的岩波书店老板岩波茂雄的拒绝。后来在日本银行总裁涩泽敬三的斡旋下，从日本人开办的朝鲜银行、台湾银行那里募得一点资金，得以勉强撑起这次大会。结果在第三届大会召开的前日，传来了汪精卫病故的消息，会议的气氛也就更加黯淡了。有报道说，草野为会议的筹办付出了较大的辛劳，但他本人在会议上并未扮演重大的角色（伪北京大学文学院院长钱稻孙担任大会主席、"中日文化协会"常务理事陶晶孙担任副主席）。①

就在日本宣布投降的一个月之前的 1945 年 7 月，草野被日本的中国派遣军征召入伍，当了一名二等兵，还未经历战场的滋味，日本就在 1945 年 8 月 15 日宣布接受波茨坦公告，草野的身份和境遇也发生了剧变。日本向同盟国宣布投降，但此时它在中国战场上尚未出现全面的败象，中国军队也未能立即进驻南京等要地。草野等一大批日本人暂时陷入了一种落魄的状态，几乎无人顾及他们。9 月 8 日，中国陆军总司令部在南京设立前方司令部。同一天，陆军总司令何应钦飞抵南京。9日，中国战区日军投降签字仪式在南京中央陆军军官学校举行，日军放下军械暂留原地等待命令。不安而又寂寥的草野某日从报上获知，他年轻时在东京交往过的黄瀛，这时作为中国陆军总司令部的少将参议，随同何应钦来到了南京。经朋友指点，获知了黄瀛临时居住的地址，便迫不及待地前去访问。1925 年，草野与黄瀛在东京相遇，彼此成了诗友，有过几个月十分密切的交往。后来黄瀛进了东方文化学院学习，之后又考入日本陆军士官学校，毕业后回国服务，加入中国陆军。大

---

① 樱本富雄『日本文学報国会：大東亜戦争下の文学者たち』青木書店、1995、第三部第 10 章。

约在 1935 年，为观摩日本陆军演习而来到东京，在诗人高村光太郎处与草野重逢。两人在日本的最后一次聚会，是在新宿大山的一次诗刊《历程》同人诗歌朗诵会上。从此各奔东西，音讯隔绝。因为黄瀛一直在重庆，而草野则来到了南京，成了两个阵营的人。据草野记述，黄瀛不计前嫌，彼此恢复了密切的交往。作为旧友，黄瀛在权力范围内给予了草野尽可能的照顾。①

1945 年秋，滞留在南京的日本人被要求移居到南京郊外一个类似于日侨集中营的住地，草野在那里度过了 6 个月的颇为艰苦的生活，所有的财产也被国民政府没收。1946 年 3 月，他终于可以回国，经上海坐船回日本。在 3 月底回到了福岛县乡村的老家，由此，草野结束了在中国又一个将近 6 年的岁月。

* * *

根据笔者掌握的文献，草野心平大约是日本战败前在中国接受过正式大学教育唯一的文学家，也就是在中国正式的大学中完整地留过学（虽然最终因为特殊的原因而没有毕业）的日本文人。直至日本战败，他总共在中国的广州、南京等地生活了将近 11 年，其旅行的足迹，也从中国的东北一直到华南。现在依然不是很清楚他的汉语水平。他在岭南大学的生活主要依仗英文，但那里毕竟是中国人的世界，一般的生活用语大概是可以的吧。在南京等地将近六年，应该

---

① 「黄瀛との今昔」（1946 年 6 月 27 日）『草野心平全集』第 5 卷。

也是掌握汉语的好时机，但那是一个特殊的年代，尤其在当时南京的环境中，以他的身份，日语基本上可以通行。在所有的回忆文章中，没有见他提及阅读的中文书籍乃至报刊。他的汉语的真实水平，仍有待稽考。据笔者的理解，掌握当地的语言和文字，对于他对这一国家和民族的认知当有绝大的重要性。

草野一生撰写了许多有关中国的文字，包括随笔、杂感、旅行记、回忆录、小说等。综览上述文献，可以感受到，尽管草野在中国生活了十年以上，也结交了不少中国友人，但实际上他对中国的历史尤其是中国的近现代史、中国的社会状况、中国的各种政治力量、中国内在的文化底蕴，了解得还是比较肤浅，对中国社会的主要发展脉络也缺乏清晰的把握。再加之他有些狭隘的日本人立场，这决定了他在对中国的认知上会出现比较重大的偏差。这里就两个方面做一些较为深入的分析。

第一点是对近现代中国人民反抗外来侵略压迫的民族革命的认识。在他撰写的文字中，反复出现了"排日"这个词。中国从19世纪下半叶起，就不断遭受西方列强，后来又有日本帝国主义不同程度的蚕食和压迫。西方势力进入中国，往往是以武力为背景，带着居高临下、咄咄逼人的姿态，无疑使中国人产生了不平等的屈辱感，因而萌生了对此进行反抗的民族革命的意识和运动。除去因部分民众的愚昧和过激与清廷的昏聩所导致的义和团运动等之外，1915年对"二十一条"的强烈反应，对巴黎和会严重伤害中国利益做出强烈反应的五四运动，由中共共同参与的国民党一大宣言上明确提出的旨在反对帝国主义的民族主义，以及目的在于"使中国脱除军阀与帝国主义之压迫"[1]的国民革命，都是中国民族革命的具体体现。导致草野在1926年夏匆匆回国的原因是五卅惨案激发的全国性抗议运动，矛头首先是针对英帝国主义，波及了在广州的日本人。这绝不是一场排外性的种族主义热潮，而是针对外来列强压迫的强烈反抗。草野当时作为一个年轻的日本人，完全未能理解这场骚动背后的内蕴，在此后也完全没有认识到这一点，甚至在战后对此依然没有正确的认知。因此，当九一八事变爆发时，他基本上没有反应，在他与来自岭南大学昔日同窗畅叙旧谊的场合获悉卢沟桥事变爆发的消息时，面对神情凝重、态度决然的中国同学执意立即回国的举动，他也只是一脸的无奈。虽然他对中国怀有一定的同情，却对日本军队正在大举进攻中国的行径没有丝毫的不安和内疚。不能否认，当时日本全国上下针对中国的同仇敌忾，日本媒体和舆论对中国的片面报道和曲解，全国朝野"严惩暴支"的狂热氛围，在很大程度上左右了草野对这场战争的认识，但也并非所有的日本人都会陷入这样的狂热。竹内好、武田泰淳等中国文学研究会的同人，就对日本的侵华战争暗自感到痛心疾首。在1941年12月太平洋战争爆发之前，他们的机关刊物上几乎没有发表过一篇与当局沆瀣一气的文章。比起他们来，草野的姿态更靠近当局。在1941年11月下旬太平洋战争爆发的前夜，他撰写了一封致岭南同窗梁宗岱的长信，鼓吹中国应该与日本联手共同抗击英美。太平洋战争发生的前后，他发表了大量的诗作，为日本当局的"大东亚共荣圈"摇旗呐喊。虽然这在当时并不是个

---

[1] 孙中山：《致苏联驻北京代表加拉罕致国民党一大贺电的复电》，《中华民国大事记》第2册，中国文史出版社，1997，第127页。

别的现象，但至少草野并未坚守自己的立场（或许他原本就没有明晰的立场），与这个暗黑时代的浊浪大潮同流合污了。

第二点是对汪精卫集团的认识。一直到战后，草野心平也一直没有真正体认到汪伪政府最后遭到全中国人民唾弃的根本原因。在他的眼里，汪精卫是一个基本继承了孙中山衣钵、宅心仁厚、忍辱负重的大政治家，为了使中国人民免遭涂炭而不惜冒着骂名选择了和平道路。他多次表示，汪精卫及其周边人"具有为理想而牺牲的精神"，可惜日本当局没有善待他们，只是把他们当作实现自己政策的工具。战后他通过长篇小说《命运中的人》描写或者塑造的汪精卫形象，就是这样一个在某种程度上具有高尚精神的人。产生这种错误认知的真正原因，在于草野对日本处心积虑准备和展开的这场侵华战争的动机和性质缺乏明晰的洞察，因而他并未认识到汪精卫集团或者是汪精卫本人不管其真正的动机是什么，与侵略者的合作，客观上绝对是一种助纣为虐的卖国行为。倘若没有英美的参战而中国的抗战最后失败了，那汪伪政府最终也只是一个听命于日本、由日本摆布的傀儡政权。整个中国最终也将是被割让的台湾及伪满洲国的命运。日本在历史上并未遭受过被外族外国武力征服的悲惨经历，因而包括草野在内的绝大多数日本人，对于遭受外国的侵略和奴役并无刻骨铭心的屈辱记忆和惨痛的体验（战后美国对日本的占领是相当温和的）。所以当林柏生邀请他去南京出任伪宣传部官员时，他没有丝毫的犹豫。相反，他对林柏生的这一举动还心存感激，他觉得自己是为了日中两国的利益去做事，自己的行为是促进日中的和平。当获知林柏生在战后因汉奸罪被枪决时，他的内心自然是颇为痛楚的。这从人情上来说可以理解，但他对过去的这一段历史毫无忏悔之意，这也是事实。他对日本发动的这场侵华战争的认识，在战争时期和战争之后竟然都没有根本的改变，这是颇令人惊讶的。

　　因此，差不多可以得出结论说，这个在中国生活了十年之久、貌似熟悉中国、对中国抱有较深感情的草野，实际上对于中国的深厚历史和复杂现实并无深刻的认知。说到底，这主要源于草野本人的精神内蕴还比较浅薄，缺乏冷彻犀利的洞察力和辨析力。这样的人，自然是文人的一类，却不是真正的文人代表。他对中国的认知，大概只是停留在普通日本人的水平。

第七章　阿部知二：从北平到上海

1943年11月至1944年2月，作家阿部知二（1903～1973）受日本文学报国会的派遣在上海生活了三个月左右，其间也曾去过南京、武汉等地。1944年9月，他应上海圣约翰大学之邀，在该校讲授文学课程一个学期，1945年3月回日本。归国后不久，他在困顿的生活环境中即开始撰写以上海为舞台的所谓"上海物"系列文学作品。这是一位与上海有着颇为奇妙的因缘、在昭和时期的日本文坛具有广泛影响的重要作家。

一　无产阶级意识与玫瑰花

阿部1903年6月26日在今冈山县美作町汤乡出生。两个月后，便因其父赴杵筑中学任教随家人迁徙到岛根县大社町遥堪村。父亲阿部良平虽出身农家，却是一位受过近代教育的博物学老师，主要教授生物、动物、生理等课程。其父任教的学校此后虽几经变动，但阿部知二的孩童时代都是在岛根县的乡村度过的。1913年4月，其父前往兵库县立姬路中学任教，一家也随之迁至姬路市。阿部不久升入姬路中学，在此度过了将近七年的少年岁月。自小学至中学，阿部一直成绩优良。在小学三四年级时，他开始涉猎父亲所藏的《日本百科大辞典》，这本浩瀚的大书后来一直伴随他成长。他日后有关西洋美术和建筑的知识最初即来自于此。1915年新年的时候，上小学五年级的阿部读到了兄长借来的一部江户时代的《西游记》汉译本。① 这部小说使阿部大为感奋，书中奇异怪诞的故事竟然使他亢奋至流鼻血。由此可知，阿部具备了阅读中国文言的能力。不过，他自己认为："我虽然读了很多江户小说和翻译过来的古代中国小说，但在我文学性的读书生活中，这并非主流。虽然在我后来形成的文学的观念和意识中也会以某种形式、某种比例留下一定的影响和痕迹，但这并未成为主要的元素。"② 稍后的中学时代，他广泛阅读了日本近代和欧美的各种文学作品，包括国木田独步的《自然与人生》《武藏野》和屠格涅夫的《烟》《父与子》等。这一类作品在文学和思想上对他的影响更为明显。他在姬路中学的《学友会志》上发表的《吉野》《忆金谷四郎君》等文章已开始显示出他在文学上的才华。

1920年9月，他离开姬路孤身来到名古屋的第八高等学校，考入了文科甲类③。当时的八高位置还相当偏僻，阿部生性比较孤高独立。时值大正时代中后期，他后来回忆说："每天几乎都是宣扬自由主义和文化主义等如节日一般的日子。学校里也一直举办着热闹的各式体育活动、纪念活动、音乐会、

---

① 应该是口语体小说的古汉语译本，江户时代乃至明治和大正初年，受过教育的日本人大致可以阅读古汉语而不谙口语体汉语。
② 阿部知二「中国の近代・現代文学に面して」『文学』1967年3月。此处引自『阿部知二全集』第11卷、河出書房新社、1975、353頁。
③ 甲类第一外语为英语，乙类为德语，丙类为法语。

演剧等，虽然羞怯孤独的我并未参加。那时名古屋的街头举行的吉野造作、武者小路实笃和厨川白村三位的演讲会人气高涨，构成了那一时代的象征性风景。"① 不过阿部知二往往是一个人躲在图书馆静静地读书，或是独自一人彷徨在冷清的小巷。通览那一时期的校内《文艺俱乐部》杂志，并未见到阿部的文稿。忧郁的阿部翌年患上了轻度的肺结核，回到姬路疗养了一年。在此期间，他开始醉心短歌，留下了一册168首短歌的手稿集。阿部求学期间的八高《校友会杂志》上刊登了他的诗作一首、译诗两首和短歌十二首，可见他在日本传统文学方面也有相当的造诣。这一时期他爱读的还有托尔斯泰、契诃夫等具有人道主义思想的俄国作家的作品。

1924年4月，八高毕业的阿部升入东京帝国大学英文科。此时正是左翼社会运动和左翼文学运动高涨的时期。同年6月创刊的《文艺战线》标志着后者达到了高潮，核心人物是金子洋文、小牧近江等，1927年该刊成了劳农艺术家联盟的机关刊物。与此相对抗的是10月《文艺时代》杂志的创刊，主要的成员是川端康成、横光利一等，标举的是艺术派的旗帜，反对文艺抹上浓烈的意识形态色彩。学生时代的阿部对于左翼运动一直并无多大的关注，对于左翼的思想也缺乏深刻的了解。他回忆说，大二、大三的时候，一位爱好文艺的同学在校园前面的一家咖啡馆里与他谈起了正在兴起的普罗文学，于是阿部指着桌上的玫瑰花问对方，无产阶级的意识形态能使这玫瑰花显得漂亮么？对方断言说，若获得了无产阶级的意识形态，这种资产阶级的东西就会变得丑陋。"于是我回答说，那

---

① 阿部知二「名古屋の思い出」『ABC文化』1946年4月。

我就不会成为那种意识形态。"① 从阿部的人生阅历和思想历程而言，他难以与那种充满了战斗气息、主义色彩强烈的理论主张产生共鸣。大学期间，受英国老师的影响，他更醉心的是19世纪英国浪漫主义文学。1925年，他加入了东京大学文艺部的机关杂志《朱门》，并在上面发表了他的处女作《化生》，小说的故事有点偏离日常的人生，表现的主题多少也有些神秘主义的色彩。他对此解释说，正如钟表停摆的时候人们才可真正理解它的意义一样，"对于人生的理解，偏离了正常的轨道之后往往比过着'所谓健全的生活'时更能触及真正的人生"。② 这一思想，应该与他青年时期孤独忧郁的心境有关。

1927年他自东京大学毕业，毕业论文是用英文撰写的"Edgar Allan Poe as a Poet"（《作为诗人的爱伦坡》）。爱伦坡在其著作《诗的原理》中所主张的美是诗的一切、美是由理智的运作来构成的思想对阿部的影响显然不小。毕业后阿部一时难以就业，翌年他才在日本大学的附属中学和预科谋得一份工作，1932年起担任明治大学的文艺科讲师。不过在文坛上他依然勤于耕耘，在非左翼派的新人俱乐部的机关杂志《文艺都市》发表了不少小说和评论，而刊载在1930年《新潮》1月号上的《日德对抗竞技》，获得了同人圈之外的广泛好评，标志着他正式受到了日本文坛的认可。另外，新潮社在这一年出版了"新兴艺术派丛书"，其中有他的两本小说集《恋爱和非洲》《海的爱抚》。这套丛书收书24种，明显带有与改造社出版的"新锐文学丛书"相抗衡的色彩，后者有七成左右是

---

① 阿部知二「友情の同人雑誌」『出世作のころ』読売新聞社、1969。
② 阿部知二「寸言欄」『朱門』1926年1月。竹松良明『阿部知二：道は晴れてあり』神戸新聞総合出版センター、1993、80頁。

左翼作家的作品。

1930年12月，厚生阁出版了阿部第一本文学评论集《知性文学论》。诚如书名所示，这差不多是他一生矢志不渝的文学主张的宣言书。他认为，文学上的知性应该与古典主义精神相联系，它的永恒主题是表现人性。因此，人性或者说人文精神是文学家最应重视的基本元素。文学不应受到社会性、功能性的驱使。它并非排斥情感，但需要对情感有一个理性的把握。阿部引用英国人赫伯特·里德（Herbert Read）的话说："Intelligence（知性）就是本能的具有把握reality（真实）的能力。当我们把握这reality的时候，必须以最佳的能力来对此加以表现。对其非理性的部分，我们必须进行感情上的降服。"[1] 此后，阿部出版了《文学的考察》（1936）、《文学论集》（1938）、《文学论》（1939）等多部文学理论著作。从中可以看出，他反对文学带有强烈的主观功利性，也批判了明治末期以来的"心境小说""私小说"那种陶醉于个人体验的狭隘视野。也许，阿部一生的文学创作未必彻底贯彻了自己的文学主张，但是以知性的姿态来表现繁复的人性，是他终生不渝的文学追求。

奠定阿部作为昭和时期重要作家地位的，是他自1936年1月开始在《新潮》上连载的长篇小说《冬季的客栈》。作品通过对乡村客栈的男女主人迥然不同的人性的描写，来反观主人公内心世界的感悟。同时融入了大量对自然景物的细致描写，使整部小说充满了浓郁的抒情意味，问世后立即获得了读

---

[1] 阿部知二「主知的文学論」『昭和文学全集』第13卷、小学館、1993、312頁。

者和批评界的赞誉，成了阿部一生中最受好评的代表作。此外，阿部还是一位多产的翻译家，在战前他翻译出版了《拜伦诗集》、莱蒙托夫的《农民》、梅尔维尔的《白鲸》、爱伦坡的作品集等十多种译著，也撰写过拜伦和梅尔维尔的传记。

在大正后期和昭和前期（1920~1945），在文学上阿部知二主张以人本主义、人文主义的知性态度来探求和表现人性，注重作品的艺术价值，这使得他无法与左翼注重社会功能的文学思想发生共鸣，同时必然会对日益法西斯化的日本当局对文学的掌控和利用政策产生反感。在政治思想上，日本近代多元的社会思潮和英美文学的专业背景，培植了他比较坚定的自由主义观念和人道主义思想。这也决定了他既不会成为左翼阵营的一员，也不会成为当局战争政策的同调者和积极的吹鼓手。这样的阿部知二，当他与中国发生因缘时，会呈现出怎样的一种面貌呢？

二 古都印象：闲静中酝酿着风暴

从以上对阿部知二前半段文学生涯或人生轨迹进行的简略描述中，我们的感觉是，阿部知二似乎是一个与中国缘分很浅的人。除了在少年时读过《西游记》以外，在既存的文献中，我们颇难在其阅读经历中找到更多的中国元素。他日后在大学中攻读的专业以及在各大学讲授的课程都是英美文学。但事实上，我们从他以后撰写的有关中国的作品，尤其是长篇小说《北京》和"上海物"系列中，可以察知其实他对中国的历史和现状有相当的了解和关切。

1935年夏末，应该是8月下旬，阿部知二乘船离开神户，到北平和中国东北一带（当时已是伪满洲国）旅行了一个月左右。选择这样的时期，大概是利用他在明治大学文艺科任职讲师的暑假。英美文学专业出身的阿部，何以会选择中国尤其是华北和东北作为他首次海外旅行的目的地，阿部本人虽未明言，但归国后不久他在1935年10月下旬的《读卖新闻》"文艺栏"上连载的《邻国的文化——从北平的印象谈起》中有这样的表述："我想要写的，是西洋的文化是如何以不同的路径侵入可称之为'东洋的故乡'的支那与我们日本来的旅行记式的印象。"① 从中也许可以部分地窥见阿部到中国来旅行的动机，即考察西方文化在中国和日本各自不同的影响，当然这未必是他到中国来游历的全部动机。

除上述的引文之外，他在日后发表的《支那的眼镜》（刊于1935年10月25日《文化学院新闻》）、《从北京到新京——摘自日记》（1935年11月《月刊文章讲座》）、《北京杂记》（1935年11月《塞班》）、《美丽的北平》（1935年12月《新潮》）中也记叙了自己的北中国之行。这次在中国尤其是北平的游历，显然有许多令他内心无法平静的感受。经过了差不多一年的思考和准备，他以自己在北平的见闻、经历和感悟为素材，撰写了中篇小说《燕京》，发表在1937年1月号由改造社发行的杂志《文艺》上。半年之后，震惊中外的卢沟桥事变爆发，日本开始全面侵华。相对于日本舆论界汹涌如潮的时局评论，阿部只是静静地发表了回忆性质的《文学家所见到的支那》（1937年10月《新潮》）和《支那女性一瞥》

---

① 阿部知二「隣国の文化：北平の印象から」『讀賣新聞』1935年10月27日。

(1937 年 10 月《妇人画报》)。对于这场战争本身,阿部未置一词。也许,此时的政局已使他难以直接吐露心声。此时他正在埋首进行的,是对中篇小说《燕京》的改写和扩充。1938 年 4 月,第一书房出版了篇幅是《燕京》三倍的长篇小说《北京》。

在《北京》初版的"跋"中,阿部劈头的第一句就是"这部小说,不是时局性的文章"。他坦言,自己在北京期间的感受,最深的有两点,"(首先是)北京的美丽和深湛的情趣比以往所听说得更为醉人","我如同一见钟情似的被在夏末秋初的澄明的大气中闪烁着光辉的北京所吸引。那时为这位迟暮的美人所痴迷的我,也许已经爱得失去了判断力,但我至今仍然认为,这没有什么不好。如果说为其魅力所迷醉多少能够丰富自己的感觉的话,那我甚至感到这反而要比头脑清晰地对其加以批判更为幸福。但是另一方面,凭我这个游子的嗅觉,从这看上去很安闲的北京的空气中,我能分明地感觉到这里面蕴含着可怕的即将到来的暴风雨。来自东、西、南、北的民族的力量,政治的力量,思想的力量正在华北汇聚成一个漩涡,翻腾冲撞,说不定什么时候华北就会成为一个活剧或悲剧的舞台。我已经看到了时刻在迫近的雷电的风云。……因为政治空气动荡不安,就使得美丽的东西在我心中越发美丽。也正因为它的美丽,险恶的政治空气就越加痛楚地鞭打着我的内心。因此,要将这两者融为一体写成一部作品,就是一项极为艰难的劳作了"。[①]

《北京》的主题,或者说主线正是这古都的美丽和政治空

[①] 『阿部知二全集』第 2 卷、386-387 页。

气的险恶这两个极不和谐要素的对峙和交织。这一主题，是通过日本某大学的讲师大门勇来北京做中国美术品考察的故事渲染出来的。阿部在作品中以这样的笔调描写了主人公大门初抵北平时的印象和感受。

这是一个何等鲜亮、澄明的春天呀。窗外紫丁香白紫色的花瓣闪耀着光辉，在杨柳和槐树茂密的浓绿之上，是一片开阔的湛蓝的碧空。大门急不可耐地叫了人来带他上街。安闲的、宽阔的大街。紫禁城金黄色与碧琉璃、朱红色、紫色的屋脊和高墙，在碧天的背景下茫无际涯地连成一大片，发出灿烂的光芒。从北海公园的白塔上放眼望去，展现出的是一个满是蓊郁的树木、绿水和宫殿的大平原中的壮丽的大都，令人赏心悦目。确实，北京是一个美丽的都城。不仅是空气清新、宫殿绚烂。桃花、梨花、杏花虽已凋谢，但是杨柳、柏树、槐树的浓绿，绽出了花房的金合欢、芍药、夹竹桃、石榴，在这晚春初夏的时节，满眼都是绚丽的色彩。男人、女人都是那么鲜丽。在宫殿之中，有着让人感到美得不敢喘息的陶瓷器。大门觉得内心有什么东西涌了上来。以这巨大的大陆为舞台，已经一再上演了无数的规模宏大的历史活剧，越是探查，就越加激发起他的兴趣。在这历史的里面所造成的文化的性质，强烈地激起了他的好奇心。他觉得，连支那的思想，也不是像他在日本的时候所想象的那样平板，而是一种拥有奇异的伟大的生理、拥有在这一世界的任何其他地方所难以看到的独特的性质。他看到的，感受到的，思考的，知晓的实在太多了，一时间从四面八方向他袭来。①

第一次到中国的阿部,对北平豪绅的住宅也表现出了浓厚的兴趣。据其写给妻子信函的地址,他当时住在"北平东城遂安伯胡同九号"。② 据阿部的自述,这是一处与日本人有关系的黄某的住宅,是颇为典型的多进四合院式的大宅。

> 卧室的前面是一条铺着石板的称为天棚的宽阔走廊,一排苇帘挡住了阳光的阴凉处,摆放着藤椅。……天棚之外,差不多已是阳光灿烂的正午了。明亮得令人眩晕的苍穹中,亮白的阳光垂直地照射下来。纹丝不动的高高的枣树,在被照射成黄白色的纹理细致的庭院土地上,投下了如同泼墨一般的鲜明而疏落的树影。在这明丽的阳光中,石榴的巨大果实绽了开来,泛出鲜红的光泽,向日葵如燃烧般地挺立着,满洲紫丁香浓密的树荫下,大丽花、凤仙花、夏菊等的红、白、黄、紫诸种颜色,如玉一般透发出光亮。……在庭院入口的树荫下,秋千在摇荡着。③

当然,这只是有钱人的宅邸,阿部也见过人力车夫居住的低矮破落的房屋、底层民众集聚的臭气满天的肮脏小巷,但整体的感觉是安闲而懒散,整座古城像是停滞凝固了一般。

不过就在这沉滞的表象下,中日之间严峻对峙的暗流正在

---

① 「北京」『阿部知二全集』第 2 卷、290 頁。
② 『阿部知二文庫目録:阿部知二遺族寄贈・寄託資料』姫路文学館、1995。
③ 「北京」『阿部知二全集』第 2 卷、282-283 頁。

激烈地涌动。阿部在北中国游历的时间是 1935 年的夏末秋初。1931 年 9 月，日本向中国东北的驻军发起进攻，随之占领了东北并在翌年扶持建立了由其掌控的伪满洲国；1933 年 2～3 月，关东军南下进攻热河，占领承德；4～5 月，关东军越过长城侵入关内，逼近北平，迫使中方签署《塘沽停战协定》；1935 年 6 月，日方又屡屡挑衅，逼迫中方签署《何梅协定》，南京政府步步退让，国民党势力全面撤出北平。尽管如此，日本方面依然在摩拳擦掌，试图掌控整个华北。即便平素对时局并不十分关注的阿部，也在看似沉寂的夏末的烈日下，明显地感觉到了紧张的政治气氛。在北平的日本侨民势力的扩张（日本人经营的娱乐场所、料理店迅速增加等），在北平的各色日本人（使馆外交人员、媒体记者、浪人等）的频频活动，都使日本的存在成了古都上空挥之不去的阴影。小说中的浪人加茂公然叫嚣："如今，长城才是日本民族新的积极意义上的生命线。"[1] 而在东交民巷一带，则可看到"挺立不动、手持上了刺刀的步枪的日本兵营的哨兵"。[2] 与此相对的，是中国有识之士对目前局势的焦虑和抗争，其代表人物就是小说中在北平某大学教授哲学的王子明，看似温文尔雅且与大门有着良好关系的这位三十来岁的青年知识分子，却时时在为国家的前途担忧，时常与三五同人聚谈日益紧迫的政治形势，暗地里策动一些抗日活动。当大门见到王子明的屋内明显有许多客人来过的痕迹时，王坦率地对他说："今天也从下午直到刚才，大家仿佛忘却了中秋的明月似的，一直在争论救国的问题。"[3]

---

[1]「北京」『阿部知二全集』第 2 卷、294 頁。
[2]「北京」『阿部知二全集』第 2 卷、366 頁。
[3]「北京」『阿部知二全集』第 2 卷、329 頁。

在表面上看似沉寂闲静的背后,"一场可怕的暴风雨正在酝酿生成",① 正所谓山雨欲来风满楼。

作为一个富有良知、崇尚人本主义的日本知识人,阿部面对中国古都的美丽景象以及自己的祖国正在对此步步逼近的险恶局势,内心难免会感到痛楚和矛盾。他在北京,并不只有异邦的感觉,更感受到了"故乡的情趣"②。当他完成这部小说时,卢沟桥事变已经发生,北平已经沦陷,日本人成了北平的占领者,可是阿部的内心却丝毫没有一般日本人的狂热和喜悦:"事变已经剧烈地改变了这一'迟暮的美人'的面貌了吧。今日的北京,已与小说中描绘的不同,其风物、住在那里的支那人、在那里活动的日本人,都不一样了吧。但是,正因为如此,我愈加怀念已成为昔日的、旧日的场景将不会再现的那个时候的北京。我内心甚至有一种强烈的冲动和欲望,要写出我所见到的北京。因此,我所写的都是我那时的感受。"③

这次的北中国之行,可谓阿部与中国因缘的真正开始。从他所撰写的一系列的旅行记及长篇小说《北京》来看,他虽然自幼浸淫于欧美文学的氛围,但对中国的文史也相当的熟稔。他特别震惊于中国文明对于周边以及入主中原的满蒙诸民族的同化力,因此他很怀疑日本对中国的统治力。对于这场战争的结果,他并未表现出丝毫的乐观情绪。

此后阿部差不多一直在思考中国问题。1938 年 4 月发表的《支那以及支那人观的三个坐标》是他思考的结果之一。

---

① 「北京」『阿部知二全集』第 2 卷、294 頁。
② 「北京」『阿部知二全集』第 2 卷、387 頁。
③ 「北京」『阿部知二全集』第 2 卷、388 頁。

他觉得与日本和西方相比，中国是一个独特的国家，中华民族是一个独特的民族。"他们所怀抱的人生的目的、幸福、正义、诚实等，都与众不同。……持有这种独特标准的支那人，在世界上是一个孤独的存在。他们是地球上孤独的民族，是难以以任何其他的民族来加以类推的。这就是古来支那引以为无限'自豪'的原因所在，也是其'悲剧'所在，更是无穷的支那'魅力'的源头所在。因此，若是能理解认同独特的支那人的人生尺度的外国人，就会无限地喜欢支那，而无法认同他们的尺度或者无法理解他们的外国人，就会讨厌支那。"①阿部进而认为，理解中国之所以困难，在于必须持有三个坐标，一为统治者的中国，二为庶民的中国，三为知识分子的中国，这三者是不同的。阿部的这一中国认识论存在机械论的局限。他虽然看到了中国的独特性，却割裂了中国与其他文明的关联性和交融性；他虽然意识到了中国的不同侧面，却忽视了彼此之间叠合互动的内在关联。

1939年春天，阿部知二又到华北和东北旅行。在哈尔滨的时候，当地的日文报纸《哈尔滨日日新闻》举行了以他为中心的座谈会。这次旅行，他仅留下了一篇《北满的妇女们》（《妇人公论》1939年8月号）。

三 三心二意的日军"文化使节"

太平洋战争爆发前夕的1941年11月，阿部与当时很多的

---

① 阿部知二「支那及び支那人観の三座標」『セルパン』第87号、1938年4月1日、6頁。

作家一样，接到了当局下达的征用令，被征调为陆军报道班的班员，于翌年的元月被派往爪哇，享受的是奏任官待遇，月薪260日元，在当时是相当不错的薪水。尽管如此，接到调令时，他的感觉是"仿佛被送入北海道的煤矿"。① 事实上除了抵达爪哇时遭遇了雅加达海战、所乘坐的船只遭到了对方鱼雷的袭击而落海的险情之外，他在爪哇将近一年的岁月中，几乎没有遭遇战火，他在那里只是负责图书和学术文化机构的调查，有限地接触了当地居民的生活和荷兰人统治的痕迹。一年期满后，他经新加坡回到了日本。回国后的阿部担任了位于仙台的东北帝国大学英文科的讲师。

　　随着战争的日益扩大，日本当局对舆论的管制和利用也越加深入。1942年5月，以内阁情报部为主导并有陆海军报道部参与的文学报国会成立。"报国会"成立前，强行解散了日本国内所有的文学团体，几乎将全国的文学界人士都网罗在其麾下。除了永井荷风等极个别的文学大佬外，各种政治色彩的作家、评论家几乎都或积极或消极地匍匐在当局的淫威之下。也许是阿部知二远在爪哇的缘故，他没有被选入报国会内任何下属机构，也未参加阵容庞大（在国内的作家几乎都被动员起来了）的各地演讲团。然而在1943年8月举行的第二届大东亚文学者大会上，阿部被选定为大会的日方议员，亦即正式代表，参加了大会的活动。

　　1943年秋至1944年初，阿部到以上海为中心的中国长江中下游地区待了三个月左右。对这次的海外游历，他除了两篇奉命而作的前线报道之外，几乎没有什么文字留下，年谱中也

---

① 竹松良明『阿部知二：道は晴れてあり』、156頁。

仅有"秋,到上海去旅行"寥寥数字。日本国内的研究者对他的这段经历几乎也未涉及。笔者在对当年报纸的查阅中,发现了若干片段的记录。最初有关阿部访华的消息,出自当年10月17日《申报》的报道。该报在一篇报道中日文化协会上海分会举行的文艺座谈会的新闻中提及:"又据该会议,日本文学报国会事务局长久米正雄,将在下月来华考察,又该会派遣作家阿部知二、久保田太郎,亦将联袂来沪,小住一二月,研究新中国文学动态,闻文协方面已开始准备接待事宜。"①由此可知,阿部来上海一事在10月中旬大抵已经决定。

对阿部来华报道比较详细的还有由日本军部在上海创办的日文报纸《大陆新报》。② 该报1943年11月13日有篇题为《阿部知二氏来宁》的报道,不很长,全文译述如下。

日本文学报国会派遣的"文化使节"作家阿部知二氏11日下午9时20分坐列车自上海抵达南京,在下榻的首都饭店卸下行装。阿部氏是继今春来南京的林房雄氏之后的第二批文化使节抵达此地的。其目的是与中国方面文士的交流,并通过其擅长的文笔向日本传递"战斗的中国"的真实形象。他将在秋高气爽的南京逗留十天左右。根据临时的计划,其间将在中央大学作有关日本文学史的讲课,与中国文人的交流会,并在面向日本同胞、由报国会兴亚部举办的演讲会上做演讲。该项日程结束后,他将再度回到上海,在那里逗留二十天左右,为由文学缔结的

---

① 《中日文协昨开文艺座谈会》,《申报》1943年10月17日。
② 创刊于1939年1月1日,停刊于1945年9月10日。

日华亲善以及促进文化合作做出贡献。

由此我们可知，第一，阿部这次来中国乃是受文学报国会的派遣，身份是"文化使节"，不是一般的旅行；第二，他是11月11日由上海来到南京，这意味着他是先到达上海，抵达上海的时间大约在11月上旬。来上海的途径是坐船还是坐飞机，不详。其时太平洋战场美军已逐渐占据优势，日本人通过海路来往于上海等地已开始出现危险。1944年下半年以后，不得不改走华东—华北—东北—朝鲜半岛—日本的远道。

《大陆新报》在11月15日又刊出题为《决战下的日本文化——阿部知二氏在首都的演讲》的报道。

> 由报国会兴亚部举办的阿部知二演讲会13日下午7点开始在第一国民学校举行。晚上的会场上集聚的听众约七百人，在行了国民礼仪之后，登上讲坛的阿部氏做了题为《决战下日本文化的现状》的演讲。他从自己一年南方作战的从军经历，讲述了胜者和败者文化的差异，谈到了由民族与民族、人与人之间的纽带所酿成的和形成了决战下的强有力的文化。他强调，这种文化正充溢整个亚洲。他在一个半小时左右的时间里详细论述了在亚洲起领导推进作用的日本文化的使命，特别要求在当地的日本侨民应有文化的自觉。8点半演讲结束后，部分有兴趣者以及文学研究会成员又围着阿部举行了座谈会，就决战的形势下如何发扬文化精神进行了座谈，10点稍过活动结束。

作为文学报国会派遣的"文化使节"，阿部知二在南京的公开活动大抵如上。私下会见了什么人，游览了什么地方，目前可知的文献中未有记载，大概明孝陵、玄武湖、鸡鸣寺一带应该有去走过吧。在日本时，阿部与已在汪伪政府宣传部担任专门委员的诗人草野心平也不熟，此时是否有交往，暂未发现记录。

同样据《大陆新报》1943年11月19日的报道，阿部在南京待到18日，当日自南京来到上海，配有阿部照片、题为《探索中国文化——阿部知二氏来沪谈》的报道如下。

> 作为日本文学报国会派遣的文化使节来华东访问的作家阿部知二氏，18日自南京来沪，下榻于华懋饭店。他说："我是怀着探索东洋文化的心情来到这里的。"
>
> 然后，做了如下的表述。
>
> 北京已去过几次，华东这次是初访。大东亚战争爆发后，我去了爪哇，至去年年底一直在那里从事文化调查和对外广播等工作。要探求东洋文化，仅仅做些日本和南洋文化的对比研究是远远不够的。一定要结合中国文化的研究进行三次方程式的探讨。从这个意义上来说，这次是怀着探索东洋文化的心情来到这里的。同样，中国的文化人也怀着这样的心情去了日本，我也应该竭尽自己的绵薄之力。来到这边也有各种各样的安排，恐怕难以悠然展开，但我想以上海为一个据点，好好地学习研究一下。日本国内的文学家已经做好了决战下的充分的思想准备，一般国民对于文化的需求也极为真挚。此前举行的大东亚文学者大会，三天会期中旁听席上都坐满了听众，气氛热烈。会议本身也开得十分认真。总之，建立日华文化交流的基础

是一件重大的事业,我也要怀着真诚的态度切实对待。

阿部氏将在 23 日再赴南京,根据总军报道部的安排随某某方面的作战部队奔赴前线,下个月的 10 日前后再度返回上海,计划在上海待到明年春天。

同一天的《大陆新报》上还刊出了《阿部知二讲演会》的启示。

值此明治大学教授、日本文学报国会委员阿部知二氏来沪之际,上海兴亚报国会将于 22 日下午 7 时起在横浜桥青年馆举行演讲会。讲题为《日本文化的动向》,免费入场,欢迎各位听讲。

另据《申报》的报道,18 日阿部抵达上海的当日,中日文协上海分会为其举行了欢迎宴会,报道全文如下。

中日文化协会沪分会,因盟邦日本著名文学家丰岛与志雄氏、暨日本文学报国会派遣来华考察的著名评论家、小说家阿部知二氏,先后抵沪,为表示欢迎及增进中国文化出版界、文学界与盟邦之感情联系起见,昨晚特设宴欢迎,并邀请本市文化名流陶晶孙、鲁风、周越然、潘且予、周黎庵、关露等,及盟邦文化界该会常务理事中田碧千代暨冈田隆平、小宫义孝、小竹文夫、小池新二等出席,由该会事务局局长周化人,参议林广吉,处长林雨生、横田正雄、高桥良三等热烈招待。席间由周局长首先介绍两主宾,丰岛氏系日本著名小说家兼评论家,现年五十四岁,东京帝大毕业,著作甚多……阿部氏系小说家、评论家,亦系东京帝大毕业,文学界杂志同人,著有《冬季的宿舍》《北京》《光与影》《旅人》等书,并历任明治大学、东北帝大教授,去岁曾从军南洋,专事各种报道,有声于时。现由日本文学报国会派遣来华考察。继代表本市中日文协致欢迎词后,丰岛、阿部两氏相继致答词,对中国文化出版界及文学界,具抱有莫大之热望与同情,并即席举行座谈会,讨论出版文化与文学界各具体问题,情绪极为欢洽。①

这次阿部到上海等地来纯为公差,负有日本文学报国会"文化使节"的使命,在南京、上海两地均有日本兴亚部或兴亚会以及中日文协上海分会的接待安排。每到一地,他都要说些应景的官方话语。当时的《申报》和《大陆新报》分别具有汪伪政府和日本军部的背景,报道中的那些战时宣传用语正凸显了那个时代独有的氛围。对于上海本身,阿部当时完全没有留下相关的文字,作为文人而言,这一不寻常的现象或许正表明了他胸中的复杂心绪。

据阿部自述,他是在华懋饭店见到了来中国访问的由日本扶植的印度临时政府主席钱德拉·鲍斯的第二天离开上海前往汉口的。② 据《申报》等上海媒体的报道,鲍斯是在11月21日上午自南京抵达上海,22日离开上海飞赴马尼拉的。联系到22日下午阿部在横浜桥青年馆还有一场演讲会,那么阿部

---

① 《中日文协昨欢宴日本作家丰岛与阿部两氏均出席》,《申报》1943年11月19日。
② 阿部知二「嵐のいびき」『週刊朝日』1944年3月5日。

离开上海的日期应该在 11 月 23 日。此时日本正在进行所谓打通粤汉铁路的作战行动，对中国在湖南一带的守军展开了猛烈进攻，阿部以报道员的身份跟随日军前往武汉、常德一带，事后他撰写了《重庆的门扉》和《暴风雨的鼾声》两篇类似前线报道的文章，附和军部的声音，颂扬日军的坚韧，抨击重庆国民党军队和美国空军的军事行为，然而他对战场一带所描绘的"废墟一般的村庄里，……鲜血淋漓的水牛倒在了水沟里。……战争之后，村里的寺庙和房屋差不多都倒塌了"[1] 的情景其实同样印证了日军挑起的这场侵略战争给中国人民带来的深重灾难。

阿部大约在 12 月中旬回到了上海。据阿部 1949 年的回忆，在这一年，即 1943 年的年末，在高等学校时代的同学、后来被征召到上海日军司令部报道部供职的 M 中尉的陪同下，他曾以去杭州的大学做演讲的名目，到杭州做过短暂的游历。杭州在阿部的心目中一直是个名胜之地，不过那年的冬天之旅，他却感觉不佳。一则由于天气寒冷，景物萧索，但更重要的原因是被日本占领之后，杭州一直笼罩在战争的不安气氛中，可谓万象萧然。阿部记述道："城内的街上，商店等都极为冷清萧条，只见穿着污旧衣服的人们，神情黯淡地行走在污迹斑斑的街巷中。这与我原来想象的典丽的城市形象大相径庭，令我很失望。不过，这荒芜的景象也是很自然的，据 M 的小声述说，走出城外，湖对岸的山峦间就经常有国府军和共产军的游击队出没，产业和商业都已停滞不前，人们在战祸中苦苦挣扎。"[2]

---

[1] 阿部知二「嵐のいびき」『週刊朝日』1944 年 3 月 5 日、6-7 頁。
[2] 阿部知二「幻妖談：西湖の追憶」『芸術新潮』第 1 巻第 2 号、1950 年 2 月、134 頁。

连景色秀丽的西湖，在人迹稀少的冬日黄昏似乎也失去了往日的魅力。"在湖上的冬季天空中，低垂着一大片厚厚的钝色的云层，看不见一丝落日的光辉。湖水的颜色（有关的书上形容为'卵色'），却显得既不是泥浆色也不是绿色，只是呈现出微白色，反射着天空的模样，在一阵阵掠过的寒风下，不断地翻腾着小小的三角形的波浪，涛声不息。周边低低的山峦（多是秃山）并未闪耀出紫色的晚霞，而是呈现出交杂着褐色的淡淡的墨绿色，正在黄昏的暮霭中渐渐褪去。低低的湖岸边和堤防上伫立着高大的杨柳等树木，掩映着别墅模样的一幢幢房子，显得幽暗朦胧。"[①]

关于阿部在上海的住所，他在1945年末撰写的以上海生活为题材的小说《陆军宿舍》中写道："我在去年冬天也在当地游玩了两个月左右。……去年因当地文化团体的热情招待住在法租界的华懋公寓。"[②] 由此推测这次他的下榻处是华懋公寓，"当地的文化团体"很有可能是中日文协上海分会。当然，法租界已在阿部抵沪前的1943年7月底撤销，租借地的管辖权移交给了汪伪的上海市政府，但在习惯上人们仍然称此为法租界。此后的活动，阿部自己没有记载，当地的报纸似也未有报道，具体内容暂不可考。可能在1944年的1月下旬或2月初，阿部回到了日本。

1944年初，日本在太平洋战场连连溃败；6月，美军开始从中国基地起飞轰炸日本本土，日本国内一片风雨飘摇。阿部知二将家人疏散到兵库县的姬路，自己独自留在日渐荒凉的东

---

① 阿部知二「幻妖談：西湖の追憶」『芸術新潮』第1巻第2号、1950年2月、135頁。
② 阿部知二「陸軍宿舍」『改造』1946年3月、90頁。

京。物质和精神都陷入困境的他，这一年几乎没有像样的作品发表。10月初，他获得了在上海圣约翰大学教授西洋文学的机会，时隔半年再度来到了上海。他曾假借小说中的"我"，吐露了自己想要离开日本前往上海的缘由。"置身于国内窒息般的空气中，周边一片动荡和混乱，与其说是自由，不如说是秩序涣散，这时对上海这座氤氲着浓郁人间气息的城市的回想又深深地吸引了我，虽然这时海外旅行已经颇为困难，我还是决定克服艰难到上海去。"①

自日本启程时，前来送行的他的友人、朝日新闻社的铃木文史郎以无言的表情向他表示："在日本行将战败的时刻，还会有人特意跑到国外去吗？"阿部也以奇妙的表情回应说："我知道这样的趋势，我倒是想在上海体验一下这样的事件。"②

阿部何以会到圣约翰大学任教，其中的缘由，他1949年在《追忆》一文中有非常详细的记述。《追忆》一文后来并未收入他的全集，在日本本土也不易寻得，就资料性而言有相当的价值，兹将相关部分译述如下，也许有些冗长。

> 我之所以去了那所大学，可以说是事出偶然。在上一年的旅行中，我曾出席了那里的一次座谈会，与几位教师和学生彼此产生了好感，这成了后来那场因缘的开始。后来将我叫到上海去的，是O和S两个朋友。O是我高等学校时的同学，后来在东京的一所大学担任哲学教师，结果受到了征召，在当时的上海（日军）司令部里担任中尉。

---

① 「緑衣」『阿部知二全集』第5卷、139頁。
② 竹松良明『阿部知二：道は晴れてあり』、167頁。

他从事的是文化方面的工作，为避免圣约翰大学成为（日军）弹压的牺牲品，他在暗中做了不少保护工作。他知道了我在日本过着窘迫孤独的生活，或许他自己也想在上海有一个聊天喝酒的伙伴，于是就想把我叫到上海来，并将这想法告诉了（上海的）日本基督教青年会的 S 氏。S 氏在战争中曾经挺身而出，保护了在上海的中国各基督教团体和教徒，当然也极受圣约翰方面的信赖，S 校长回答他说："我们学校在教师任免方面，也从未接受过国民政府方面的命令。因此，他要是日本军官推荐的，我们一定会拒绝。不过，想到去年他来出席座谈会的情景，他到这边来如果没有政治上的目的，作为一位朋友，我们会欢迎他。但是，在他回国之后，不要因为这个位置出现了空缺，就随便再送一个人过来，这我们要说好的。"我觉得这位校长说话很有勇气。就这样，我加入了这异端者的行列。[①]

笔者在上海市档案馆所藏的圣约翰大学档案中查寻到 1944 年阿部来此任教时的一张登录卡片，文字为打印的英文，仅在右上角有似用毛笔书写的汉字"阿部知二"。卡片的内容显示，阿部的到职时间为 1944 年 9 月（DATE OF JOINING INSTITUTION: September 1944），地址一栏内，Permanent（永久地址）为空缺，Present（通讯处或现住处）填写为 Cathay Hotel The Bund（外滩华懋饭店），联系电话为 11340。后两项为手写，可能是阿部自己或工作人员填写的。[②] 不过据 1944

[①] 阿部知二「追憶」『ニューエイジ』第 1 卷第 6 号、1949 年 6 月、73 頁。
[②] 该卡片收入上海市档案馆编号为 Q243-1-1444 的文档内，卡片编号为 33。

年10月6日日文报纸《大陆新报》题为《对中国学生讲授文学论——阿部知二氏再度来沪》的报道，阿部是10月4日抵达上海的。据阿部的"上海物"系列小说的描述，他到了上海后，开始曾在几处旅馆（可能也包含卡片上填写的华懋饭店）寄寓，后来落脚于位于南京路的日军中下级军官宿舍的"陆军宿舍"，地理位置在"南京路的跑马场前面"。① 《陆军宿舍》中对此描写道："这里战争以前被称为'外国人基督教青年会馆'（根据原作中这几个汉字旁的假名注音，可解读为Foreign YMCA——引者）。作为单身白人的宿舍，这是一个很理想的地方，也相当出名。这里有餐厅和咖啡室，虽然并不豪华，却相当整洁干净，还有会客室和大会议室，甚至还有游泳池和健身房，是一个极为舒适的地方。不过现在已经被接收，成了'陆军宿舍'。"② 据笔者的查考，这里应该是现在南京西路150号的原"西侨青年会"，由美国人洛克菲勒等筹款建造，1932年竣工，楼高十层。从地面一层至三层用粗细巨柱以及穹形大长窗，四层及以上则采用凹凸条装饰手法，配以规则的芝加哥风格的窗户，远远望去，整个建筑犹如树立的星条旗，供该国的单身会员居住，因此楼内各种设施完备，尤其是1928年落成的室内游泳池，为上海最早的温水游泳池，至今仍在使用。1941年12月太平洋战争爆发后，这里被日军强行接管，被改造成"陆军宿舍"，"原本为下级士官的居住地，而现在大部分为军内的文官人员、官营公司的员工所占有，此

---

① 阿部知二「隣人」『新潮』1946年12月。此处引自『阿部知二全集』第6卷、266頁。
② 阿部知二「陸軍宿舍」『改造』1946年3月、90頁。

外也有几个中国的官吏以及几个赖着不走的中立国的人"。①但 1944 年底时，随着战时经济的恶化，住在里面也并不舒适，尤其是冬天，既无暖气也无热水供应，阿部只能蜷缩在盖着两条毛毯再加上外套的被窝里度日。大约在 1945 年 1 月中旬，在太平洋战场上，美军已占据了绝对的主导权，日军担心美军将在上海一带登陆，于是将华北乃至东北的部分日军紧急调至上海。如此，"陆军宿舍"便人满为患，阿部无法在此久居，于是一位中国朋友（其具有自传体色彩的小说《邻人》和《远来客》中的名字是"吴心波"）邀请他到苏州河岸的一处临时住所内居住，直至 3 月他归国为止，在此大约居住了两个月。

据《追忆》的记述，除阿部外，当时在圣约翰大学内任教的日本人还有三名基督徒：曾当选日本众议院议员、后担任日本基督教联盟常议员、1943 年 3 月来到上海的具有自由主义倾向的田川大吉郎，毕业于上海东亚同文书院、曾在美国加州做过牧师但大半生精力致力于日中友好的坂本义行和在大学的中学部教授日语的佐藤。"坂本氏差不多已年近七十了，最初毕业于同文书院，除了有一个时期在美国加州做牧师之外，在中国将其大半生献给了两国的友好事业，已故世的夫人和女儿也长眠在上海的墓地中。在中学部教日语的佐藤，最初是应征来中国的日军士兵，在服役期间，他目睹了日军对待中国人的行为，有所触动，于是在应征期满后，就志愿来此当一名日语教师。他用的教科书是内村鉴三的著作。当然，这三个人在当时上海的军官和（日本）居留民的眼中

---

① 阿部知二「陸軍宿舎」『改造』1946 年 3 月、90 頁。

是被视作异端者的。"①

其中阿部与交往较多的是在校园内的教师公寓借居的坂本义行。"这屋子好像是战前一个美国教师居住的,他在这里自己勉强做饭度日,生活清贫。我被叫去喝茶时,他总是会谈及日本和中国的事情。在寒冷的屋内的墙壁上,挂着一幅不知谁书写的字迹遒劲饱满的'爱'的匾额,这也许是这位和蔼而谦逊的老人的座右铭吧。他从不抱怨自己生活的穷苦,平时说话声音平和,只有在说及日本军国主义时才会表现出激烈的愤怒。"② 阿部后来在撰写以上海为舞台的中篇小说《大河》和短篇小说《绿衣》时,坂本成了作品中的重要人物伴野万城的部分原型。

阿部在大学中每周授课三次,分别向初年级和高年级学生以及英文科的两个班学生用英文讲授"小说研究"和"文学概论"两门课程。他对圣约翰大学的校园留下了美好的印象。"校园里,在树丛和草坪之间耸立着礼拜堂和教学楼等建筑,宛如公园般美丽,甚至比公园更为静谧。这里弥漫着和平安详的气氛。"③ 这里的授课,对他而言是一种愉快的体验。"战争也罢,作为一个流浪者的不自由的孤独生活也罢,以及昨夜的烂醉也罢,暂时的都忘却了,在这温雅有教养的教师和男女青年中,能度过这样的半天就很知足了。"④

他从"陆军宿舍"或苏州河岸的居所去大学授课,有时坐黄包车,或搭乘一段电车,有时则径直步行去学校,往往穿

---

① 阿部知二「追憶」『ニューエイジ』第 1 卷第 6 号、1949 年 6 月、73 頁。
② 阿部知二「追憶」『ニューエイジ』第 1 卷第 6 号、1949 年 6 月、74 頁。
③ 阿部知二「追憶」『ニューエイジ』第 1 卷第 6 号、1949 年 6 月、74 頁。
④ 阿部知二「追憶」『ニューエイジ』第 1 卷第 6 号、1949 年 6 月、74 頁。

过兆丰公园（今中山公园），单程费时一个多小时。对于阿部而言，在战争和通货膨胀双重阴影笼罩下的上海，秋季的"英国式"的兆丰公园差不多是一个世外桃源般的存在。

公园在九十月的时候，宽阔的草坪开满了各种美丽的鲜花。来到了这里，就顿时觉得来到了另外一个天地，与刚才所经过的充满战争的恐怖和物价飞涨痛苦的喧嚣的市场相比，这里是一个迥然不同的世界。但是不久，这里的草坪上也开始出现了穿着国民服[①]、扛着木头枪的日本侨民在军人的指挥下进行军训的场景。[②]

据阿部撰写的纪实小说《花影》，在上海期间，他与明治后期的女作家、此时在上海编辑华文杂志《女声》的佐藤俊子等常有往来，该小说就是对佐藤在上海生活的一段素描。《花影》中对佐藤的描述，成了后来濑户内晴美（今以法名濑户内寂听著名）的传记《田村俊子》中有关佐藤在上海生活的主要文献来源。

据武田泰淳的长篇纪实小说《上海的萤火虫》的描写，阿部有时也去中日文化协会走走，与武田等饮酒闲叙。"阿部知二那时还留在上海，继续在一所基督教大学教课。作为一名自由主义的文学家，他的人气不衰。总有年轻的女性围在他身边。穿着雪白的兔毛上衣、模样如同小白兔一般的女孩子等，出神地望着阿部的脸。不过，那时阿部手头的钱也所剩无几

[①] 一种在战争时期创制出来的类似日军军服的男装。
[②] 阿部知二「追憶」『ニューエイジ』第 1 卷第 6 号、1949 年 6 月、74 頁。

了。"① 武田的笔调稍稍有些揶揄的意味。事实上,阿部一开始不敢和学生主动交往,原因就是他"身后背负着一个'日本'"。阿部深知,在大学里,无论是教师还是学生,对作为占领者的日本人均无好感,他怕学生因为跟他这个日本人交往而遭人睥睨,也怕被别人怀疑自己是日本当局安插在这里的间谍,而事实上日本驻上海领事馆的警察也曾要求他报告大学内的左翼动向,当然遭到了他的拒绝。"我觉得自己就像是一种恶病的带菌者一样,自己主动避免接触这里的学生应该是一种正确的选择吧。"② 但是,快到冬天时,就有一个学生带着自己写的英文短篇小说向他来求教;还有一个法科专业的学生,回家与他同路,于是就与他一起步行回家,途中在咖啡馆小坐,彼此谈论鲁迅等中国现代文学,这位学生战后成了参加东京国际审判的中国代表团的书记员,还专程从东京到阿部那时居住的姬路去看他。逐渐地,与阿部交往的学生就多了起来,"三十几个人的两个班的学生,不知不觉中有一大半跟我成了朋友"。③ 其中有一个叫法蒂玛④的学生,在香港求学时期与同在香港读书的张爱玲成了闺友。香港沦陷后张爱玲不得已回到了上海,但与在圣约翰念书的法蒂玛依然保持着亲密的友情。有一次法蒂玛拉着阿部去见了张爱玲。关于这次经历,阿部是这样记述的:

> 由印度珠宝商的父亲和中国母亲生育的女学生 M

---

① 武田泰淳『上海の螢』中央公論社、1976、209-210 頁。
② 阿部知二「追憶」『ニューエイジ』第 1 巻第 6 号、1949 年 6 月、76 頁。
③ 阿部知二「追憶」『ニューエイジ』第 1 巻第 6 号、1949 年 6 月、76 頁。
④ 父亲是锡兰人,母亲是中国人,中文名为獏梦。

（应为法蒂玛中文姓名獏梦的第一个拼音字母——引者），她在考试结束后的春假期间，来到住满了日军文官的煞风景的我的住所来访我。她用一口难以听懂、语速很快的英语向我毫不掩饰地表示了她对日本和日本人的厌恶，然后将我带到了她的一个朋友、从香港逃到上海的女作家的家里。那位称之为 C（张爱玲姓名的英文标示是 Chang Ai-ling——引者）的年轻作家，过着贫穷的生活。据说她是李鸿章的曾孙，服饰考究，但给我和 M 喝的只是白开水，我们在没有任何暖气的公寓的一间屋内谈论了文学。几天后，我受邀去看了她的一部戏剧。剧情不是很看得懂，但可知晓这是一出以日军侵入香港为背景、讲述一个年轻的女子与海外华侨恋爱故事的戏剧。①

1944 年底至 1945 年初，在上海上演的张爱玲的戏剧是她的代表作《倾城之恋》，由张爱玲自己将小说改编成剧本。此后，阿部好像未与张爱玲再有深入的交往，至少目前尚未发现更多的史料，但这次短暂的交往和观剧，后来在他的"上海物"中曾有描述。

1944 年 11 月，第三届"大东亚文学者大会"在南京召开，阿部作为日方代表出席了这次会议，同在上海的佐藤俊子、武田泰淳不是正式代表，但他们作为来宾或观察员也一起去了南京，以解异乡的寂寞。阿部后来回忆说："那时候的佐藤和我，想到能见到故国来的文人，心情激动，就从上海去了南京。一天，在湖风已带着寒意的玄武湖上，一起划船游穿过

---

① 阿部知二「追憶」『ニューエイジ』第 1 卷第 6 号、1949 年 6 月、77 頁。

残荷的湖面，我与她同坐的一条船上，记得还有温良敦厚的法国文学研究家 T 氏、中国文学研究家 O 氏和剧作家 H 氏[1]。"[2] 阿部还与小说家高见顺、剧作家北条秀司一起被推举为大会宣言的起草人之一，参与了宣扬"大东亚精神"宣言的起草。战后的阿部说及这些往事时，自认为是"甚为羞耻的回忆"。[3]

1945 年 3 月，阿部在圣约翰大学的合约到期了。校长夫人渐渐成了他的朋友，还曾到他的教室里来听课。"到了 3 月，她热心地劝我说，再在此校留任一个学期吧，但是我心里牵记着日趋猛烈的空袭之下的家人的安危，不得不谢绝了她的好意。"[4]

1945 年 3 月底，上海与日本之间直接的航路因美军的空袭已告中断，阿部坐船离开上海前往青岛，并经北平从中国北部绕道回到了日本，此时已是 4 月末了。

四　大上海的好男好女

阿部回到日本后，在空袭的氛围中在仙台的东北大学教了几个月的课，随即赶到遭到了大规模空袭的家人居住的姬路，携带家人疏散到了稍微偏远的津山，在这里获悉了天皇接受波茨坦公告的广播讲话，11 月又回到了姬路，担任姬路文化联盟的会长。与战前只是默默在文坛耕耘的姿态不同，在笔耕的

---

[1] 据该次会议的相关文献，这三人应该分别是丰岛与志雄、奥野信太郎、北条秀司。
[2] 阿部知二「花影」『小夜と夏世』池田書店、1951、107 頁。
[3] 阿部知二「花影」『小夜と夏世』、107 頁。
[4] 阿部知二「追憶」『ニューエイジ』第 1 巻第 6 号、1949 年 6 月、77 頁。

同时，阿部还成了为进步与和平而奔走的活动家。

与武田泰淳、堀田善卫等作家一样，阿部在战后发表的文学作品大部分是以上海为舞台而展开的"上海物"。他战后发表的第一篇作品是发表在1946年1月号《新潮》上的中篇小说《绿衣》，完稿应该在1945年12月之前；短篇《陆军宿舍》发表于1946年3月的《改造》；短篇《死之花》发表于1946年7月的《世界》；短篇《邻人》发表于1946年12月的《新潮》；长篇小说《大河》由新潮社1947年5月出版；短篇《远来客》发表于1952年4月号的《心》。此外，1948年10月由实业之日本社出版的长篇《夜人》中也包含了一部分上海的内容。

就像阿部也写过有关爪哇的题材一样，选择上海作为作品的舞台，第一是因为作者觉得自己在上海体验了可以成为作品素材的生活，第二是作者试图通过"上海物"来表达自己（一个具有人文主义精神的日本知识人）对上海乃至中国或中国人的感受和理解。与同时代的日本其他作家不一样，阿部的"上海物"几乎没有任何刻意虚构的曲折情节和刺激故事，他的"上海物"中，叙述者几乎都以第一人称出场。无疑的，这第一人称的叙述者身上，也更多地投射出了作者自己的心灵影迹。因此，考察阿部的"上海物"，实际上就是审视阿部对上海和中国的认知。

《绿衣》

《绿衣》以1944年冬天来上海逗留的"我"为故事的叙述者，主要描写了三个人物：在日本以庚子赔款开设的上海自然科学研究所供职的医学博士桧原遵三郎，"兴趣爱好广泛，也擅长运动,此外也喜欢绘画、演剧和音乐等",① 后因去日军与国军交战的洞庭湖一带调查传染病而失踪;桧原的朋友和学生、曾在东京有短期留学经历的沈明华小姐,父亲在重庆做官,几个兄弟参加了抗日的航空队并先后牺牲在空中战场,而她自己却留守上海,献身于演艺事业(后以艺名李媚为一般人所知,本书此后只用"李媚");将自己人生的一半献身于中国的农学士伴野万城,在一所私立日语学校担任顾问的同时,还在西郊的圣约翰大学兼课,自称落魄的"支那浪人"。

《绿衣》的故事背景具有浓郁的上海地域色彩。叙述者"我"曾居住在法租界的华懋公寓,"南面是十几层高的峻岭公寓,堪称上海第一的高级公寓,西面是可称为上海社交界中心的法国总会,北面据说是战前英国戏剧爱好者的舞台、精致可爱的兰心剧场";② 桧原供职的上海自然科学研究所是一个"位于法租界南面稍偏远的宏大的研究所";③ 伴野则寄居在戈登路(今江宁路)上一个中国朋友的房子里;李媚家虽然在法租界拥有一幢大房子,她自己却居住在愚园路的一处两居室的公寓,而演戏的舞台则是在"跑马厅附近的一个剧场里"。④ 作者所标示的这些地名,既具有一种符号的意义,又包含了独特的历史内蕴,凸显了上海这座近代都市多元混杂的面相。

李媚无疑是小说的中心人物。富家女出身,能说一口流利的英语,因在东京待过一段时间而粗通日语。在日本期间,闻悉卢沟桥事变爆发,毅然决定一个人渡海回到战争中的祖国,

---

① 「緑衣」『阿部知二全集』第 5 卷、127 頁。
② 「緑衣」『阿部知二全集』第 5 卷、129 頁。
③ 「緑衣」『阿部知二全集』第 5 卷、127 頁。
④ 「緑衣」『阿部知二全集』第 5 卷、141 頁。

向桧原告别时"双眼充满了愤怒"。本想回到上海,因无船只而暂去香港,又转到广州,经父亲朋友的介绍在海关谋得一份工作,一个英国青年迷恋上了她,但最终无果。"我"经桧原介绍认识了她,在上海街头见到她的印象是:"以一个中国女子而言她的身材是比较高挑的。从毛皮的大衣内可瞥见绿色的具有古典风情的衣服。银色的衣摆下露出一双婀娜修长的腿。即便穿着大衣,也可感觉到她整个的身体长得柔嫩而丰满,不过她的双肩有点往上耸,一张皮肤细腻的瓜子脸,脸部的肉也稍稍有些下垂。脸色显得有些苍白,犹如透明一般。鲜红的嘴唇微微有点往上翘。修长的眉毛下的眼睛,或许是因为近视的缘故吧,使人觉得像是被一层浅色的膜罩住了似的,朦朦胧胧的像是有些睡意,从眼梢流盼出来的淡淡的目光,即便是与初次相识的我们见面时,也内含并摇曳着一种艳丽的妩媚。更准确地说,她的整个的身体,即便是完全伫立不动的时候,也充溢并流荡着一种艳丽的风情。"① 在上海的社交场上经常能见到她的身影,她抽烟、饮酒、喝咖啡,常向街头乞讨者行善。她日常的收入主要来自法租界华屋的租金。她虽未专门修习过演艺,却与友人组建了一个业余演剧团,"我"曾去看过一出名为《传说》的"由当今流行的女作家撰写的戏剧","据中文报纸记述,这部戏描写的是日军进攻香港前后当地男女青年恋爱故事,出色的女伶李媚是本戏的看点"。② 这里借用的是作者自己观看张爱玲戏剧的经验。大幕拉开后"我"才惊讶地发现,原来李媚就是沈小姐,舞台上的李媚却像是脱胎换骨

---

① 「緑衣」『阿部知二全集』第 5 卷、131–132 頁。
② 「緑衣」『阿部知二全集』第 5 卷、141 頁。

变了一个人。"'沈小姐'的柔媚上增添了敏锐的神经，艳丽上增添了悲哀的气氛，明丽上增加了力量，犹如撒娇孩子般的任性上增加了豪迈的意志。"也就是说，"沈小姐消失了，诞生了一个新的李媚"。① 实际上，看上去柔媚的沈小姐本身，其内心原本就蕴含了李媚的坚毅和刚强。后来，李媚以出演《飘》的女主角而蜚声沪上。小说中的另一个人物桧原在手记中这样描绘了李媚在该剧中的表演状态："李媚的演技，即便谈不上是洗练精致的艺术，但不能说她的手势动作是在做体操。有一股什么样的火在燃烧。从她穿着红衣的身体上，会有一种鲜灵生动的肉感，像火花一般迸发出来，攫住你的感官，最后渗透到你的腑脏之内。……李媚的身上，并不只是燃烧着甜腻的情欲的火焰，在其底部，闪现着一种急迫的、激烈的心灵震颤。而且，这不是一种疯狂的情绪，而是包含着一种向着某种明确的目的冲去的凛然不可侵犯的力量。"② 不久，"在街上出现了李媚将在近日出演革命烈女秋瑾的色彩鲜艳的海报"。这就更加突显了李媚的内在精神，当时沦陷区的正义之士试图借这出戏剧来表达昔日的排满、今天的抗日精神，讴歌如秋瑾这样的爱国志士可歌可泣的革命事迹。事实上，在阿部逗留上海的时期，兰心大戏院和卡尔登大戏院确实上演过彰扬民族精神的《党人魂》（即《秋瑾与徐锡麟》）。

阿部试图通过李媚这一人物表达他对上海新女性（或是近代中国新女性）的理解。在阿部的心目中，上海的新女性虽然秉承了传统中国女性的秀美（李媚的父亲后来在重庆病

---

① 「绿衣」『阿部知二全集』第 5 卷、141 页。
② 「绿衣」『阿部知二全集』第 5 卷、158 页。

逝，为解救母亲的经济困境，她毅然卖掉了法租界的华屋，自己迁居至简陋的小屋，作者是想借助这一细节来体现她传统的"孝"的精神），但她们已经具有了现代社会的人性的自觉，她们不再（或不甘）是男人的依附，而试图以自己的言行来担当起社会的责任，因此，李媚与革命家范士杰获得了高度的精神共鸣，演剧是她找到的一条投身社会的途径。在《飘》的女主角和秋瑾的身上，她的内心世界与出演的角色融为一体，迸发出了新的生命华彩。日本近代社会实质性的启幕虽较中国为早，日本女子的近代教育也先于中国，然而日本女性的近代性自觉却较中国尤其是中国近代都市女性为弱。这一点，差不多同一时期来到上海的作家佐藤俊子也深有感触。

就笔墨而言，作品中花费篇幅最多的应该是桧原，作品篇幅的一半之多是以他的手记形式出现的。他在手记中这样自述道："我不是一个非爱国主义者。前一时期还相反地被人认为是法西斯主义者。某些算是'知识分子'的人曾说日本目前的颓势是'活该'。我也觉得从某种意义上来说这是确实的，但我对这样的说法很反感。我并不在日本的'外面'，而是在其'里面'。要是对日本觉得不满的话，应该参与到这里面去，从里面来改造它，这才是日本人应该做的吧。"[1] 这段自白，道出了他内心的政治倾向。他在东京一所美术学校兼授人体解剖课时，李媚是他的学生。出于男性的本能，他有点爱慕这个美丽的中国女孩，但彼此并无深厚的情感。离别多年后，他来到日本占领下的上海供职，李媚从报上获知后来拜访他。此后双方便时相往来。一日，李媚来邀他观看戏剧《文天祥》，

---

[1] 「緑衣」『阿部知二全集』第5卷、168－169頁。

李媚自己的剧团也打算上演该剧。桧原在手记中写道：

> 文天祥一剧的满场也真是可笑。内容正如所料想的那样，是一锅被受虐者心理的油炒得烂熟的大杂烩。我在剧场中所看到的，南宋的忠臣文天祥也罢，观众也罢，都是精神病患者。当然这样的感想没有对旁边的沈说。只是，当奸臣与元讲和的时候，我轻声说了句"这是和平运动呢"，这时沈笑着应答道："是吗？和平是件好事呢。"我想沈很清楚该如何跟日本人打交道。……（当局）认可意图如此明显的戏剧，是表明了日军败给了上海的"自由"浪潮呢，还是企图以此来给人们打开一个情绪的宣泄口呢，还是企图通过设置这样的陷阱来获得抓捕和镇压的手段呢？我完全不知晓。也许其动机中这一切都有。①

不过，桧原还是对"这出毫无情色意味戏剧的爆满场景和观众的狂热情绪"感到惊讶不已，"剧场中始终充满了观众的叹息和唏嘘，没有一分钟停息。倒真是从未见过如此群体哀叹的场面"。但是，桧原并不愿意跟坐在一旁的沈一起涕零感动，"这样的行为是滑稽的。我是日本人。也就是说我是蒙古这一方。也许我只需冷眼观察这出'悲剧'就行了，不，作为一个'爱国者'，我也许应该对这满场的眼泪抱着敌意"。②

李媚对桧原的感觉也是矛盾的。作为一个有教养的男人，他当然不无魅力，但作为占领国的一员，李媚对他怎么也无法

---

① 「緑衣」『阿部知二全集』第5卷、144頁。
② 「緑衣」『阿部知二全集』第5卷、144頁。

产生亲爱的感觉,这一点桧原自己也很清楚。"置身于无论在时间上还是在空间上都可谓无际无涯般巨大民族的复杂格局中的这孤身一人的女子,即便在今天这昏暗的灯影中与自己贴身而坐,我也觉得她与自己完全是两个世界的人。"① 就内心而言,桧原对于自己和李媚分属侵略国和被占领国一员的立场也是非常清楚的。他经常会听到李媚在低声自语:和平,何时才会到来呢?"每当我听到这一心灵的声音时,我就会萎缩。"② 桧原后来知道了李媚对革命家范士杰的情感,自然充满了失落和沮丧。1944年底,洞庭湖一带发生了疟疾等传染病,桧原前往当地调查,误入国军管辖地的边境,从此失踪。

伴野是一个作者着墨不多却想倾力表现的人物,在日后的长篇小说《大河》中阿部又对这一角色做了充分的展开。这个人物身上一定程度上沿承了明治以后日本的"大陆浪人"(实际上大陆浪人是一个非常复杂的集合体)的血脉,或者说更倾向于为孙中山革命贡献了大半精力的宫崎滔天一流的类型,阿部在《大河》中把他定位为"新浪人"。这一类日本人大抵认同中国文化对于日本文化具有母体性的意义,认识到在西力东渐的近代日本和中国具有某种命运共同体的连带性,但在中国日益衰败、日本迅速崛起的背景下,他们觉得对中国更多是负有指导和改造的使命,这样的人物在阿部的《北京》中已有出现。以伴野为代表的所谓"新浪人",是真心祈望"日中亲善"的,因此对于日本在中国挑起的这场战争,他们内心深感痛苦,并在私下无情地批评日本当局的侵略政策。

---

① 「緑衣」『阿部知二全集』第5卷、147頁。
② 「緑衣」『阿部知二全集』第5卷、154頁。

伴野早年毕业于著名的札幌农学校（今北海道大学的前身），一半以上的人生在中国度过。"在他看上去有些老土甚至寒碜的风貌底下，却渗透着一种难以描述的优雅和谦逊"，① 在学生多半是富家子弟、基督教气氛浓郁、反日情绪强烈的圣约翰大学竟然受到了大家的喜欢。他试图将近代的农业知识传授给中国人，以期促进中国农业的进步。他暗中倾慕并竭力支持试图改造中国的所谓革命党人，并利用自己的人脉，在各种场合力图做一些"日中亲善"的事情。典型的一例是，他所教过的一个学生后来参加了苏北的新四军，与数十名同志在一次行动中被扬州的日本宪兵逮捕，也许是因为他不同寻常的气度，在其他同志均遭杀害的情况下竟然幸存，其间他的母亲数度自上海前往扬州探望并求情大概也是一个原因。该人后来为日本宪兵所用，为当局维持治安，后伺机脱逃，返回新四军营地，日军将其母抓住作为人质。伴野获悉后立即赶到扬州，希望利用自己的人脉释放这位母亲，未获成功，又再度赶往杭州，寻求他在军队的老友的帮助，也希望渺茫。在作者阿部看来，伴野是一位古道热肠、富有侠义之心的堂吉诃德式的人物。虽然他只是一个并不起眼的民间人士，年近耄耋，为实现理想的行为也屡屡踬仆，但他始终没有放弃自己的理想。自然，伴野这一类人物在近代日本的舞台上无法成为主角。作者对此流露出了强烈的遗憾和无奈。

《绿衣》中还有其他一些人物，但上述三人已经较为充分地表达了阿部对于当时的中国和日本的诸多思考。

---

① 「緑衣」『阿部知二全集』第5卷、137頁。

《陆军宿舍》

该作品也是以第一人称叙述的方式展开，其主要人物是在《绿衣》中几乎一闪而过的"曹小姐"，她在李媚的剧团中担任舞台装置。"我"在八个月之前（即1943年至1944年的秋冬）的第一次上海之旅时，经编辑华文女性杂志的ST（佐藤俊子罗马字的大写）的介绍认识了曹小姐，初见时的印象是：

> 一个身材瘦小的姑娘。她没有穿可谓上海年轻女性制服般的毛皮大衣，而是身穿素雅的褐色的苏格兰呢外套，脱了外套，里面是灰色的毛衣和哔叽的长裤，都是非常素朴的服饰。有些细长的脸上略带苍白，一双眸子总是静静地含着笑意，脸上完全不施脂粉，头发也很随便。一双手小小的，宛如小孩似的。……会说一点日语，北京话说得相当好，英语也不错。微笑的时候看上去像是20岁左右的少女，在一旁静静地观察我的时候，有30岁的感觉。实际年龄也许是更接近后者吧。[1]

曹小姐似乎对"我"颇有好感，有一天在凌厉的寒风中她骑着自行车来邀请"我"到她们的剧团看戏，热情地将演职人员介绍给"我"。她经常与"我"一起在咖啡馆喝茶或在街上散步，有时只是在街头的一家小店吃碗馄饨。"我"邀请她去看大陆新报社举行的一个画展时，她也淡淡地应允了。也许是语言的阻隔，她的话一直不很多，时常会聊些无关紧要的

---

[1] 阿部知二「陸軍宿舎」『改造』1946年3月、97頁。

话题，几乎从来不谈及自己的身世。只隐约听说她曾去过江西红色苏区。有一次曹小姐冷不防地问"我"，你要是中国人，现在你会在这里呢还是在重庆？又有一次她在窗口呆呆地望了一会儿说，她想去遥远的地方。"我"对这位衣着素朴、举止文静的中国姑娘也产生了强烈的好感。"倘若我自己因某种缘由不再回到国内和家人的身边而在中国长久放浪漂泊的话，哪怕曹小姐对我毫不表露真情，至少我很希望拥有这样一位朋友，这样多少都会减轻我寂寥的痛苦吧。"①

但曹小姐的身世对"我"一直是个谜。

在"我"回国的前两天，曹小姐来，说一起散散步怎么样，可到了门外突然叫了辆三轮车将"我"拉到了当时上海顶级的K饭店（从小说的描述来看应该是国际饭店）。途中，三轮车在一条逼仄的小马路内拐弯时车身大幅度倾斜，曹小姐不觉轻声惊叫起来，并将头探向倒毙在路边的一具用稻草遮盖了一半的尸体，那目光就像看到了恐惧的深渊一般。到了饭店后，惊魂初定的她熟练地将"我"带到了高层的一间奢华的房间，说是她的哥哥想见见"我"并请"我"吃饭。此时"我"才恍然大悟，原来曹小姐出身富家，她哥哥是上海著名的银行家，也是这家饭店的大股东。在晚上觥筹交错的酒宴上，珠光宝气的银行家夫人说起了日前在法国总会参加的一次规模上千人的高官子弟与电影女明星的豪华婚礼，同桌的堂妹问曹小姐道："你何时举行这样的婚礼呀？战争结束后，一定会举行比这更热闹的婚礼吧？""曹小姐刚才已频频喝了许多杯酒，眼睛放射着光芒，但眼神内还是透发出一种虚无的平

---

① 阿部知二「陸軍宿舎」『改造』1946年3月、99頁。

静,从斜对面向我问道:'刚才在小路上看到的惨象在这个国家里会消失吗?'我答道:'会的。'然后借着酒意滔滔说了起来,在不远的将来上海将比现在百倍地富有而清洁,街上行驶的不再是三轮车而是轻快的小汽车,到处都是优美的音乐、绘画、戏剧和电影吧,到那时你就会举行隆重华丽的婚礼吧。……曹小姐脸上依旧浮现着亲切的微笑,用日语说了一句:'这样就很幸福么?'话语中并无诘问和侮辱的意味。但这句话在我的心中强烈回荡,让我感到羞愧,酒也一下子醒了。"①

1944年秋冬,"我"再度来到上海,已经见不到曹小姐的踪影了。彼此的熟人间见面,也没有人再提到她。有一天我却在陆军宿舍举行的所谓日军战捷的展览上,看到一幅中国军队野战医院的图片,一个微微低着头的护士,容貌与曹小姐非常相像,尤其是举止神态。这一帧并不清晰的图像,一直在"我"的脑海中萦绕不去,那句"这样就很幸福么"的话,也深深地嵌入了"我"的心。

除了曹小姐以外,阿部还描绘了自己在圣约翰大学接触到的年轻人。

圣约翰大学行将毕业的赵君和魏君,一时找不到工作,又厌倦了上海的喧嚣,萌发了在自己的家乡无锡开设一所学校的念头。他们并非盲目的冲动,而是对诸事做了充分的考量和谋划,由赵君的家里拿出一部分资金,借用魏君家里空闲的大房子,再利用刚刚倒闭的一所女子私塾的桌椅,差不多可以筹办起一所乡间学校。但在日军占领时期,必须获得

---

① 阿部知二「陸軍宿舎」『改造』1946年3月、100-101頁。

日本方面的批准，于是经过作品中的"我"与相识的苏州驻军联络部的 S 少尉和县顾问 O 氏的斡旋通融，终获允准。"我"对这两个中国青年在这非常时期的奋斗精神十分感佩。据战后阿部所写的《追忆》，这是两个实有的人物，叙述的事迹大抵也是事实。

《陆军宿舍》中描绘的人物大抵都是中国人，曹小姐是李媚之外，阿部塑造的又一个中国现代女性形象。姣好的容貌、良好的学识修养、强烈的社会责任感和献身精神，几乎是她们的共同点。这些人物体现了阿部作为昭和时期具有人文主义精神的日本知识人对中国现代青年，尤其是现代女性的理解和评价。

《邻人》和《远来客》

这两篇作品是同一题材、同一故事、同一人物，只是发表时间不同，第一人称"我"叙述的时间也相异。本书主要论述《邻人》。

《邻人》中描述的人物相对比较单一，脉络也颇为清晰，作品的主人公是吴心波。吴与"我"在日本毕业于同一所学校，虽然要晚十几届，两人的相识是在上海的校友会上。吴十岁左右时父母自中国去神户做生意，吴在日本从中学一直念到大学毕业，专业是工程技术，却对音乐和美术都有相当的造诣，弹得一手好钢琴。数年前回上海，在市政府的土木工程局供职。当吴得悉"我"已无法在陆军宿舍继续居住时，便慨然邀请"我"迁居到自己的住所来。

所谓吴的住所也是才迁入不久的，位于苏州河垃圾桥（苏州河上原有两座垃圾桥，现浙江路桥称老垃圾桥，西藏路桥称新垃圾桥，两者相距几百米）附近的南侧，原本是建于1868年关押外国人的"西牢"①，后废弃不用，部分被改为市政府土木局的仓库，平素除了一对看守的老夫妇外，杳无人迹。吴原本住在法租界的一所大房子里，不知何故，在去年夏天将仓库内的一所房屋稍做打扫和改造后，私下搬到了这里，如今自己居一楼，二楼给"我"住。某日午后，吴雇了两辆三轮车，帮着"我"将行李搬入新居。三轮车穿过喧杂的南京路，又从新垃圾桥旁的巨大的煤气包边折入沿河的一条道路，"'就是这里。'他叫三轮车停下来，我们在河边的一条石子路上下了车。斑驳陈旧的黑乎乎的高大的砖墙间，有一个小小的铁门。他拿出钥匙打开了铁门，一个穿着警察一样制服的50岁左右的大个子男人，帮我把行李扛了进去"。附近有个粪码头，高低不平的石子间满是斑斑粪迹，"河水本身看上去也像是粪尿的颜色"。②

"走进去一看，有一个被同样高大的砖墙围着的小小的院子，还有一幢旧得有点发黑的两层楼的房子。院子里有几株落尽了树叶的蔷薇树，其他空无一物。……房子里面暗暗的，但毕竟有一个硕大的壁炉台，周边还有几把厚重的带扶手的靠背椅，虽然已经相当破旧了。还有一个大桌子。桌子上摊着好像是吴君正在画制的设计图。书架上排放着很多科学的、文学的、哲学的书籍，英语、德语、法语、日语的都有。墙壁上挂着一幅现在已经去了延安的吴君日本留学时的好友所画的笔触

---

① 在木志内诚编著的《上海历史地图》中明确标注了"西牢"的所在位置，即在今西藏桥与浙江路桥之间的南苏州路上，原址现为上海城市排水管理处。

② 「隣人」『阿部知二全集』第6卷、268页。

遒劲的静物画。靠着另一面墙的,是一架钢琴。"①

　　作品几乎没有对吴的容貌进行正面描写,而是通过这种背景性的描绘来烘托出主人公的特性。这是一个不同寻常的中国人。他自幼在日本受教育,受日本文化的熏陶,在日本的环境中长大,具有了日本中产阶级以上的教养,养成了一般日本人的理念和生活习惯,但是他生性孤僻,好胜心强,多怀疑,喜诘问,大学时期受到了周遭日本人的冷落和打压,回到中国后又与中国当时的环境格格不入,看不惯周边中国人的言行举止,因而很少与中国人甚至是家人相往来。他的兄长想让他娶南京伪政府的一个大官的侄女为妻,如此则可荣华富贵,但他断然拒绝了,因此与兄长发生了争吵,回来后对"我"愤愤而言:"从今往后,无论是大官,还是有钱人,我都与他们一刀两断。"然而作为一个被占领国国民的他,虽然言语举止与日本人无异,在日本人的圈子内,他的内心却始终无法感到愉快,"在这战争期间,处于他这样境遇的人,不可能有一天是愉快的"。虽然他的好友去了延安,但他与北边的新四军保持着距离。有一次去南通出差被新四军捕获,他趁机逃了出来,遭到了枪击,"我现在也会想,那个时候就那样投身到那里去,也许要好得多"。②但他终于逃了回来,开始变得愤世嫉俗,甚至有些神经质,往往会在夜深人静时一个人坐在钢琴边毫无顾忌地弹到很晚。"说他是个外国化的日本人,倒不如说他已是一个将日本人的诸特性融合在了自己身上的人。或者说他在拼命地挣扎,力图将日本的元素从自己身上剔除出去。但

---

① 「隣人」『阿部知二全集』第 6 卷、269 頁。
② 「隣人」『阿部知二全集』第 6 卷、271 頁。

是他在中国人中间也无法得到安闲和放松。恐怕没有人比他更加热爱中国人、更加痛恨日本人了。但是他不知道该如何将这样的爱传递给中国人。……无论是在家庭里还是在社会中，他的爱找不到一个宣泄口，他就这样地挣扎着、呻吟着。"① 后来，他的上司看中了他现在的住所，强行要他搬离，恰好"我"也要启程回国，吴与上司之间虽发生了些冲突，最后好像也妥协了。

1952 年发表的《远来客》可谓《邻人》的续篇，出场人物和所叙述的故事完全相同，只是当时的吴心波七年后突然来热海访问了"我"，对吴此后的人生稍有展开，用吴自己的话来说，"中共来到上海时，本想就这么留在上海，但后来还是去了台湾，就这样在那里一直做一份工程师的工作"。虽然吴的父亲开设在神户的贸易公司生意颇为兴隆，但吴此次到日本来并非就此在神户定居，不日仍将返回台湾。"我"对七年后的吴的感觉是比以前开朗和成熟了（虽然内心深处依然留存着深沉的忧郁）。虽然经历了战争和动乱，但他似乎并未被苦难压垮，"是因为这些苦难使他得到了锻炼、变得坚强，比我年少许多的他已具有了我难以企及的智慧呢，抑或这并不是'个人'的问题，而是遍布全世界的中国人，无论遇到怎样的事态，总能超越政治思想的对立纷争，这种中国人整体的生命力，如今正变得越来越强劲呢？"② 也许，阿部的结论更倾向于后者。

阿部将对吴个人的观察提升到了对整个中国人民族精神的

---

① 「隣人」『阿部知二全集』第 6 卷、277－278 頁。
② 阿部知二「遠来客」『心』1952 年 4 月、77 頁。

思考，虽然有些牵强，但他的态度是认真的，他确实努力在探讨近代以来与日本发生了如此深刻关系的中国人的国民性，尤其是生活在上海这样现代都市中的知识男性和女性。他试图以此为参照系，从中为日本国家和日本民族未来的命运寻求一些参照的价值。

《大河》

《大河》差不多可说是一部长篇小说，收录在集子中有175页的篇幅。副标题是"新浪人传"，中心人物是两个在中国生活了很久的日本人。"浪人"，这里应该是指"大陆浪人"，它不是一个十分缜密的概念，被视作浪人的群体也比较复杂，彼此间也未必有严密的组织。进入明治时代的19世纪下半叶，相当一部分中下级武士失去了往昔的特权和地位。他们往往不为明治新政府所重用，但大都怀有改造日本社会乃至东亚的抱负和雄心。他们虽然并不拒斥新兴的西洋文明，但与主张"脱亚入欧"的一派相比，对于东亚的传统有更多的怀恋。他们的本意是希冀日本强盛并因此而促进整个东亚的复兴，同时将日本的势力拓展到整个东亚，尤其是中国。他们在崇尚西洋的日本主流社会中难以找到施展拳脚的舞台，就选择了去中国闯荡，或试图鼓动各地的帮会势力来改造既有的社会结构，或协助中国的革命党通过武装手段（起义和刺杀）来推翻现有的政权，或受日本军部的派遣来中国收集经济和军事情报、调查社会现状。这些浪人中，比较著名的有荒尾精、宫崎滔天、山田良政、北一辉等。事实上他们的色彩并不单一。这些浪人的一部分，最终往往成了日本在中国扩张势力、攫取利益的鹰犬。不过，在阿部的心目中，"大陆浪人"似乎是一个比较正面的概念。他认为："他们这些人，既未受谁的命令也未受谁的嘱托，不求任何的名利，只是出于一片义气而投入了邻国民众的苦难之中。"① 在对《大河》的论述中，这里暂且依从阿部的这一理解。

作为新浪人的典型，作品中塑造了两个主要人物。一个就是在《绿衣》中已经出现的伴野万城。通过伴野之口，阿部对浪人的特性做了表述："他们这些人既无地位功勋，恐怕也无名气、金钱甚至学识。不仅如此，他们中间也许还会混杂些无赖流氓，我并不否定这一点。但他们心中都怀有一种情义，出于这种情义，他们从直观上感觉到两国民众必须维系在一起。而近来几十年，两国之间尽管出现了种种纠葛，但如今看来，他们的这种直观是非常正确的。……现在是每一个在中国的日本人必须全力以赴的时候了。其武器是什么呢？就是一个诚字。"② 伴野甚至认为中国原本就是一个浪人之国，如汉高祖那样历代王朝的创建者都是浪人，孙中山也是浪人，孔孟也是浪人，甚至如今的延安也如同昔日《水浒传》中的水泊梁山一样，以侠义精神在收揽人心。"要打破现在的困难局面，引入清新的空气，倡导一种真诚的情感，就只能是浪人精神了。"③

伴野自己就是这样一个人物。他虽已年近七旬，寄居在一个中国朋友借给他的逼仄的小房内，几乎穷困潦倒，但依然怀抱着满腔的激情和高远的理想。他欣赏梁漱溟的乡村改造运动，尝试着以自己所学的农业知识来改良中国的土壤和农作

---

① 阿部知二「大河」『大河』新潮社、1952、4 頁。
② 阿部知二「大河」『大河』、9-10 頁。
③ 阿部知二「大河」『大河』、12 頁。

物；他目睹圣约翰大学的中国同事一家挨饿的情景十分痛心和同情，试图募集资金来救助他们；他依然孜孜不倦地在著书立说，努力在弟子中传播自己的思想，虽然在现实中他的理想屡屡受挫，连他自己也被同胞的日本无赖所蒙骗。

小说塑造的另一个日本浪人是鸟巢仁一。他是伴野旧友的儿子，伴野对他慈爱有加，视同己出。但他很少在伴野的身边，而是在中国各地漂泊，多半时光在蒙疆等西北地带的矿区度过，受过各种磨难，虽说得一口流利的中国话，平素却是少言寡语，只是默默地在观察和体验中国的社会和民众的生活状态。七七事变爆发后不久，他作为日军的一等兵在战场上负过伤，这一段经历很少有人知晓。此次，他受伴野的嘱托，到南京去看望中国志士范士杰的家人，又只身前往武汉，与范士杰及其他的革命同志取得了联系，暗中给予他们有力的支持。他受范士杰的委托，只身前往沙市和荆州打探范的表弟蓝国良的消息。蓝以前曾前往柏林和莫斯科考察左翼戏剧，也心怀变革中国的梦想，战时居住在重庆，对范的革命主张虽未必认同，但愿意共同探讨中国的前途，某日突破封锁试图到武汉会见范的同志，不意在宜昌一带受阻，恐怕已落入日本宪兵之手。鸟巢以日本人的身份，以某种公干的名义飞往沙市，一路所经过的所谓云梦之国，使他联想到了许多三国时代的英雄故事，历史与现实迭相交映，不觉浮想联翩，不能自已。夜里自沙市潜行至荆州，打听蓝的下落，经多方努力，得知蓝果然已经被便衣的日本宪兵带走了。后来蓝奇迹般地被一个宪兵释放，屡经困顿抵达了武汉。而鸟巢则受日方之命去洞庭湖一带寻访因考察疟疾而失踪的桧原，出生入死，历经风险，找到了桧原的部分遗物，返回武汉后又来到了伴野的身边。

鸟巢这一人物，似乎虚构的元素较多。在实际生活中，阿部与这样的人物未必有深入的交往，但也不是完全没有接触。他在《北京》中就描写了一个类似于鸟巢的浪人型人物加茂，但这个口口声声称要去解救中国农民苦难的年轻浪人，最终却蛮横地对待要求增加车资的中国洋车夫并导致其倒地死亡，阿部在加茂的身上赋予了较多负面的意义。但鸟巢是一个默默无闻的实干家，他内心认同伴野的思想，平素虽然少言寡语，内心却相当成熟且足智多谋，为了所谓的中国革命，往往不畏艰险甚至不惜生命。在鸟巢的身上，更多地赋予了阿部自己对于浪人的理解。

小说中的另一个中心人物是范士杰。范在《绿衣》中就已经登场。他早年是伴野在北京授课时的弟子。"他以雄辩见长，撰写论文、书写新诗，为人极具棱角，好与人争，却也相当富有魅力，有不少人为之倾倒。他四处行走，在各处掀起一阵旋风。他曾在香港、马来、南洋等地参与报纸的编辑，在（卢沟桥）事变发生前，也曾在政府机构做过官吏。听说事变后就以旧书店老板的面目蛰伏在上海。他不屈服于任何权威，为了中国的复兴统一放言奔走，也因此引起了各方面的不快，曾经被投入监狱，甚至生命也屡屡遭到威胁。"[1] 伴野对他钟爱有加，将他视作孙中山一样的人物，对自己的友朋弟子竭力推介和赞扬他。范已经结婚生子，在南京有家庭，但为了所谓的革命，他抛妻别子，四处游走，并且在上海与李媚结为同志和情人，伴野因此而恨透了李媚，将她看作可能给范带来祸害的狐狸精。在《大河》中，范已经离开上海，在武汉办一份

---

[1] 阿部知二「大河」『大河』、18-19頁。

报纸，鼓吹自己的政治主张。伴野担心他的安危，派鸟巢前去探望。鸟巢见到了范本人，其外貌不觉令他大失所望。"小个子，肤色黑黑的，脸上严重的凹凸不平，完全没有美男子的风采。唯有眼睛不时闪耀着锐利而炽热的光芒。"①

范士杰居住在汉口一个中国人街区的一家烟杂店的楼上。他周边的同志是一些记者、作家、演剧人等不甚得志的知识人。他们自然不满日本占领军的压迫，似乎也不赞同重庆国民党的方针，同延安的主张也保持着距离。范试图树立起自己的旗帜，他应该是有自己的政治理论的，但内涵似乎并不明晰（恐怕阿部自己也不甚了了）。但从小说的描写来看，似乎和者不众，势单力薄，也无具体明确的政治行动。其实在1940年代前期，中国早已诞生了国民党和共产党两大具有自己明确政治主张和政治势力的政党，游离于两者之间的所谓自由知识分子，也组成了中国民主政团同盟等颇有影响力的组织，活跃于国统区内，也与延安保持联系。当时的敌占区内，几乎难有反日本、反汪伪而又与国共不同调的政治势力生存，孙中山革命的时代也早成了往昔。对范士杰这一人物的塑造及其革命活动的描写，倒是显现出了阿部作为一个日本知识人改造、变革中国社会的热情和对中国社会实状理解的浅薄。

《大河》中对李媚的着墨也不少，但大都与《绿衣》中的形象叠合，此处不论。

综上所述，阿部的"上海物"中描写的中国人主要有李媚、曹小姐、吴心波和范士杰，日本人主要有桧原遵三郎、伴野万城和鸟巢仁一，展开的舞台主要是在上海，间或有武汉及

---

① 阿部知二「大河」『大河』、85 頁。

周边地区。

李媚和曹小姐大抵可以归入一类人物，即都是富裕阶级出身、容貌姣好、受过良好教育、有一定的日本游学经历。她们熟悉现代上流社会的种种奢华，却未流于肤浅的都市摩登女性，她们的内心一直燃烧着为祖国和民众服务的激情。在日本侵华的黑暗年代，她们的内心充满了痛楚，尚未确立明确的主义和政治选择，彷徨在上海、重庆甚至延安之间，有时不免迷茫。陆军宿舍内图片展中一幅在国军战地医院服务的曹小姐的朦胧图片，隐约昭示了她们最后的归宿。毕竟由于实际生活的疏隔，这些角色的塑造上未必十分成功，但清晰地表达了作为具有人文主义精神的日本知识人阿部对以上海为中心的中国现代女性的欣赏和感佩，这里其实包含了与近代以后日本女性的比较和思考。

作者所接触和描写的吴心波，一直挣扎在痛苦的境地，但吴的痛苦除了个人的秉性酿成的之外，更多的是时代的境遇所导致的。在中日政治关系如此畸形和扭曲的时代环境中，他在日本所接受的教育和成长的经历，也就是他身上所蕴积的日本元素，与他中国人的身份认同和自己的祖国处于被日本奴役和占领的状态，自然会发生深刻的冲突。这使得他无论在日本人中间，还是在中国人中间，都难以找到精神上真正的指归，常常处于紧张不安的状态。这也许是一个虚构的人物，也许并不具有一般的典型意义，但也绝不是凭空杜撰的。中国现代知识分子中的陶晶孙，在人生经历上就与吴有相当的相似性，整个沦陷时期他一直生活在上海，与日本人虚与委蛇，胜利后去了台湾，并在国共彻底决裂的政治氛围中选择了日本作为自己的归宿地。只是陶晶孙的个性至少在外表上比较温和，但是我们从沦陷时期乃至移居日本之后他所发表的文字和言行中，处处可感觉到这种内心的痛苦。两方面的知识修养越高，人文的思考力越强，其内心的痛苦程度就越深切。

在阿部所描写的所有中国人中，范士杰的虚构性最强。在他的身上也许投射了阿部对于孙中山理解的影子。囿于阿部本人对中国近代社会和革命理解的程度，范士杰身上表现出来的革命精神难免流于肤浅甚至荒唐。在当时的中国，已经形成了清晰的国共两大政治阵营，连具有相当影响力的自由主义知识分子也难以组成一个与之鼎立的政治势力。既无明确的政治诉求也无民众基础的范士杰之流，只是凭借一腔革命热情和献身精神，是难以拓展自己的政治空间的，更何况还时时处在日本宪兵的政治高压之下。在范士杰这一人物的塑造和表现上，也正显现了阿部对于中国近代社会理解的不足。

伴野和鸟巢是阿部比较欣赏的具有正义感的日本"新浪人"形象。伴野是有原型的，这类人物阿部在北京和上海期间应该有所接触，但这两个人物形象还是具有相当的虚构色彩。在他们身上其实更多体现了阿部对于这种超越了狭隘的民族国家利益之上的仁爱侠义精神的向往和讴歌。在阿部战后撰写的涉及战争的作品中，或含蓄或直接地表明了他对日本军国主义的厌恶。所谓近代的日本军国主义，是占据了政权主导地位的军部势力与财阀势力互相交织在一起后形成的恶性膨胀的民族扩张主义势力，利用政权的力量将全体民众动员起来，并以武力手段来实现其利益诉求的政治力量和军事行动。战争期间，阿部自己也不得不为军国主义所驱使，并且在某种程度上也成了军国主义势力的一分子，但他早年从俄国文学和英国文学中培育起来的人道主义或人文主义精神，使得他较早地对日本的侵华战争萌发了批评和批判的态度。他对伴野等人物的着力描写是想告诉人们，即便在战争最黑暗的时期，也并非所有的日本人都泯灭了良心。

桧原这个人物也许有一定的原型，也许纯粹只是出于虚构。他应该是阿部在上海期间所交往的日本人的一个缩影。阿部之所以要描写这样一个人物，目的恐怕是要表现战争期间，在海外尤其是在中国上海的日本人对于日本在海外的军事行动以及被占领地区的人们的态度和立场。桧原并不隶属于任何军部系统，从其职业和身份来说他是一个专业知识分子，也就是说他原本可以有自己比较理性的立场。当然，这场空前的战争几乎将所有的日本人都卷入了漩涡，超然物外几乎是不可能的。在上海的桧原也或主动或被动地出演在海外的日本人的角色。桧原他们具有明确的日本人的身份认同。出于左翼或右翼的视角，他们对于现实的日本也许持有一定的訾议并试图改造它，但在当局推行的对外战争中，他们会比较自觉地坚持自己日本人的立场。这一人物应该表达了阿部对于在上海的一般日本人的理解。这样的人很清楚，作为日本人自己在上海乃至中国所呈现的角色。他们也许并未表现出很多飞扬跋扈的一面（至少在桧原身上），但对于日本在中国的行径几乎没有深刻的反省和思考。在民族认同的逻辑上，他们的日本人立场非常鲜明，因此对于包括上海市民在内的中国人的民族情感，尤其是中国人对作为侵略者和占领者的日本人的厌恶，或者无法理解，或者不屑理解，但他们的内心，也并非没有痛苦。桧原最后不顾自己的生命只身闯入日军和中国军队互有进退的区域乃至尸骨无存，也许也是为了寻求一种精神上的解脱吧。

作为"上海物"的系列作品，自然有许多有关上海场景的描写。阿部试图通过这样的描写向日本读者营造浓郁的海外地域气氛，以确立"上海物"之所以为"上海物"。但笔者更感兴趣的是，这些描写传递了作者对上海怎样的感觉。

下面是阿部从陆军宿舍（西侨青年会）五楼房间的窗口望出去的景象。

> 南京路对面的跑马场上，有三匹小马正在进行练习。一旁十几层大酒店的门口与往常一样，穿着奢华服饰的中国男女从汽车和三轮车上下来后走入酒店。这已是我几个月来见惯的风景，望着奔跑的赛马，也没觉得怎么有意思，想象着大酒店内嚼食着珍馐佳肴然后踏入舞池的人们时，既不会涌起新的感动，也没有了羡慕和愤激。①

还有发生在同一地点的战时特殊景象。

阿部在上海时，经常到各个剧院观戏或欣赏音乐会。"兰心剧场里几乎每个礼拜天的夜晚都有上海交响乐团的演奏。数十名乐手差不多都是来自俄国、德国、意大利、匈牙利等国的西洋人，听众有五成是日本人，三成是外国人，两成是中国人。饱受通货膨胀之苦的那些乐手们都是空着肚子，演奏时也无多大的激情，只是习惯性地演奏着音乐而已，气氛比较沉闷。"

上述的这段描写意味着，尽管太平洋战争爆发后英美的势力被日本人逐出了上海，在充斥着防空头巾和国民服的日本本土，欧美的洋腔洋调几乎已被扫荡一空，但在日本占领下的上海，依然有着浓重的国际都市的气氛。

---

① 阿部知二「陸軍宿舎」『改造』1946 年 3 月、92 頁。

当然，上海从来就不是只有光鲜的一面。1945年1月末，小说中的"我"雇了两辆三轮车自陆军宿舍搬到苏州河畔的临时住所，沿途所见的是如此的景象：

> 那是一个阴沉的寒气刺骨的日子。我们的车子穿过南京路上拥挤的人流向前行驶，不一会儿向北折入一条有些肮脏的小巷。……路上，散落着一地沾满了尘土的豆子，大概是卡车上震落下来的吧。好几拨妇女和儿童，趴在地上一颗一颗地捡拾。"这一带，到了夜里满街都是妓女……"吴君说。……煤气包的后面，是一条沿着浑浊的苏州河的道路。我记得河的对岸是一座似曾相识的建筑物。后来才终于想起，这就是在电影和图片中好几次见过的四行仓库，"上海事变"的时候，十九路军一直坚守到最后的那座仓库。①

战争时代的上海，虽然1937年后未再出现滚滚硝烟，但依然有一种独特的、令人不快的战时风景。

> 这一恐怖的情景已经持续十天了。从早上八点开始到天黑，房间窗口的斜角上，一个大扩音器不停地在叫唤。音色破裂而奇怪，但响到周边一平方公里都可以听到的程度，交替地使用着汉语和英语，对着南京路上熙熙攘攘的人群狂轰滥炸般地大声吼叫，一刻也没有停息，其间还会播放几种电影的主题歌。破裂的声音所叫唤的具体内容听

---

① 「隣人」『阿部知二全集』第6卷、267-268页。

不大清楚,但我想一定是为眼下正在陆军宿舍的三楼大厅内举办的"日军战捷纪念展"招揽观众。①

每周三次,我从市内寒碜的住宿地出发,或坐电车,或步行,或坐人力车,前往城市西端的学校去授课,其间要穿过兆丰公园,也称为极司菲尔公园的英国式公园,学校就坐落在公园的那一头。公园到了九十月份时,宽阔的草坪上开满了各种美丽的花草,一走进这里,就仿佛从战争的恐惧和在物价飞涨的痛苦中呻吟的城市的喧嚣中解脱了出来,来到了一个完全不同的世界。但是,过了不久,这里就出现了穿着国民服、扛着木头枪的日本侨民在军人的指挥下在草地上进行军事训练的情景。去学校上学的青年男女们(这些学生都是些潇洒的青年绅士和淑女,曾有这样稍带贬义的说法,说是上海的流行都是始于圣约翰)以非常冷漠的眼光望着这一场景,形成一个队列从一旁走过。留着长发、穿着西服的我,带着几分惶恐的心情,混杂在学生的人群中从他们身边走过。②

由上述的断片缀成的上海场景,向我们展示了阿部心目中的处于战争后期的上海印象:富有阶级灯红酒绿的奢华生活与下层贫民饥寒交迫的艰难维生互相交杂的世界;英美的势力虽然遭到了驱逐但西洋的色彩依旧浓郁的近代都市;虽然没有弥漫的硝烟但战争的阴影时时笼罩在人们心头的非常岁月。这些

---

① 「隣人」『阿部知二全集』第 6 卷、90 頁。
② 阿部知二「追憶」『ニューエイジ』第 1 卷第 6 号、1949 年 6 月、74 頁。

场景构成了日后阿部对上海沉重而复杂的历史回忆，也成了十余年后他重访上海时的重要参照系。

五　从自由主义到社会主义：
阿部的战后左转

阿部知二与中国的因缘并未止于战争的结束。

日本近代的对外政策以及作为政策实施的对中国的扩张和侵略乃至规模更大的太平洋战争，其带来的严峻后果促使阿部等一代有良知的知识人对日本的命运和人类的前途做出深刻的思考。战前以知性的带有自由主义倾向的人文主义者著称的阿部，在战后不久即逐渐展现出了左翼的色彩，并且成了一名对日本当时体制（或整个资本主义制度）的批评者。不少人对此感到意外和不解。其实，促使阿部的思想发生深刻转变的，恐怕是那场使日本和亚太地区的人民遭受深重灾难的大规模对外侵略战争。在国内，阿部已亲身感受到了宪兵、特高警察的飞扬跋扈，感受到了令人窒息的精神压迫；在海外，他又亲眼看见了日本占领军对当地人民的凶狠残暴。从爪哇回来后，他就开始对这场战争产生怀疑，并在内心痛恨那些同为日本人的法西斯军人。曾在东京文化学院听过阿部授课的青地晨后来回忆说："那是老师受到军部的征用、以报道班员的身份被派到爪哇去再回到日本不久的事，大概是昭和十八年年初的时候吧。我与老师在电车上偶然相遇，我问起了他对军人的感想。那时老师的回答极为干脆明了：军人都是些无聊的家伙！我不觉大为震惊，下意识地环顾了一下周边。老师说这话时语气激昂，仿佛是在发泄积郁在心头的愤懑。我没想到老师会这样回答。赞美颂扬军人是当时的社会风潮，连那些曾经属于无产阶级文学阵营的作家也不例外。而且在电车中说这样的话在当时也是非常危险的。每每说及老师在战后的'转变'，我就会不由得想起那件事。"[①] 战争期间，阿部无法在公开发表的文字中表述他的内心世界，青地的这段回忆昭示了阿部至少在爪哇期间或回来后就已经萌生了对于主导当时日本社会的军部势力的憎恶。

阿部早年的基本思想，包括他的人生观、文学观和政治倾向，其资源主要来自19世纪的俄国现实主义文学、18~19世纪的英国文学和部分的19世纪末至20世纪初的美国文学，其主轴是人文主义或人道主义，在政治立场上则更多的具有崇尚个性的自由主义色彩。因此当1920年代具有鲜明党派和阶级意识的无产阶级文学在日本文坛崛起时，一直沉浸在西方人文主义或人道主义理念中的阿部，自觉不自觉地与其保持了距离。而他在此期间发表的文学理论和作品，也使得外界更多地将他划在新兴艺术派（如横光利一、川端康成等）的阵营。但是1930年前后，军部主导的法西斯主义日益嚣张，日本的政党政治已经完全瓦解，与此相关的极端的国家主义成了日本社会的主导力量，这使得自由主义知识分子在精神上感到了史无前例的压迫，他们的思想空间不断地受到挤压，最后被逼到了喘息的境地。对华全面侵略战争爆发后，知识分子的尊严更是受到了严重的践踏，他们已沦落为军部手中的工具，或被强行征召入伍（如武田泰淳和竹内好等），或作为报道班员被派

---

① 青地晨「錯覚」『阿部知二全集 月報9』。此处引自『阿部知二全集』第12卷。

往中国和其他被侵占的国家（如阿部等）。武田泰淳在上海看到了横尸遍野的惨象，阿部则在爪哇震惊于美丽的异国与蛮横的日本军人之间的强烈对比。而所有这一切，与作为阿部精神支柱的人文主义或人道主义是严重冲突的。至少从那时起，他已对那场战争和日本的命运开始了痛苦的思考。此后为了生存，他也不得不屈从于军部的淫威，在一定程度上听从他们的调遣，这就有了他的第一次上海之行。但他依然被排除在主流文坛之外，甚至作品一度遭禁。为了在精神上获得喘息的空间，也是为了谋求物质上的存活，他私自通过友人的斡旋第二次来到了上海，在自由主义气息比较浓厚的圣约翰大学谋得一份教职。

从战后立即发表的一系列"上海物"小说来看，阿部基于人文主义的反战思想、和平主义的理念和对于中国文化的基本认同和赞赏，并不是在战败之后瞬息之间的突然转变和迸发，而是在人文主义或人道主义思想的基础上逐步演进的表现。一个重要的标志就是自战争末期起，他开始对这场由日本挑起（军方主导、全民参与）的对外战争进行反省，尤其是对华侵略战争。无论是1935年夏天的北平之旅，还是战争后期在上海的长期逗留，他都亲眼看见并亲身体验了日本人在中国的实际行径。战争结束不久发表的一系列"上海物"作品中，就已表现出了他对战争的反思和批判。在尔后发表的各种演讲和文章中，他更是直接将日本的对华战争斥为"侵略战争"。我们试举出如下的言辞：

30年代刚开始，日军就侵入了东北，不久又将战火扩展到华北以及全中国。世界大战爆发，太平洋战争爆发，整个中国被卷入战火之中。①

我们对于过去，也就是对于过去的侵略还没有做过任何的清算。在还没有得到清算的情况下，又碰到了新的难题。对于核武器，作为一个核爆炸受害国的国民，我们毕竟无法放弃彻底否定的态度。②但是，为了要表明这样的态度，我们对于过去发动的侵略战争多少也应该做出清算和了结吧。③

需要指出的是，类似阿部这样的认识，在战后的日本知识界或舆论界虽非罕见，却也不是主流。对于近代以来日本的对外侵略战争，一部分知识界人士曾通过文字和言论表示了深刻的反省和批判，如作家武田泰淳、大江健三郎，历史学家井上清、家永三郎等，但这一问题始终未得到彻底清算。乃至时至今日，仍然有诸种沉渣泛起，企图掩饰或文饰日本过去的战争罪行。

基于这样的认识，此前埋首于书案、专心于文坛的阿部，在战后罕见地开始投身于各种社会活动。他陆续担任了人民文学派的日本文学学校首任校长、日本文化会议议长，还频频参加国际笔会、亚非作家会议等带有左翼色彩的国际文化活动。

---

① 阿部知二「中国の近代・現代文学に面して」『文学』1967 年 3 月。此处引自『阿部知二全集』第 11 卷、353 頁。
② 此处指中国 1964 年原子弹爆炸成功后阿部参与的日本知识人发表的批评声明。
③ 阿部知二「盧溝橋三十年の重い流れ」『展望』1967 年 9 月、49 頁。

人文主义或人道主义的思想本身就包含了民主主义和社会主义的元素，只是在战前，人文主义或人道主义在阿部的身上更多地表现为崇尚个性、追求社会良知的自由主义，这一点，终其一生也没有在阿部身上泯灭，但作为对于战前法西斯主义和战后以美国为首的西方世界强硬的反共政策的反动，其民主主义和社会主义的元素在逐渐扩大，或者说阿部自觉不自觉地从左翼的思想资源，包括民主主义和社会主义的思想中汲取精神养分。

在整个1920年代以及1930年代前期，阿部与日本的左翼尤其是左翼文坛一直保持着距离。他的作品的基调主要是表现中产阶级的生活场景，表现他们的日常生活和情感，无论是人物内心还是外在的自然环境，描写大都细腻而精致，荡漾着一种淡淡的哀怨，具有抒情诗的风格。日本对外侵略战争的爆发以及随着战争的扩大而带来的社会情势的恶化，以及阿部自己所遭受的战争苦难，使得他对日本社会以及所谓的"国策"逐渐产生了怀疑和反省，尤其对主政的军部势力萌生了日益强烈的憎恶。他这一时期的作品开始出现了较多的思考，也每每流露出痛苦的情绪。战后，作为对战争时期猖獗的法西斯主义的反动，左翼思潮重新复活并在一定程度上主导了日本的思想界。日本战败后，经历了长达六年的美军占领期。虽然整个社会正在逐渐复苏，较之战前，战后在美国人主导下建立起来的政治和社会结构也具有明显的优良性，但冷战的世界格局和日美安保条约等，却使得日本在各个方面不得不依附于美国，或者说在相当的程度上成了美国的附庸。这种有些屈辱的状态，使得相当一部分强调独立思想、自由人格的日本知识分子，对美国产生了一定程度的抗拒意识。在这样的背景下，阿部原先思想中的人文主义和民主主义蕴含的社会主义元素开始被激活或放大。或者说，他对资本主义对立面的社会主义产生了兴趣。但这一时期，社会主义还不是他思想的主流。其时，社会主义在他的脑海中更多的还只是些抽象的概念和模糊的影像。1954年秋天在中国三周的所见所闻，使他的头脑中的社会主义变得清晰和具体起来。

在思考日本近代尤其是战后命运时，无论是从哪一个视角，中国始终是一个巨大的参照系。阿部等具有人文主义思想的日本知识人，对近代以来因外患和内忧所导致的中国的衰败与凋敝固然感到哀叹和痛惜，同时他们也或清晰或模糊地意识到四千多年积淀下来的中华文明强大的内在力量。1935年阿部初到北京时，就惊异于北京宫殿的宏阔深厚和华北黄土的粗粝壮伟，惊叹于武英殿、文华殿内陶瓷器藏品夺人心魄的瑰丽。虽然历史上中国也曾遭到外族的征服，但中华文明具有"将所有的（外来）思想和权力吞噬进来，用无边无际的充溢着支那人气息的巨大的湖沼将其包围笼罩，直至消融的同化力"。[①] 虽然其时主流的日本社会从中国的衰败和凋敝中萌发了扩张意识，试图借日本人之手来"改造"和支配中国，阿部等却在1935年就已隐约地感觉到，日本人进入中国后，很可能如同一头大象陷入无尽的泥沼。

阿部自青年时代起，就在西方近代思想的熏陶下成了一个坚定的人文主义者，自由、平等、博爱是他对人类社会的信念，也是他追求的理想，人文主义的精神体现在他所有的作品中。战后出于对日本侵略战争的反省和对资本主义世界的重新

---

① 「北京」『阿部知二全集』第2卷、299頁。

审视，更由于他比较深刻的中国体验，其思想中的社会主义元素开始逐渐放大，尤其是通过1954年和1964年对新中国的两次访问，他对社会主义的中国留下了积极的印象。阿部关注中国的最终目的毕竟还在于日本自身。在他看来，作为在历史和现实中与日本有着千丝万缕关联的邻邦，中国是一个在思考日本命运时的巨大参照体。在审查了中国的历史和现实后，他得出的结论是：

> 在百年之中，行走了一条与中国人不同的道路并将继续行走下去的我们日本人，一直都在细致入微地学习西洋的近代文学，然后经历了（类似西方的）文艺复兴时代或中世纪的岁月，逐渐把握了古希腊和希伯来世界的精神。我们要是真的具有学习西方的意志，恐怕也未必不可达到西方世界的境地，进而也未必不能汲取和掌握具有很大普遍价值的西洋的人生观。但是，即便如此，还是会有未解的问题，即我们如何来发现我们自己？也就是说，我们日本人的价值观、日本人的面目到哪里去了？用泰戈尔的话来说，就是"人的完成"怎么样了？要回答这个问题，最终我们还得对于我们这个充满了矛盾的近现代社会的基本特性从根本上加以彻底的反省和批判。这种批判，既是对近现代社会的"老师"西洋文化各个方面的主体性批判，同时也必定要对我们自身的传统进行严厉批判。如果这样的想法成立的话，我们就应该认为，这项工作与中国人业已完成的进程以及正在进行的进程，在很多方面都有密切的关联。我们要承认，日本的文学和中国的文学，在性质和状况上彼此都有许多不同点，而且两者在过

去漫长的关系中还有许多尚未整理的遗产。在承认这一实况的基础上，我们既不必抱有无条件的亲近感，也不必抱有无条件的疏远感，而是根据客观的事实，对近现代中国文学的诸问题加以不懈的关注、探求、经常保持深切的关系。只有这样，这两个民族的文学才能取得具有实质意义的收获。①

很显然，阿部的这一认识和结论已经完全不限于文学的领域。这也是他经历了中年和晚年的种种体验和思考之后，对中国之于日本的意义做出的一个总结性阐述。

---

① 阿部知二「中国の近代・現代文学に面して」『文学』1967 年 3 月。此处引自『阿部知二全集』第 11 卷、365 - 366 頁。

第八章　他山之石，彼岸之花：
　　　武田泰淳的中国认知

　　在二战以后日本的文坛上崛起的新作家群，或者称为"战后派"的作家中，无论从其个人经历还是其作品所关注的对象，武田泰淳（1912～1979）恐怕是最具有中国色彩的一个；或者说在战后崭露头角并卓有成就的作家中，像武田泰淳那样与中国有着密切因缘、对中国怀有深刻情结的人是十分鲜见的。

　　不过，武田泰淳并非在战后才初次登上文坛。事实上，他最早发表在杂志上的作品，可以追溯到1933年在《明日》上发表的长篇怪奇冒险小说《世界黑色阴谋物语》。不过一来《明日》只是一个影响非常小的同人杂志，二来作品本身只刊登了第一回就中断了。除了范围有限的同人外，几乎不为外人所知晓。尽管如此，自此以后武田泰淳基本上就没有脱离过文坛，尤其是他作为发起人之一的中国文学研究会成立以后，他的大部分活动几乎一直与中国文学或者中国本身有着极为密切的关联，并在战前的1943年出版了可称为长篇评论的《司马迁》。但他以小说家的身份登上文坛并为世人瞩目则是在战后。

日本战败之前，准确地说是大正和昭和前期（1912～1945），出于历史、文化和政治情况的原因而关注中国的日本作家为数相当不少。比如1916～1920年在辽东半岛生活了将近5年、撰写了《大同石佛寺》《支那南北记》《支那传说集》等的诗人、剧作家和小说家木村杢太郎，自幼浸淫在中国文化之中、写了不少中国题材的小说并以《支那游记》一书引起世人物议的小说家芥川龙之介，少年时代起就具有浓重的中国趣味、两度来中国游历并以江南为题材撰写了不少小说随笔、与中国新文坛交往广泛的作家谷崎润一郎，以"中国通"自居、在中国古典文化上具有相当修养并曾与田汉、郁达夫等有着深厚交谊、参与鲁迅作品翻译推介的佐藤春夫，1920～1930年代数度来中国生活和游历、将中国比作恋人、出版了以《魔都》为代表作的十来部有关中国作品的村松梢风等。但在日本全面侵华战争爆发前后，这些作家或者去世，或者脱离文坛，或者发自内心或迫于压力而为当局的侵略政策摇旗呐喊，乃至于在战后重新复出文坛的作家，也许是因为自己在战争中的不当言行，也许是因为对新中国政治和文坛的隔膜，几乎都切断了自己与中国的情缘，在他们战后问世的作品中几乎找寻不到中国的印迹。[①]

被视作战后派的大部分作家，如野间宏、椎名麟三、梅崎春生、大冈升平等，他们早年成长的岁月对中国的憧憬早已不复存在，汉文教育也已逐渐废除。他们中的不少人虽也曾因参加左翼运动而被捕入狱或被迫走上战场，但这些左翼运动与中

[①] 小说家、评论家阿部知二是一个稍微有点特殊的现象，本书有专门论述，请参阅本书第七章。

第八章 他山之石，彼岸之花：武田泰淳的中国认知

国大抵已无关联，战场的经历则多在南洋的菲律宾等，在大学中选择的专业也多为英文、法文等与西方文学和哲学相关的领域。出于早年的经历和战后的政治环境，他们的目光一般都没有投注于中国。[①]

就战后崛起的作家而言，武田泰淳的中国情结也许并不具有很大的代表性，但这绝不意味着在他那一代的文人（包括作家在内的评论家、文学研究家和翻译家等）中，他只是一个突兀孤立的存在。在战前和战争中所经历的与中国相关的刻骨铭心的人生，战后对战争因果的深刻反思，使得很多的日本知识人时时在关注、检讨中日之间（包括民族、文化和历史）的诸问题，以中国为一坐标轴或参照系来思考日本的命运和未来。以竹内好为内核的形成于战前的中国文学研究会的成员就是代表性群体之一。

因此，本章的展开固然将充分注意到武田泰淳的作家身份，他的作品也是本章要考察的主要对象，但本章不会是一篇纯粹的作家论，对其作品也并不重在文学性的分析。本书更关注的是战前、战时、战后的日本知识人群体对中国的认识和中日关系的思考。武田泰淳是这样一个主题的个案之一。就武田泰淳而言，来自文物和文献的知识信息在他的头脑中构筑起了一个或清晰或模糊的中国意象，而战争时期和战后他又以各种形式实际接触到了中国的实像（或部分实像、或实像与意象交织的混合体），这是他的中国思考和中国叙说中一个极为重要的元素。

[①] 战后派的作家中，堀田善卫是一个有点特殊的存在。

一 在战争中听司马迁时代的回响

武田泰淳1912年2月12日出生于东京市本乡东片町的潮泉寺（属净土宗），幼名觉。父亲是寺院的住持，名大岛泰信，武田的姓氏乃是自其父亲的师僧武田芳淳承袭而来。武田自幼在寺院的环境中长大，少年时爱读侦探冒险小说，中学时英文成绩不错。

他与中国的因缘起于何时，尚难以确定，不过在寺院的环境中他应该读过一些佛经。佛教6世纪中叶自朝鲜半岛传入日本，用的一直是汉译佛经。净土宗虽然是法然12世纪在日本创建的宗派，但其经典《选择本愿念佛集》等大抵都用汉文撰写。在如此气氛的熏陶下，武田已培养起了阅读汉文（与中国的文言文大抵同意）的能力。这一点与他同时代的人颇不相同。在江户末年至明治时代成长起来的日本文人，大都具有写作汉诗文的造诣，即便如留学德国的森鸥外和留学英国的夏目漱石皆留下了可观的汉诗文作品。[①] 但大正年间成长的日本人一般已难以阅读汉诗文，即便后来考入东京帝国大学支那哲学文学科的竹内好也并不具备汉诗文阅读能力。[②] 1928年，武田进入浦和高等学校文科甲类，上课并不热心，经常钻在图

[①] 夏目漱石遺稿『漱石詩集』岩波茂雄、1919；吉川幸次郎注释『漱石詩注』岩波書店、1967；『鴎外歴史文学集』第13、14卷、岩波書店、2000～2001。另见，陳生保編著『森鴎外の漢詩』明治書院、1993。

[②] 竹内好曾回忆说："从此（1932年——引者）就想真心研究中国，买了若干的书刊带回来，开始了我的第一步。因为我还无法阅读汉文，于是就从现代汉语开始。"竹内好『方法としてのアジア・序章　わが回想』創書社、1978、16頁。

书馆里阅读"国译汉文大成"本的《红楼梦》及鲁迅、胡适的作品,并试做了20篇汉诗。① 不知武田此时所读的鲁迅等人的作品是中文原作还是日文译作,因1928年时鲁迅等的作品还只有极少量的日文翻译。1930年18岁时,他还前往住所附近的一所私立外语学校学习现代汉语。从他日后的行为来看,这一时期他应该已对中国文学或中国产生了兴趣。

翌年,他考入东京帝国大学支那哲学文学科。同级的同学中有竹内好,高一级的有冈崎俊夫,这三人后来成了中国文学研究会的主要发起人。东京帝国大学当然是日本最高的学府,但支那科不大有人要读,相对而言进入的门槛比较低。同时代的文学评论家本多秋五曾不无揶揄地说:"据我所知,昭和初年的支那哲学文学科不是个有人气的学科,进去的不是和尚的儿子就是出身汉学家庭的子弟,一般人若无特殊的情况,是不会想进这样的学科的。"②

从浦和高等学校开始,武田就开始阅读马克思主义的书籍,思想倾向左翼,加入了反帝组织。进大学后,他依然参加左翼组织的活动,因在中央邮局散发鼓动罢工的传单等前后遭到三次逮捕,并在本富士警署被拘押了一个月。进入大学后,他还是很少去学校听课,第二年开始不再交纳学费,由此中断了学业。不过这一时期,他开始与来日本留学的中国学生有了交往。此时他经常去东京神田北神保町中华留日基督教青年会馆内的书店翻阅或购买中国图书,结识了几名中国留学生,后来圈子逐渐扩大,互相教授中文和日文,这是他与

---

① 埴谷雄高编『武田泰淳研究 増補』筑摩書房、1980、596頁。
② 本多秋五『物語戦後文学史』中、岩波書店、1992、251頁。

中国人交往的开始。

1932年,他进入增上寺的加行道场,改名泰淳,取得了僧侣的资格。而在这之前,他父亲也自潮泉寺转入目黑区中目黑的长泉院担任住持。据武田后来回忆,在增上寺期间,他与一位来寺院修行的中国僧人彼此用笔谈的方式讨论了社会主义与佛教的问题,他觉得对方在佛教上的造诣很深。① 由此看来,这时的武田还不具备用中文交谈的能力,但从其稍后对中国现代文学的评论介绍来看,他当时已经具有了现代汉语的阅读能力。

在武田早年的中国因缘中,最具有意义的恐怕是参与发起中国文学研究会及之后在研究会中的活动。② 这一组织的缘起,主要是出于对当时东京帝大等的汉学教学和研究现状的不满。武田在1943年回忆说:

> 我们从学生时代开始,对汉学这样的东西抱有反感。与其说是抱有反感,不如说是完全没有兴趣。通过汉学来接触支那的文化,总不能获得满足,在感觉上也很不喜欢。倒也不是说对汉学的本质已经看得很明白,而是对由汉文所笼罩的这种气氛,由汉学所散发出来的儒教的冬烘气,怎么也无法适应。作为日本人来说,研究支那应该还有其他的途径。……于是我们在昭和九年开始了中国文学研究会,对支

---

① 武田泰淳・堀田善衞『私はもう中国を語らない:対話』朝日新聞社、1973、10頁。
② 关于这一组织的成立和主要活动,笔者曾撰有《日本中国文学研究会始末及与中国文坛的关联》(《新文学史料》2011年第3期)。

那的现代文学、支那的支那学者的业绩，展开了调查。①

中国文学研究会的核心人物无疑是竹内好。在他撰写的"会则"中，将这一组织定位为"以中国文学的研究和日支文化的交欢②为目的的研究团体"。③ 有关武田对该组织发起的实际参与情况，竹内在当年的日记中有如下记载。

> 1934年（下同）1月24日。……十一时许，武田（泰淳）来，谈两小时左右归。劝其参与中国文学研究会。对其已阅读相当数量的（中国）现代小说颇为感佩。
> 3月1日。横山、佐山、武田、冈崎来访，举行中国文学研究会第一次的准备总会，决定会名为中国文学研究会。……决定每月1日、15日举行两次例会，出杂志。④

研究会1934年8月4日假借由研究会举行的北京大学教授周作人、徐祖正欢迎酒会的场合，对外正式宣布成立。翌年3月，开始发行机关杂志《中国文学月报》。作为主要同人的武田，从第2号开始为该杂志撰写文稿，内容兼及中国古典和新文坛两个方面，至其被应征入伍前往中国的1937年10月止，共发表了《钟敬文》《今年度的中国文化》《关于唐代佛教文学的民众化》《昭和十一年中国文坛的展望》《袁中郎论》

---

① 「自序」本多秋五『司馬遷』日本評論社、1943。此处引自『武田泰淳全集』第10卷、筑摩書房、1971、3頁。
② 原文的汉字为"交驩"，通"交欢"，意为在和睦友好的气氛中愉快地交流。
③ 「中国文学研究会会則」『中国文学月報』第1号、1935年3月。
④ 「1934年日記」『竹内好全集』第15卷、筑摩書房、1981、43-45頁。

《抗日作家及其作品》《关于李健吾的喜剧》等16篇。1934年1月他还在《斯文》上发表了第一篇有关中国新文学的文章《关于幽默杂志〈论语〉》。由此大抵可知他早期对中国文学的兴趣所在及其有关中国文学的知识结构。

1935年前后,武田与来日本的几位中国作家也有不同程度的交往,其中有在千叶市川流亡的郭沫若和以《从军日记》闻名、两度来日本留学的谢冰莹。

有关武田与郭沫若的交往,主要见竹内当时的日记。1934年11月9日记道:

> 上午武田来,同去访问郭先生。在京浜百货公司购买点心带去。装了书的包裹颇重。呼吸到了久违的郊外空气。郭氏的神态语气如旧。说起请他在中国文学研究会做演讲的事,私下允诺。获赠《文学》十一月号和《现代》十月号。因为他基本上不读。杂谈。大众话问题,承蒙教示。说话非常有气势。我想他不愿折节,不愿妥协,故埋首金石研究。近十二时辞出。①

竹内和武田等酝酿已久的演讲会终于1935年1月26日举行,这也是中国文学研究会的第三次例会活动。竹内的当天日记比较详细地记载了演讲会的情况。

> 令人热泪盈眶的盛会。出席者104名。(一桥)学士会馆第二号室,充溢着听讲者,座椅不敷使用。人人都在

---

① 「1934年日記」『竹内好全集』、75 - 76頁。

第八章 他山之石，彼岸之花：武田泰淳的中国认知 / 337

称赞会议的盛况。高田教授与竹田副教授均来。郭氏的演讲，一时半开始，逾三时结束。郭氏自己似也极为亢奋。一户①司会，极拙劣，然亦无可奈何。留学生出席者数十名，大多似见报而来。郭氏忘带衬衫袖扣的金属扣，将自己的借给他。郭氏演讲至高潮处，眉间紧锁，目光如炬。逾三时演讲结束，备茶果恳谈。②

翌日下午，竹内又会同武田、冈崎去访郭沫若。抵达时，"已近四时。郭氏热情相迎。商议文稿刊发《思想》和《同仁》事宜。借阅《楚辞》研究原稿。郭氏拟出日文版，请我们与书店交涉。聆听其有关《楚辞》和'天道思想'的高论。我们给他的演讲费原封归还，作为给研究会的捐助，对研究会给予了热情的支持。郭氏对众多的留学生来听讲亦甚感喜悦。辞行时一再挽留，并屡屡邀请今后常来玩"。③

顺便提及，这些来往郭沫若在其有关流亡日本的文字及郭沫若的年谱和传记中均未有任何记述。

武田与当时来到东京的谢冰莹有颇为深入的交往。以《从军日记》出名的湖南作家谢冰莹1931年在日本待了四个月，九一八事变以后回国。第二次到日本大概是在1934年的秋天，不久就开始参加研究会的活动。在研究会的第二次例会上，主持人武田泰淳正式向大家介绍了她。在12月9日举行的研究会的第一次恳话会上，请谢冰莹主讲了"我的文学经历"。位于长泉院内的武田的家还算比较宽敞，每周总有两三

---

① 研究会主要成员。
② 「1934年日記」『竹内好全集』、92頁。
③ 「1934年日記」『竹内好全集』、93頁。

次，有中国留学生到他这里来，谢冰莹也常跟着去，谈论各种文学或其他话题。

后来谢冰莹对武田说想迁居到目黑一带，于是武田就给她介绍了一处朋友开设的小公寓，在那里谢与一位姓黄的研究生物的男子同居了。这一年的4月初开始，谢冰莹与黄姓男子一同到武田家里学习日文。不料，武田却因谢冰莹而卷入了一场政治漩涡。大约在第二次或第三次恳话会结束后，武田送他们两人回住处，并在那里逗留了一会儿之后回家。正在沐浴时，特高科的警察上门将他带到了目黑警署，并因此入狱一个半月。

自1920年代末起，日本社会的白色恐怖日益浓厚，共产党等左翼组织被数度镇压，有共产主义或自由主义倾向的人士屡屡受到警察的调查。武田泰淳本人在学生时代就曾因参加左翼活动被警方三度拘留，可谓一个有"前科"的人了。在日本的中国留学生也经常受到警察的追踪和调查，谢冰莹的言行早就受到了警方的注意。1935年4月末，伪满洲国皇帝溥仪来日本访问，日本当局怕受到中国留学生的抗议，就将他们认为的危险分子一概抓捕起来，谢冰莹和黄姓男子就在那天夜晚被抓到了警署，在受到审问逼供20天后被释放了，武田则被关了45天才放出来。关于这段经历，谢冰莹在1940年出版了日记体的《在日本狱中》，武田则在战后撰写了《谢冰莹事件》，刊登在复刊后的1947年《中国文学》101号上。

这一事件对武田打击颇大，他后来回忆说："我这样老实本分、这样消极地生活竟然也会受到怀疑，我在研究会的工作中所怀抱的光明的希望，与留学生交往的乐趣，这些充满了甜美梦想的日常人生，突然被丑恶的现实都撞碎了。"①

1937年10月，日本侵华战争已全面爆发，武田突然收到当局的征召，被编入辎重输卒队派往华东地区。在此之前，对于有志于中国研究的武田自然是期望有朝一日能踏上中国的土地，却不料竟然是以这样的方式，内心的苦楚可想而知。战后他自己反省这一段经历时说："那时，我内心是反对战争的。"②他觉得当时自己的身份是"侵略者"。③那年11月初，他在上海的吴淞登陆，被分配在卫生材料厂做后勤事务，后来又或坐卡车或坐小船辗转嘉兴、湖州、杭州，再自南京渡过长江北上徐州，一路途经安徽，目睹了"如小孩一般的中国士兵，懵里懵懂地被抓了俘虏，砍了头"④的惨景，也曾在"慰安所"里买过春，又沿着长江抵达了九江、南昌和武汉，一路走过中国东部的许多地区，并在战争间隙大量阅读了西洋的哲学、日本的文学和《论语》等多种中国古典。⑤1939年10月，他退役返回日本。

这段人生经历对于武田而言无疑是刻骨铭心的。他后来在谈到这一战争体验时说："对我而言，这是非常可耻、痛苦和令人厌恶的。"⑥竹内好后来评论说："那一时段的体验和在中

---

① 武田泰淳「謝冰瑩事件」『黄河海に入りて流る：中国・中国人・中国文学』勁草書房、1970、225頁。
② 武田泰淳・堀田善衞『私はもう中国を語らない：対話』、28頁。
③ 武田泰淳「一兵士として行った中国」『揚子江のほとり：中国とその人間学』芳賀書店、1967、55頁。
④ 武田泰淳「一兵士として行った中国」『揚子江のほとり：中国とその人間学』、57頁。
⑤ 武田泰淳「戦線の読書」『文芸春秋』時局増刊26、1939年11月。
⑥ 武田泰淳・堀田善衞『私はもう中国を語らない：対話』、38頁。

国的思考，可谓在很大程度上决定了他日后的人生。"① "武田的精神的转换，也可称之为生的自觉，是由出征这一体验带来的，两年的兵营生活让他变了一个人。"②

回国后，武田陆续将他在中国草拟的笔记整理成《庐州风景》《关于支那文化的信函》《杭州的春天》发表在《中国文学月报》上，并与小田岳夫合著了《扬子江文学风土记》。作为研究会的主干，他继续向日本读者介绍臧克家、卞之琳、巴金、沈从文、曹禺等中国新文坛的作家。这一时期武田以中国的历史和现实为题材撰写了数篇小说。不过除了《E女士的杨柳》之外，大部分在战后才得以付梓。1941年10月起，武田进入日本出版文化协会（后改为日本出版会）文化局海外课支那班供职。此外的大量时间，武田躲避在父亲的寺院里阅读了大量哲学、文学、佛学和陆续发掘出来的敦煌文献，这些都增加了他思考问题的深度和广度。

在战前武田与中国的因缘中，最重要的作品应该要推1943年4月由日本评论社出版的《司马迁》。日本评论社当时推出了一套"东洋思想丛书"，经人介绍向武田组稿，武田选择了司马迁。他在1942年12月为该书所写的序文中留下了这样的文字。

> 我思考《史记》始于昭和十二年，即出征以后。在严酷的战地生活中，我深切地感受到了经过了漫长岁月后依然留存至今日的古典的强大生命力。汉代历史的世界，

---

① 竹内好「司馬遷：史記の世界解説」『司馬遷：史記の世界』講談社、1972、230頁。
② 竹内好「司馬遷」『武田泰淳研究』筑摩書房、1980、272頁。

如同今日一样。当我们在思考历史的严峻、世界的严峻也就是现实的严峻的时候，我们可以在《史记》中获得某种依靠的力量。在有限的闲暇耽读于此书时，我越来越为司马迁世界构想的广度和深度所震惊。……我将史记的世界置于我的眼前，我想以那世界的喧嚣，来试炼我自己的精神。①

这部书为武田赢得了相当的声誉，许多历史学家都对此书给予了较高的评价。著名文艺评论家山本健吉由此引荐他加入当时水准较高的《批评》同人圈子，这是武田正式踏入日本文坛的第一步。

二　在上海经历战败

1937年11月，武田在上海的吴淞登陆，② 到达上海南市的中山医院，被分配在卫生材料厂做后勤事务。在上海期间，他曾去北四川路上的内山书店，购买了法国哲学家本格森的《时间和自由》等书刊。他在当时致研究会同人、鲁迅《中国小说史略》译者增田涉的信函中这样描述自己在上海初次见到的中国。

> 我第一次见到的支那的房屋是弹痕累累的断壁，我第

---

① 武田泰淳「序」『司马迁』评论社、1943。此处引自『武田泰淳全集』第11卷、4页。
② 根据川西政明的研究，武田在上海登陆的日期大约在11月6日。『武田泰淳伝』讲谈社、2005、157页。

> 一眼见到的支那人是已经腐烂了难以用言语表述的尸体。学校里倒塌了的课桌上是满是尘泥的教科书，图书馆内全套的《新青年》《历史语言研究所集刊》等杂志被雨水打湿了。这场景显然像是令人心碎的文化破坏。[1]

1944年3月间，日本的败局基本已定，国内政治愈益黑暗，经济状况愈益窘迫，同时美军开始大规模空袭日本本土，日本已经一片风雨飘摇。武田很想脱离如此动荡而压抑的日本，去海外求得喘息。于是中国文学研究会的同人小野忍试图将其介绍至上海的中日文化协会供职，该机构也表示愿意接受。但因武田过去参加左翼活动而屡遭拘押的"前科"，目黑警察署不同意他前往海外。后经在大东亚省供职的研究会同人增田涉向警察当局的请求和交涉，武田终于从警视厅外事课获得允准，[2] 经长崎坐船于6月9日抵达上海。

武田供职单位的正式名称，应该是中日文化协会上海分会文化资料编译馆（也称东方文化编译馆）。中日文化协会是汪伪政府成立后，经由日本方面的动议，于1940年7月成立的，由日本驻汪伪政府的大使阿部信行（曾在1939年出任日本内阁总理）担任名誉理事长，汪伪政府的行政院副院长兼外交部长褚民谊担任理事长，汪伪政府的各路政要担任常务理事，并在汪伪政府所控制的广州、武汉、杭州等地设立分会。

---

[1] 武田泰淳「支那文化に関する手紙」『中国文学月報』第58号、1940年1月。此处引自『武田泰淳全集』第11卷、241页。
[2] 据武田的回忆，当时大东亚省只允许他在上海逗留一个月，抵达上海后经小竹文夫与上海日本领事馆的交涉，得以在上海长期居住下来。武田泰淳「小竹文夫先生のこと」『世界文学大系』58、筑摩書房、1960。

第八章　他山之石，彼岸之花：武田泰淳的中国认知

初时上海分会的名誉理事长为伪上海市市长陈公博，理事长为伪警政部长李士群。但实际主持日常事务的，是日方的常务理事林广吉和中方的常务理事陶晶孙。1944年6月建立的文化资料编译馆的馆长是申报馆馆长陈彬龢，副馆长是曾任上海东亚同文书院大学教授的小竹文夫，实际主事的则是小竹。[1] 事实上，编译馆与上海分会是连成一体的，办公机构均位于当年从英籍犹太人马勒（Nilse Moller）手中强行接收来的马勒别墅。武田日后记述了自己见到这一建筑时的感觉。

> 这是一幢异常豪华、似乎在童话中出现的建筑。与其说终于发现了它的喜悦，不如说是一种意外的惊讶：这就是我赴任的办公楼吗？这是真的吗？我恍如在梦境中一般。……不仅由彩色砖瓦堆积起来的楼房外形极为奢华，内部每一个细部的制作也都极为讲究。我踏上了擦得铮亮的木楼梯。[2]

所谓上海的中日文化协会以及编译馆无疑具有战时御用机构的性质，但据武田日后在《上海的萤火虫》中的详细描述，当时整体的气氛还算平和。武田在该机构的工作，事实上也未必与当局的策略相吻合。有日本研究者指出：

> 中日文化协会和集聚在那里的人对于文化政策的态

---

[1] 有关中日文化协会的内容部分，参考了大桥毅彦等编著·注释『上海1944-1945：武田泰淳『上海の萤』注释』双文社、2008、14-15、30-31页。
[2] 武田泰淳『上海の萤』中央公論社、1976、14页。

度，未必是向国策一边倒的，倒不如说来到这边的人是这样的一个群体，既有像泰淳那样试图从国内（言论）闭塞的状况中逃脱出来的人，也有想反过来利用国策机关所具有的便利性来满足自己文化欲求的人，或是借着文化政策的名义，被与战争状态下的国内相隔离的享乐空气吸引过来的人。他们的各色活动构成了各种力量互相搅动的日中文化的大熔炉。①

武田在上海居留的1944年6月至1946年2月的一年零八个月，大致可分为两个阶段。第一阶段即抵达上海后至1945年8月日本战败，这一时期他活动的主要范围在昔日法租界。第二阶段是战败后至归国。根据接收上海的国民政府方面的规定，他随其他在上海的日本侨民集中移居至虹口，其活动的主要范围也在虹口一带。

前期他在上海的住所，主要借宿在小竹在安和寺路（Amherst Avenue，今新华路）从美国富商手中接收来的一处花园洋房。武田对此有过这样的描述："（小竹）博士的家在安和寺路上，离旧交通大学②比较近，周边都是外国人宅邸，是一个闲静街区。被称为哥伦比亚圈的这一住宅区里，无论是楼房还是街道、居民，几乎都感受不到支那的风情。"③"这是一幢非常舒适的三层洋楼，也有车库和佣人的房间。博士夫人

---

① 木田隆文「前言」大橋毅彦等編著・注釈『上海1944-1945：武田泰淳『上海の蛍』注釈』、3-4頁。
② 即交通大学校园，抗战期间交大被迫迁往四川成都，在上海的校园部分被上海东亚同文书院大学占有。
③ 武田泰淳「月光都市」『武田泰淳全集』第1卷、152頁。

第八章　他山之石，彼岸之花：武田泰淳的中国认知　/　345

和两个男孩和博士住在一起。"① 小竹本人的描述则更为详细。

> 原本这并不是我这样一个贫穷的大学教授所能居住的，这是一个大都居住着中国和外国的大实业家和要人的高级住宅区。住宅大都散落在宽阔的林荫路两边的横道内，我家的旁边住着汪政权的宣传部部长林柏生，对面是中国实业家的第二号人物，其旁边是某外国人实业家的宅邸。我们的这条小路内就伫立着这四幢房屋。都是砖瓦建筑，有宽广的庭院，当然还有车库。我家也有车库，不过里面空无一物。②

1944 年 12 月底，经小竹文夫的介绍，武田移居至由东亚同文书院管理的悖信路上的福世花园 19 号。武田在上海供职和居住的所在，都是在战时的东京所罕见的高级洋楼。当时虽说处于战争状态，但上海还比较平和，除了物价高昂之外，物品的充裕和一般人生活的相对自由，与处于严格战时管制、物品极度匮乏的日本本土形成了鲜明的对比。一年多编译馆的工作，武田只是主持翻译出版了小泉八云的《一个日本女人的日记》和一册通俗科学读物而已。武田有大量的闲暇，他先后请了两个中国女青年来教授他上海话，下班后则常常一个人骑着自行车在上海西区的街巷中闲逛，也去踏访过龙华古寺和鲁迅墓，间或也与同伴去犹太人或白俄开设的酒馆内买醉，或去大世界游乐场体会中国人的日常消遣。除了与内山书店老板

---

① 武田泰淳『上海の蛍』、40 頁。
② 小竹文夫「上海にいた作家たち」『群像』1956 年 1 月、191 頁。

等有些交往外，他很少去日本人集聚的虹口。他的足迹，大都在以旧日法租界为中心的上海西区一带。这点对他在这一时期形成的上海认识非常重要。

他平素交往较多的日本人除了小竹外，还有先于他来上海、同在文化协会供职的小说家石上玄太郎，明治末期大正年间曾以小说和演剧出名、其时在上海主编中文刊物《女声》的田村俊子，1945年4月来国际文化振兴会上海资料室供职、日后成为小说家的堀田善卫等。武田很快就与堀田成了终生的至交，与其时尚在上海圣约翰大学任教的小说家阿部知二也时有过从。中国人中，留在上海与日本方面合作的小说家张资平曾数度来协会造访，他给武田的印象是"穿着华美的服饰，体态肥胖，气色也好。但其内心的落寞我立即就察觉到了"。而担任协会常务理事的陶晶孙"则穿着日本小学校长那样的素朴的灰色衣服，瘦瘦的，与他私下谈话时，语气相当恳切"。[①]

武田在上海经历的日本战败，是一段对他的内心产生极大震撼的体验。在上海接触到的所谓失去祖国而流亡在此的白俄和犹太人，常常使他思索民族或国家"灭亡"的问题。1945年8月，武田在上海迎来了日本的战败。关于他此时的心境，他本人鲜有具体的记述，但据堀田善卫去世十年后公开的这一时期的《上海日记》的记载，8月11日外国通讯社就已经发布了日本接受波茨坦公告的消息，他和武田等在上海看到了这样的场景。

---

① 武田泰淳『上海の蛍』、37頁。

第八章　他山之石，彼岸之花：武田泰淳的中国认知 / 347

随着电车渐渐从静安寺驶近南京路，从车窗向外看，商店几乎都关上了门，不时地从里面一个个挂出了青天白日旗。尽管南京路的商店全都打了烊，但满街都是人。……人们带着异样兴奋的表情在行走。确实这是不容易的。……（有人带来了《中华日报》的"和平号外"）坐在那里的我们这些日本人，人人都面色凝重，同时一种说不出的苦涩涌上心来，眼睛不知往哪边看好。武田睁大了眼睛，全身心地读着号外。我也读了。……天黑了，我和武田一起回家。回去的路上，两人一时默然无语。过了一会儿，武田慢慢地说道，日本民族也许会消灭，倘若今后自己留在支那的话，就会告诉中国人，以前东方曾经有过这样一个国家，必须要由我们自己来告诉别人。①

这段当时的日记非常真实地记录了武田他们的内心世界。根据中国陆军总司令部9月30日颁布的《中国境内日本侨民集中营管理办法》，原先居住在上海以及日本投降后陆续进入上海的大约10万名日本侨民②于这一时期先后集聚虹口北四川路一带。武田等也随之迁居于此，寄居在曾在印刷厂供职的友人野口家类似三层阁楼的小屋，以为日侨撰写中文书函为生。但日侨集中地不称集中营而称集中区，除了出门必须佩戴日侨的袖章外，并无特别严厉的限制，生活虽颇为艰难，但并未遭到中国人的袭击或辱骂。武田日后回忆说："从重庆飞来的中国年轻的宪兵相当亲切和蔼，在这边住下后，觉得日本

---

① 紅野謙介编『堀田善衛上海日記』集英社、2008、17-24頁。
② 陈祖恩：《上海日侨社会生活史》，上海辞书出版社，2009，第525页注1。

人集中的街区也颇有滋味，集中区内不那么自由的生活，我也过得很开心。"① 武田也因此对虹口一带的情形有了较深入的了解。此时武田开始认真阅读《圣经》，并四处搜罗了各种中文版的《圣经》，思考民族和国家灭亡的问题。1946 年 2 月 11 日，他随患病的日本房东乘坐运送病员的船只高砂丸离开上海回日本。

三 写不尽的上海

所谓"上海物"，是一个日语词，指曾在上海逗留或居住的日本作家以上海为题材撰写的文学作品。武田虽很早染指中国文学的介绍和评论，1941 年也发表过一篇小说体作品《E 女士的杨柳》，但并未引起日本文坛的注意，倒是他的评论作品《司马迁》为其赢得了相当的声誉。自上海回国后不久，他陆续以上海的经历为题材发表了一系列的"上海物"，这些作品与其他作品一起为他在日本奠定了"战后派"代表作家的地位。

1946 年 12 月发表在《文化人的科学》第三号上的《秋天的铜像》，应该是武田"上海物"系列的第一篇作品。这是一篇有些纪实风格的散文体小说，描写了以位于毕勋路（Route Pichon，今汾阳路）、恩利和路（Route Henri Rivere，今桃江路）和祁济路（Route Chisi，今岳阳路）三路交会处的普希金铜像为中心的中国人、犹太人、白俄人等杂居的街景和民风。

---

① 武田泰淳「ガーデンブリッジ附近」『黄河海に入りて流る：中国・中国人・中国文学』、370 頁。

第八章　他山之石，彼岸之花：武田泰淳的中国认知 / 349

一家堆满了酒瓮的中国酒馆成了中国店主一家与白俄老太、有昔日将军风的希腊老人、衣衫褴褛满脸胡子的意大利男子，当然还有日本人社交的舞台，在落寞颓唐的秋天的氛围中演绎着各国小人物的故事。

1947年4月武田发表在《批评》上的小说《审判》，是比较长的短篇小说，出场的人物虽然基本上是日本人，故事发生的舞台却是在上海的虹口甚至更广阔的中国。主人公"二郎"在侵华战争时期曾作为非正式战斗员的补充兵来到中国，虽未在战场上与中国军队直接交战，却曾在长官的命令下参与了对两名无辜中国农夫的枪杀，并在突然的冲动下单独一人枪杀了一名风烛残年的老农夫。在战后居住于虹口期间，他幡然醒悟，认识到了自己的罪行，终日遭受良心的责难，寝食难安，于是痛下决心与恋人分手，拒绝返回日本而一人独自留在中国赎罪。参证各种史料，这实际上是武田对自己战争罪行的告白和忏悔，[①] 笔调相当沉痛。

自1947年8月起分三期在《进路》上连载的《蝮蛇的后裔》，是武田"上海物"中较为重要的中篇小说。这是一篇以作者战后在虹口的生活为背景的虚构作品。主要人物为蛰居在虹口日侨集中区以为日本侨民代写中文诉状谋生的第一人称的"杉"、因请"杉"代写诉状而与其结识的日本女子、患病的女子丈夫、战败前在日军宣传部主掌实权的辛岛，展开的场景主要在北四川路和杨树浦一带。日本占领上海期间，飞扬跋扈的辛岛看上了姿色姣好的那位女子并霸占了她，同时利用权力将女子丈夫差遣到了汉口。战后奄奄一息的女子丈夫回到了上

[①]　川西政明『武田泰淳伝』、223－225页。

海，但辛岛想利用自己的余威继续占有女子，女子便央求"杉"利用与辛岛会面的机会结果他。一个月色朦胧、冷僻的街头，就在"杉"对辛岛举起斧子的一瞬间，已有人先于他对辛岛动了手，"杉"只听到了离去者一阵轻快的脚步声。按故事发生的逻辑，刺杀者应该是那女子。故事多半是虚构的，但那气焰嚣张、霸道强悍、代表了日本占领者的辛岛形象，却未必是出于作者纯然的想象。

武田1948年春季发表在《思潮》上的《圣女侠女》，小说的舞台也在战争结束前后的上海。主要人物是以第一人称出现、具有侠女风骨的"梅女士"和具有圣女形象的玛利亚，两人都是在战争时期上海的日本男人世界里讨生活的日本女子。前者从军部获得资金经营一家收容中国孤儿的工厂，以其刚烈的性格和浓艳的风姿迷倒了一大批执掌大权的日本男人，内心则充满了对男人的鄙视和憎恨。后者是一个欧美派基督徒的女儿，以其纤弱柔美的身体成了各种男人（甚至包括中国人）的尤物，在遭到了男人的玩弄甚至羞辱欺凌之后依然没有任何的憎恶和仇恨。她一生中最后的一个男人，是战前曾在日本大使馆里供职、战后却立即摇身一变为国民政府对日宣传机构服务的"岸"，是一个自私而羸弱的男人。被他抛弃后处于濒死状态的玛利亚对愤愤不平的梅女士的最后愿望便是恳求她不要再欺负"岸"。这是一篇通过两个女人的遭遇来展示上海的日本占领当局种种丑陋世相的小说，圣女玛利亚的身上留有战争时期曾在上海长期生活的室伏克拉拉的明显影迹。

武田1948年12月发表在《人间美学》上的《月光都市》，是一篇纯粹描写上海的小说，个人体验的痕迹明显。小说的叙述者是在之前的作品中出现过的"杉"，场景是在日本

第八章　他山之石，彼岸之花：武田泰淳的中国认知 / 351

战败之前的上海，叙述的人物主要是在协会办公楼内做女佣的基督徒"阎姑娘"。19岁的阎姑娘说不上是一个温顺的教徒，只是与同样读着《圣经》的杉经常会有些共同的话题，杉也因此请她做过自己的上海话老师。办公楼内经常能听到她一口生脆的宁波话，对其他的男仆女佣往往会表现出颐指气使的做派，语气尖利甚至有些跋扈，周边的中国人和日本人都有些讨厌她。在一次人员调整中，阎姑娘成了被解雇的对象。当晚，在中秋明朗的月光下，杉在西区的街头邂逅了正在与父亲一同走向徐家汇教堂的阎姑娘。杉原本以为遭到解雇的阎姑娘会满脸的怨嗔，不意她竟表现得相当平静，表示基督徒应该是一个好人，皎洁的月光下她的神情也显得有些圣洁。这篇小说还花了一半以上的篇幅详细描绘了大世界游乐场等中国人的日常生活场景。这是一篇故事情节散淡而市井风情浓郁的作品。

武田同年同月发表在《改造》上的《梦的背叛》，借战败不久因连续腹泻而瘫软在病床上的日本宪兵山田的视角，描绘了战争时期日本宪兵在上海横行霸道的种种暴行。山田本人枪杀过一名试图暗杀汉奸的中日混血女子，该女子临死不惧，依然高呼"中华民国万岁"。在山田尚能呼风唤雨的时期，有一个叫"王妈"的女佣一直跟随他，甚至还与他同床共眠。日本战败后，王妈表面上虽然不动声色，内心却决心丢弃这个作恶多端的日本军人，在用药让他处于昏睡状态之后，与长期被迫与她分居的丈夫一起搬走了山田囤积的大量布匹物资，远走他处。

《F花园十九号》是由1950年9月起武田分别发表在《文学界》等杂志上的四个短篇构成的中篇小说。作品以上海极司菲尔公园附近的一幢花园洋房F花园十九号（武田本人曾在悙信路的福世花园19号居住了大半年）为主要舞台，叙述了日本战败不久在上海发生的一段神秘而有些血腥的故事。太平洋战争爆发后由日本人自英美企业家手中接收来的这幢带有宽敞花园的三层楼洋房内，三楼住着一位30岁左右姓谢的美丽的中国女子，往日曾在日本的中国使馆（应该是汪伪政府）内工作，而主要的居住者则是一个名曰"丘"的在南京路上开了一家美术商品店的日本人，两人之间有着肉体上的关系。某日，谢在寝室内被人神秘地杀害了。杀人者应该是与她有着恋人关系、在政治上也是同道的吴。吴日本留学归来后在汪伪政府的上海军警部门担任要职，曾参与处死来自重庆和延安的抗日分子。小说在扑朔迷离的氛围中描写了两个出于私利而与日本人合作的中国年轻人阴暗病态的心理，同时展示了战后日本侨民在上海的生活图景。

武田的《野兽的徽章》发表在1950年10月号的《新潮》上。小说主要叙述战争时期一个王姓中国青年的汉奸经历。王在日本留学时期就已野心勃勃，试图在政治舞台上一展拳脚，回上海后立即向日本权力阶层靠拢，并因此进入了权力和油水甚大的米谷统制会。但他内心对日本并无忠心，只是想借日本的权势获得自己个人的利益。抗战胜利前不久，他去了江南的一个小城，担任由日本军部做后盾的自治会会长，镇压过抗日的农民。抗战胜利后他四处潜逃，最后辗转来到了日本。为躲避当地华侨的追捕，他乔装成日本人四处藏匿，生活虽然动荡落魄，内心却毫无悔改之意。小说借日本人的口吻对产生汉奸的日本方面的责任做了反省，也对为了牟取私利而不惜出卖民族和国家的行为表达了不齿。

1950年以后，以上海为舞台的作品基本上就从武田的笔

第八章　他山之石，彼岸之花：武田泰淳的中国认知　/　353

下消失了。直至他去世的 1976 年，这一年的 2 月起他开始在杂志《海》上连载发表了自传体长篇小说《上海的萤火虫》，详细叙述了 1944 年 6 月以后他在上海生活的日常故事。可惜由于他的突然去世，小说尚未述及日本的战败就以未完成的形式戛然而止了。他动笔撰写这部自传时，距离他自上海归国已过去了 30 年。他在人生的末期对这一段人生依然抱有深刻的眷恋，时隔 30 年之后，他甚至对往昔上海的诸多细部都留存着鲜活的印象。同时，这部作品也镌刻了以武田为代表的一部分昭和知识分子战争结束前后在海外的心路历程。

　　武田的"上海物"还可以举出一些，比如《淑女绮谈》等，较重要的，大抵如上。

　　近代日本人对中国最初的体验和感知，始于 1862 年千岁丸的上海之行。在当年高杉晋作等留下的《上海淹留日录》《上海杂记》中已展现了"欧罗巴诸邦商船军舰数千艘停泊，樯花林森，欲埋津口。陆上则诸邦商馆粉壁千尺，殆如城阁"①的租界和"上海市坊通路之污秽难以言说。小衢间径尤甚，尘粪堆积"②的老城区两个截然不同的图像。数十年之后，上海虽已成长为远东最具规模的大都市，但当年的基本格局并无根本的改变。1921 年芥川龙之介来上海游历时，对城市的整个氛围都不甚欣赏。作家村松梢风 1923 年在上海居住了数月之后，以"魔都"一词来概括他对上海的整体印象。1929 年问世的井东宪的小说集《上海夜话》加深了上海的传奇色彩，而横光利一 1931 年底完成的长篇小说《上海》，则

---

①　高杉晋作「遊清五録」『高杉晋作史料』第 2 卷、84 頁。原文为汉文。
②　纳富介次郎「上海雜記」『文久二年上海日記』全国書房、1946、12 - 13 頁。

主要是借助上海这一舞台来展示他"新感觉派"风格的宏大构想。

　　与1920年代、1930年代初期这些日本作家的上海描述相比，武田的"上海物"至少有几点不同。第一，武田自中学时代起即与中国结下了深刻的因缘。尽管芥川龙之介自孩提时代起即浸淫在中国文物的氛围中，但芥川在踏上上海（上海是他中国之行的首站）的土地之前，浮现在他脑海中的，通常只是由古典和南画等营造出来的中国意象。而武田少年时代即开始修习现代汉语，阅读和译介中国现代的文学作品（尽管他在中国古典文化上的造诣也不浅），以有些左翼色彩的眼光关注同时代的中国。更多的是，他是将上海作为现实中国的一个缩影来观察的。第二，除去1937年秋天在上海的经历不算，1944年6月起他在上海居住了将近两年，以其基本可通的中国话，与本土的中国人有着较为深入的交往，因此他的"上海物"中所展现的上海意像，既有一个来自东洋的外来者的印象式素描，同时还有出于一个上海居住者日常体验的内在审视。并且与战前或战争初期的日本人不同，武田在上海生活的范围是此前绝少有日本人涉足的西区。这一区域所独有的都市氛围，也在一定程度上左右着武田的上海意象。第三，武田体验和观察的上海已非常时的上海，而是其母国日本所占领并实际统治的上海。他恰好在上海经历了日本由占领者转为战败者这一历史剧变的时期，因此在他展现的上海意象中，也交织着他作为一个日本知识人的心灵震颤和思考印痕。因此，在武田的"上海物"中体现出来的上海意象，是一个交杂着各种元素的复合意象。另外需要注意的一点是，他的"上海物"不是现场的即时速记，而是时过境迁返回日本若干岁月后对上海体验的回忆和整理，尤其是他离开上海30年后撰写的《上海的萤火虫》，由此再现的上海意象，无疑是在武田的脑海中烙下了印记而再由其主观凸显放大的意象。以下，分成若干部分对武田笔下的上海意象进行考察。

本土中国人的生活内蕴

尽管上海的核心地带租界是由西洋人建设起来并由西洋人管辖的，但租界内的主要生活者是来自各地的中国人。据工部局的统计，1915年居住在租界内的外国人为1.46万人，而中国人为52.6万人。[①] 此外还存在着旧城的南市和新开辟的虹口、闸北乃至稍偏远的杨树浦和江湾等。武田在上海所留意的是本土中国人的日常生活场景，以及在其背后含蕴的中国传统文化。

他在游乐场的"大世界"中察觉到了中国人日常生活中浓厚的道教元素。

> （大世界北端的）挂着"灵云四照"匾额的济公殿内，参拜者寥寥。有一个算命者，端坐在没有顾客的桌子后面，旁边贴着的一张纸上用毛笔写着"哲学博士"。在（济公）牌楼下，随意堆放着好几张倒放的椅子，面朝着白铁皮的房顶和脏兮兮的墙壁、积满了红尘的这座庙，似乎已被人们忘却了，孤立在游乐场的一隅，甘受着这无情的命运。……但是走进（游乐场）的屋内，夹杂在仿佛是在举行庙会似的喧嚣的游客人群中，"灵云

---

① 内山清等『大上海』大上海社、1915、40頁。

就立即布满在大世界的深处了。"幻境""别有洞天""宛如天仙"等这些用红色和黑色写在黄色剧场大幕上的文字,就这样变成了现实向杉①袭来。到处挂满了绍兴文戏、笑飞剧团、国风剧团、童子军、淮扬戏以及松竹梅或者花鸟的水墨画画框,周边有打康乐球的,看西洋镜的,剧场内满是金石纸竹纷纷扰扰的声音,眼前晃动着华丽的服饰和奇怪的音调,似乎来到了另外一个世界。②

在对中国的体验中,武田清晰地意识到老庄或由此演变的道家思想在左右中国人日常生活的态度上所产生的影响完全不弱于儒家思想,其基本的出发点或归结点都在于人或人间性。"中国人对于人的生活态度、生存方式近于异常的关注和研究,对于所有的世相和物象都从以人为中心的视角进行观察审视,热衷于此世的生的欢愉,此世的子孙繁荣。"③ 上述大世界场景的描述,就是对他这一认识的注解。上海虽然号称十里洋场,但日常生活的主角大都是来自江浙城乡地区的普通中国人。他们的生活方式中虽也融入了部分西洋近代的元素,更多的却是对具有数千年历史的传统的沿承,而在中下层的民众生活中,道教的神仙思想依然是他们的信仰之一。

当然,作为一座近代都市的上海,在近百年的历史中也形成了自己独特的都市性格。武田的下一段描绘中,读者可以读到上海独有的都市元素。

---

① 作品中的日本主人公。
② 武田泰淳「月光都市」『武田泰淳全集』第 1 卷、160-161 頁。
③ 武田泰淳「中国文学と人間学」『望郷』第 5 号、1948 年 4 月。此处引自『武田泰淳全集』第 12 卷、98 頁。

第八章　他山之石，彼岸之花：武田泰淳的中国认知

位于公共墓地①高墙右侧的那个广场，已完全没有了暴雨的痕迹。在电车和公共汽车的终点站，集聚着等车的市民人群，其服装也在秋天的阳光下呈现出柔和的色调。车站边，一个肥胖的主妇买了一份报纸后立即阅读了起来，脸上显出了复杂而严肃的神情。一个富有的商人手里提着昂贵的大闸蟹，在一旁斜着眼扫视报纸。用稻草串扎起的蟹，舞动着愤怒的蟹爪，蟹身在微微地挣扎。这一当令季节的水产品，其鲜艳的绯红色映照在菜馆的玻璃门上。旋转式的玻璃门闪耀出令人感到亲切的光亮。透过闪光的玻璃门，可以看到里面笔直站立的穿着白色上衣的服务生，一双锃亮的皮鞋正对着熨烫得笔挺的中间裤缝，眼睛望着门外。②

这是1945年秋天的上海一角。这样的都市场景，每一个细节都明白无误地令人联想到上海，汇聚了诸多典型的上海元素。同时具有电车和公共汽车终点站的城市，在当时的中国可谓屈指可数；大闸蟹也许并非上海所独有，但一定是江南地域的；而有阅读能力且在公共场合买报阅读的主妇，则大抵是近代城市诞生后的现象；至于既有旋转的玻璃门映照，又有服饰整洁、皮鞋锃亮服务生的餐馆，当时在上海这样的摩登都市之外可谓难以寻觅。武田在1937~1939年的从军生涯中，到过江淮的大半区域。在与其他地域的比较中，他准确地捕捉到了上海的典型风貌。

---

① 又称外国人墓地，今静安公园。
② 武田泰淳『F花園十九号』『武田泰淳全集』第3卷、268頁。

卖臭豆腐的小摊又是一个典型的中国的元素，而在武田的笔下则充满了上海弄堂的市井风情。

> 弄堂的石板路被雨水打湿了。透过两边满是逼仄的三层楼的中国式房屋的间隙，可以望见被切割成片段的暮色渐起的灰白色天空。一个漆黑的小锅子内，滚沸着茶褐色的油。用筷子夹着四方形的豆腐放入锅内，立即发出吱的声音。臭豆腐特有的浓重的油炸味充满了整个弄堂，有两三个日本小孩在买着吃。卖臭豆腐的大叔是一个穿着满是污垢的黑乎乎的蓝衣、戴着一顶脏兮兮的旧软帽、肤色黝黑、嘴唇厚厚的丑陋男子。他脸上浮现着愚钝的笑容，慢吞吞地用稻草将臭豆腐串了起来，再涂上红色的辣椒酱。

这显然是虹口一带弄堂内的情景，而日本小孩的身影，表明这应该是他在1945年秋季迁居到虹口后的体验和观察，有着明显的时代烙印。

上海意象中的西洋元素

在上海的西区生活了一年多的武田，大概比一般的日本人更能体会上海意象中的西洋元素。虽然那时太平洋战争已爆发多年，英美的势力已被清除出了上海，且在1943年的7～8月，公共租界和法租界也在名义上彻底归还给了中国，但自19世纪中叶积存起来的欧美元素并未随之销声匿迹。武田这样记录了1944年他刚抵达上海时对外滩一带的印象。

> 过了外白渡桥之后，沿江排列着高大厚重的建筑物。

第八章 他山之石，彼岸之花：武田泰淳的中国认知

西洋式的银行、商社、官厅、报社、酒店等，如同排成队列似的挺着胸膛，肩并肩地耸立着，宛如一堵城墙，接受着江风的吹拂。……欧洲式的明朗、欧洲式的色彩、欧洲式的街景和人影显现在我的眼前。与东京的银座、外国人众多的横滨都不一样。这里，白人的势力已经完全渗透了进来。来到了中国的我，像是进入了另一个异国的城市。时髦的商业街两边是一长溜的行道树，以及用上海话发音、混杂着汉字和罗马字标注的霞飞路及法租界其他的欧洲式地名。①

1937年随军队在吴淞匆匆登陆后，武田没有机会领略租界上海的一面。在这里，武田看到了上海的另一面。居住于西区的武田，随时会与这些西洋元素邂逅。

从霞飞路的电车道向左折入，是一条两边是优雅洋楼的闲静街道，秋风飒飒。街上行人很少，不时可见像是夫妇模样的西洋人挽着胳膊、迈着有韵律的脚步在街边走过。街边法国梧桐树的树叶，向着朱红色的屋顶、奶白色的墙垣、灰色的门，还有杳无人迹的庭院和运动场投射出明亮而寂寥的色彩。二楼三楼对着街面打开着形状各异的窗户，花费了各种心思设计出来的有趣的大门，还有自大门到房屋门口的石子和水门汀的道路铺设，荡漾在楼房与楼房之间的静逸和洁净，在在都打动了他的心。②

---

① 武田泰淳『上海の蛍』、11-12頁。
② 武田泰淳「秋の銅像」『文化人の科学』第3号、発行年月未詳。此处引自『武田泰淳全集』第1卷、118頁。

在西区生活期间，他对法国公园（今复兴公园）留下了较深的印象。

> 刚洒过水的公园的沙土，显现出其特殊的、鲜亮的红色。仿佛是与这沙土互相映照似的，花坛上的鼠尾草属的一串红，散放出火焰般的亮红色。沐浴着这夕阳西下时的灿烂而又安详的阳光，不知是法国人还是俄国人，那些身着洋装的女子坐在长椅上放松着修长的美腿。山田发出了仿佛要打乱周边宁静的粗粝的脚步声，向公园最里边被葡萄架围着的喷水池走去。水池是圆形的，从四面向中心喷射的细长水柱与池中心垂直向上喷射的水柱交汇在一起。风大的时候，四面的水柱就会向一边倾斜，闪烁出美丽的光芒。一个漂亮的法国姑娘，穿着形态优美的桃红色长裙，在水池周边闲走。①

不过，这毕竟是一个与梢风当年不同的时代。1940年代前期上海的西洋元素，未必都是如此的优雅、如此的鲜亮。英美人被逐出上海后，在上海生活的欧洲人主要是流落至中国的白俄人、犹太人、希腊人、意大利人等。在日本人的管制之下，大多数人也只是蝇营狗苟而已。在西区的小酒馆里，武田经常会遇见那些也许昔日曾是白俄将军的干瘪老头整齐地穿着旧衣服在细细地品味一杯透明的液体，或是衣衫有些褴褛、满脸胡须的希腊人来卑躬地讨一杯酒喝。而那些小酒馆，大都也是由白俄或犹太人开设的家庭式场所，阴暗而狭小。每每还是

---

① 武田泰淳「夢の裏切」『武田泰淳全集』第1卷、179頁。

卖淫的巢窟、飞涨的物价，也给西区的洋人蒙上了一层浓浓的暗影。

上海意象中的日本影迹

1866年初次来上海的岸田吟香大概是最早在上海长期定居的日本人之一，但在1880年之前，整个上海，日本人的角色可谓微乎其微。1875年2月，三菱汽船会社开设了上海与横滨间的定期航线。一年多后，它以低廉的票价击垮了英美两家轮船公司，垄断了日本各港口至上海的航线，来往于日本各地与上海的日本人也因此逐年增加，并出现了相当数量在上海定居的日本人。据公共租界工部局的调查统计，1870年在公共租界居住的日本人仅有7人，1875年增至45人，1885年猛增至595人，[①] 1910年达到4465人，1920年升至10521人，[②] 1935年4月增至26817人。[③] 在上海的虹口一带形成了日本人街区。1937年11月日本全面侵占上海后，在上海的日本人约为7.5万人。[④] 这已经是相当庞大的一个数字了。日本人开设的旅馆、照相馆、料理店、杂货铺等云集在吴淞路、四川路一带，俨然成了一个日本人街区。因此，在上海的意象中，无疑会令人感受到日本的色彩，尤其对日本人而言。而武田西渡时的1944年，上海名义上还有傀儡政府，实际上却完全处在日本人的占领和统治之下。这时候的日本元素就不只是日本的话语、日文的店招、日本人的身影了，还有到处都可感觉到作为

[①] Annual Repot of the Shanghai Municipal Council, 1925, p.176.
[②] 島津長次郎編著『支那在留邦人人名錄』11版、金風社、1920、40頁。
[③] 米沢秀夫等編纂『大上海　要覽・案内』上海出版社、1935、241頁。
[④] 菊村菊一『上海事情』博文館、1941、39頁。

占领者的日本的威压。

1944年6月，武田下了轮船后首先接触到的就是虹口一带的所谓"日本租界"。

> 我与他在街上并肩行走，街边排列着说不清是支那式还是日本式房屋，那应该是砖瓦结构的支那式民房吧。但在那里进出的都是日本人。我们俩走进了其中的一家。"哎呀，是哥哥呀，什么时候回来的？"一个像是主妇的日本妇人叫道。……于是我们走进了被改造成日本式样的室内。①

不过，在上海最初的一年多，他对日本人云集的虹口一带并无多大的亲近感。

> 居住在沪西的我，与外白渡桥那边的日本租界熟悉起来，是在战败后那里成了日侨集中区以后。昭和19年（1944）6月我抵达上海时，曾去了北四川路底的净土宗的（日本）寺院，翌日又去了内山书店。外白渡桥上，全副武装、神色森严的日本宪兵在检查着来往的行人，全无一点浪漫的情趣。狭窄的苏州河上，浮着装载着棺材和满是污物的船只，沿着宽广的黄浦江边满是楼厦的外滩走近外白渡桥时，立即有一种鼻子堵塞的感觉。②

---

① 武田泰淳『上海の蛍』、9 - 10 頁。
② 武田泰淳「ガーデンブリッジ附近」『黄河海に入りて流る：中国・中国人・中国文学』、369 頁。

第八章　他山之石，彼岸之花：武田泰淳的中国认知

说起日本宪兵，青年时代曾受到左翼思想浸染的武田一直心生厌恶，他在作品中以第一人称勾画了一个日本宪兵在上海的飞扬跋扈。

> 那时的我钱随便花。因为我是一个绝对的权力者，想做什么都可以办到，因为我是一个可以任意宰割别人的武士。到电影院看电影可以无票任意进入，醉了就躺在椅子上呼呼大睡，打着呼噜从这一场可以睡到下一场。一个教养良好的青年带着衣着光鲜的淑女来到我占着的座位前，于是我就像野蛮人一样地瞪他一眼，事情就完了。饭馆也好，跑马场也好，酒店也好，只要我稍稍亮出我的身份，一切全都搞定了。在上海，我住在自己的老家都没见过的英国式洋房，坐着汽车到处转。①

趾高气扬的日本宪兵，在某种程度上也成了战时上海意象的一部分了。虽说是虚构人物，却是产生于武田实际感受到的日本宪兵的暴戾言行。

在1945年秋天他不得不移居到虹口一带去时，日本已经投降了，他看到更多的是日本人作为战败国国民的落魄破败相。

> 日本人经营的商店橱窗内也挂上了青天白日旗和蒋主席夫妇的照片，底下弄堂传来了来收购日本人物品的中国人近似斥骂的声音。出售方的日本人的声音则是轻声低气的，似乎不知如何是好。……只有在弄堂里游玩的日本孩

---

① 武田泰淳「夢の裏切」『武田泰淳全集』第 1 卷、174 頁。

子的声音，依然响亮而欢快。这反而使他们的父母亲越加感到紧张和不安。①

这又是那个时代所特有的上海风景。

武田与上海的因缘说起来有点戏剧色彩。当他对中国、中国人、中国文学感受到强烈兴趣时，却被迫以一名侵略军的身份来到了上海；当他试图到上海躲避国内窒息的政治空气时，却又在上海迎来了祖国日本的战败。在这座以中国居民为主体的现代都市里，他无疑感受到了一个鲜活的中国，传统的色彩随处可见，却似乎又缺少了几许历史的厚重感。在沪西一年多的平民生活，他又时时会碰触到各色的西洋元素。这些异域的元素在有意无意间消解着中国的基调，有时让人感到优雅，有时让人觉得紧张。此外，无论是在沪西还是在虹口，日本人的交游圈又使他始终感觉到日本的存在。我们在武田的"上海物"中所感受到的，除去偶尔流荡着的些许优雅和安闲，更多的是一种骚动不安的气氛、一种阴湿狭隘的空间、一种略带污浊腐臭的气味，同时还夹杂着几缕日常生活的温暖。对于武田而言，上海是一个让他感到有些亲切而又陌生的中国、一个光亮而又破碎的西洋、一个非常而怪异的日本的都市空间。在武田所表现出来的上海意象中，也许有相当部分与近代大部分日本知识人的上海感觉交错叠合，但与上海的这一段深刻的因缘，也处处凸显了武田自己独特的审视。

---

① 「蝮のすえ」『武田泰淳集』、361 頁。

四　以"人间性"概括中国文化

1947年，武田出版了生平第一本短篇小说集《才子佳人》，里面收集了他在战争时期就开始陆续撰写但大都无缘问世的有关中国的小说。并从这一年开始，他陆续在杂志上发表了以上海的经历为素材的小说（所谓的"上海物"）。在这些作品除了对上海这座华洋杂处的大都市的细腻描写，更多地关注了战争结束前后生活在这座城市的中国人、日本人乃至西洋人的命运，倾注了作者更为宏观的思考。1952年，武田开始在杂志上连载长篇小说《风媒花》。这部以中国文学研究会成员的战后活动为经纬、探讨战后初期中日关系的作品，为他赢得了广泛的读者，被新潮出版社印行了三十几次。这些作品奠定了他作为战后派重要作家的地位。当然，武田战后作品的题材并不只限于中国。

1961年11月，受中国对外友协的邀请，作为日本文学代表团的一员，武田与堀田等到中国访问了一个月，足迹遍及北京、洛阳、西安、重庆、上海、杭州等地。虽然其时中国正处于经济困难时期，但阔别15年之后再次踏上中国的土地，还是使武田感到很兴奋。从日后发表的《菊花、河、大地——中国之旅》中可看出，新中国给他的印象基本上是光明的。1964年3月，他又随访华团前往中国，这次的感觉更为正面。1967年4月，正当中国的"文化大革命"处于高潮期的时候，武田随访华团再度来到中国，绍兴之旅是他此行的最大收获。虽然一路的所见所闻多少让他有些困惑，但他对"文化大革命"的评价基本上还是正面的。这一年，他开始在杂志上连载长篇小说《秋风秋雨愁杀人——秋瑾女士传》。还在日本占领的上海时代，武田曾观看过历史剧《秋瑾传》，当时就颇为惊讶在日据时代竟然还能上演这样的革命戏剧，"这部戏分明是借了冒着性命反抗清政府权力的秋瑾形象，来表达对于日本军国主义的反抗"。他后来之所以为秋瑾所吸引而撰写了这样一部传记，主要在于"她是一位曾在日本留过学，与鲁迅、孙中山、廖仲恺等相关联，与中国革命的源流休戚与共的人物"。① 这是一部在大量文献基础上撰写的具有纪实文学笔法的细腻而冷静的作品，与其说是秋瑾个人的传记，不如说是对辛亥革命前夜中国的深刻剖析。这部作品获得了日本政府颁布的1969年度的"艺术选奖"，但武田拒绝了这一褒奖："倒也不是出于什么深刻的想法，也不是表示什么反抗的精神。只是觉得与我不合适。"②

战后，武田继续撰写了许多评介中国新文学的文章，并对中日间的历史、文化和政治关系发表了诸多见解，《黄河入海流》《扬子江畔》等是这些文章的结集。他内心比较崇拜毛泽东，对于"文化大革命"也有诸多正面的描述。1976年2月，武田开始以连载的方式发表以1944～1946年在上海的体验为素材的自传体小说《上海的萤火虫》，可惜尚未完成就突然去世了。这是一部了解这一代日本知识人心路历程的重要文本，2008年出版了由大桥毅彦等详加注释的研究版本。

纵观武田一生与中国的因缘，他应该是自浦和高等学校时期正式对中国产生兴趣，大学以后的中国情结日趋深切。战争时期在中国的两年"出征"岁月尽管充满了痛楚和彷徨，却

---

① 武田泰淳「人民間の文化交流」『日中文化交流』1969年5月号。此处引自『武田泰淳全集』第16卷、318頁。
② 『武田泰淳全集』第16卷、317頁。

使他对中国的认识突破了由文字获得的意象。在上海经历的战败岁月，使他对近代以来的中日关系和两国的命运有了更深的审视和思考。总体来说，他一生对于中国的认识大抵并无质的改变，却有着相当大的度的深化。

下面，本节想从武田有关中国的叙说来考察一下他的中国认识。当然，我们在上文中已经讨论了武田的上海意象。上海意象无疑也是中国叙说的一部分，将两者割裂开来是完全不妥当的，只是为了论述的方便，这里想进一步展开武田对于上海之外的中国的叙说。

在考察武田泰淳的中国叙说的时候，对他如下的三个视角应当给予充分的考虑。第一是历史上几乎在所有领域都与中国有着千丝万缕、无法分解的日本人的视角；第二是生长在两国关系充满了纠葛争斗的近代日本知识人的视角；第三是与中国因缘深刻、有着左翼倾向却以侵略军一员等的身份在战时的中国生活了将近四年、以文物文献和实际体验两个途径对中国有着深切感受的日本作家的视角。总之，武田作为一个日本近代文化人的立场应当得到充分的关注。

以下分成若干个部分来加以考察。

对中国思想的理解

这里的中国思想，主要指的是汉民族（当然汉民族本身也是一个历史的融合体）的思想。一个民族的思想，应该可以理解为该民族对于宇宙（中国人的概念主要是天和地）、人类社会、人生及彼此之间诸种关系的认识。简而言之，也就是世界观和人生观，一种价值取向和审美意识。在中国，留存于文献的，早年有先秦的"四书五经"和汉代起编纂的官方史书，尔后又有道教的兴起和佛教的传来，上层与民间互动，逐渐形成了儒道释三位一体的所谓中国思想。对于中国思想的理解和评价，实际上就是对于中国内在核心的把握。

中国本土思想的基轴，一般认为是以孔孟为主体的儒家和以老庄为主体的道家。所谓儒家主"入世"，道家主"出世"。在春秋末年和战国时代，"同时诞生了老庄的宇宙哲学和孔孟的实践哲学"。但武田认为：

> 在追求人的生存方式这一点上，老庄和孔子并无二致。以日常生动亲切的语言向其弟子讲述具有社会意义的做人学问的孔子的《论语》，与用天马行空的空想和比喻将有些悲惨的人的社会日常伦理以哲学的意味进行嘲讽的庄子，看上去似乎是大相径庭、互不相容，但实际上都是力图彻底探究人的质与量的厚重性、人的功能的重要产物。只是一是采用平面行走的方式，一是采用数次跳跃的方式，终极目标则是一致的。说起无为自然，看上去似乎摆脱了所谓小人、君子这些人的习性特点而给人一种在太空中飘浮游荡的感觉，但你若仔细阅读一下《老子》的话，就立即会明白，这绝不是脱离了人间烟火的话语，它并没有舍弃人的喜怒哀乐，他只是告诉人们，人应该以他原本的、朴素的方式来生活。①

在武田看来，老庄的思想看似虚无缥缈、横空出世，但它

---

① 武田泰淳「美しさと激しさ」『桃源』1947年1月号。此处引自『武田泰淳全集』第12卷、19頁。

最初的出发点和最终的归结点都在于人本身，这一点它与孔孟并无质的差异。因长期固化的封建专制制度的桎梏，中国思想的主流逐渐呈现出了僵硬的一面，但武田认为："其发生之时，它在理知性、人间性、革命性、鲜活性诸方面，绝不劣于任何西洋哲学，这一点不可忘却。"①

武田觉得，以经史子集为形式的中国古典中，史尤其是司马迁的《史记》非常典型地表现了中国人的世界观。这世界观的核心就是人是世界的中心，人本身是世界的主体，这与西洋思想和日本思想中强调神的至高无上的观念有很大的差异。这一点，许多中国思想史研究家也看到了，比如余英时认为中国思想的主体"道"的第一个特点是"人间性"，"跟西方相比，中国文化可以说一般是属于人文主义的形态"。② 西洋思想强调的是神或上帝的主宰力，日本原始思想强调的是神的神圣性和崇高性，但《论语》中的"未知生，焉知死"以及"子不语鬼怪神力"既是早期中国人人生观、世界观的反映，也奠定了后世中国人的基本生活态度。在《史记》中，人的主体性体现在他的全体性上，而并非集中在少数的帝王将相、英雄豪杰中。在人物的记述上，虽有本纪、世家、列传之分，"但司马迁并不认同统治者的神秘性。他一开始就否定帝制的持续性。实际上，统治者只要不是绝对的神格者，在他身上就会体现出人类的弱点和缺点，胜利之后会有败北，兴起之后会有消亡，所谓万世一系、万代不易是不可能存在的"。武田认为，肯定、突出现世的人而轻视（并非完全否定）神怪和虚

---

① 『武田泰淳全集』第12卷、20页。
② 彭国翔编《学思答问：余英时访谈录》，北京大学出版社，2013，第38页。

妄的来世，并力图消解人的神秘性和极端性，是中国思想的一个基本点。

> 这种人学的发达，不仅是对历史的编纂者，而且对一般的中国人也产生了影响。或者倒不如说一般的中国人一代又一代地从自己生活的深层积淀中产生出的人学，构成了这样的历史基盘。中国人对于人的生活态度、生存方式近于异常的关注和研究，对于所有的世相和物象都从以人为中心的视角进行观察审视，热衷于此世的生的欢愉，此世的子孙繁荣。因此，自然科学乃至于宗教等，都在这种过于浓烈的人的气息的淤积中被搁置在了一边，几乎不被关注。①

在武田看来，中国思想的另一基本点是对于均衡、秩序和规则的追求，这也关联到中国人的审美意识。近代以前中国的城邑，无论大小必有城墙；一般的民居，尤其是乡村民居都有高深的墙垣，且大都呈四方形；大型的宫城或寺院皆有整齐的中轴线。"采用了四方的城墙相围的体制，也就自然地决定了其生活的环境。于是形成了左右对称、两边均衡的审美意识和价值观。中国人很不喜欢不均衡和不对称，因为这样会显得不稳定、不适宜。与此相比，日本人不大喜欢定型的东西，而比较欢迎有点变形的、破格的、富有流动性的东西。"中国的律诗、绝句非常讲究对仗、平仄，字数均等，在有限的规矩中营

---

① 武田泰淳「中国文学と人間学」『望郷』第 5 号、1948 年 4 月。此处引自『武田泰淳全集』第 12 卷、98 頁。

造出艺术的生命力。"但人们为了在严格的规矩中活下去,幽默成了重要的拯救方式。因此中国人的生活,一方面有严格的规矩,一方面充满了幽默。"①

对中国文学的叙说

武田的文学生涯是从中国文学评论者的身份起步的。在他"出征"之前,已经凭借良好的语言能力阅读了众多中国古代和现代的文学作品。在中国将近四年的实际体验,他又对中国文学的特质和表现方式有了切身的认识。基于对中国思想的认识,他认为中国文学的一个基本特质就是它的"人间性"。二十四史中的"列传"以及无数的小说、戏曲,试图表现或热衷于表现的就是这一多姿多彩、复杂鲜活的人间性。

> 因为观察人的眼光是冷静的、非匆忙的,所以对于人所具有的弱点和短处往往洞察无遗,这不仅体现在正史中,在民众比较熟悉的元曲和明代的小说等文学形式中也有充分的表现。②

武田举出了《拍案惊奇》、《水浒传》和《红楼梦》。这些作品描写的民众生活绝非儒家的教条规定的那么刻板,一般人的喜怒哀乐甚至声色犬马都有鲜活的表现,很难简单地用一般的道德框架去框定。尤其是《水浒传》,里面登场的人物几乎没有一个完人,打家劫舍、杀人放火的场景屡屡出现,然而也

---

① 武田泰淳「中国人と日本人」『サンデー毎日』1971年5月9日号。此处引自『武田泰淳全集』第16卷、475頁。
② 『武田泰淳全集』第16卷、99頁。

时时荡漾着一股浩然正气，人物未必高大完美却大抵鲜活生动，同时"仁""义"等一般中国人的道德价值也无形地贯穿其中。而《儿女英雄传》《白蛇传》等作品中的十三妹和白娘子等，为了实现正义的举动，往往会表现出一种叱咤风云、疾恶如仇的豪迈气概。至于如《浮生六记》《儒林外史》等，虽无波澜壮阔的宏大场景，却更多凝结了普通中国人的日常人生。"这些中国优秀的小说兼具了历年储存的陈酒的隽永芳香和大地新鲜蔬果的鲜嫩滋味，确实是一副效能明显的人间良药。"①

由以上的分析，武田认为，与别国的文学相比，"中国文学中激越和优美互相融为一体。无论是作品还是作者，激越的要素非常丰富，而优美的世界也并不与此乖离。纤细柔弱的优美，并没有结晶为（日本式的）物哀，却加上了坚烈的钢筋铁骨，文学的形态变得如古鼎一般安稳，或如金属一般坚固。虽然也不时会流于咏叹，随感情漂移，柔和地顺应着时节的变化，但更多的是充满了批判的精神，回归到理智，在空间中确定自己的位置。比起流动的美来，它也许更是一种沉着的美。将五言七言的诗、厚实坚固的建筑与日本的和歌俳句和茶屋样式的建筑相比时，从感觉上就能察觉出彼此的差异，但其中应该具有深层次的矿脉上的差异吧"。② 在上述的作品中体现出来的"在善美中也包含了丑的世界，将弱者和强者同时运作了起来，这样才真正启动了整体的运作。中国文学并不沉湎于个别的善美的诗情，而是试图将世界整体开动起来，因此它需

---

① 武田泰淳「中国文学と人間学」『武田泰淳全集』第 12 卷、102 頁。
② 武田泰淳「美しさと激しさ」『武田泰淳全集』第 12 卷、19 頁。

要这样的人物是很自然的。比起准确地描述了凡人、弱者生活片断的（日本）私小说，（中国人）更喜欢被转动的齿轮机油玷污了的社会小说，理由恐怕就在于此吧"。①

关于五四前后出现的中国新文学，武田写过相当不少的介绍和评论文章。他认为这一时期出现了追求个性解放、拯救民族危亡的新元素，但人间性依然是中国文学的基本主题。既有鲁迅那样犀利沉痛冷彻的风格，也有冰心、许地山那样怀有温情、编织梦想的作家，而"萧军、艾芜、沈从文、欧阳山那样稍稍新一代的作家，则对现实中的人，在山岳、森林、河川和小巷中稍稍像动物般生活着的人们，也就是带有人类本性的人们怀着较大的兴趣。……不管是从哪个角度的追求，他们的人学，其私小说并未停留在私小说的层面，抒情也不只是以抒情而告终，而是以生活原始素材的真实性、谋生智慧的实际功效，来使文学变得更具有人的气息。所谓人学，是有关人的生活态度的学识，也是有关人的生存方法的学识，也因此才成为有关人的本质的学识"。② 中国文学中表现出来的人性，比任何有关人的理论都更为复杂、更为丰富。人性或者人间性，是读解中国文学的一个关键词。

对中国人物的叙说

本部分所说的中国人物，是指武田作品中出现的真实或虚构的人物。作为日本人的武田，对作为他者的中国的认识往往会集中在他对中国人的感觉上。他如何去接触中国人、如何观

---

① 『武田泰淳全集』第12卷、22页。
② 武田泰淳「中国文学と人間学」『武田泰淳全集』第12卷、104页。

察中国人、如何体味中国人以及如何表现中国人,大抵能够体现出他对中国的认识。

武田生平第一个有深入接触的中国人,大概是1934年间交往颇久的女作家谢冰莹。他在《谢冰莹事件》一文中对她的描述是:

> 她举止动作并不怎么在意别人,也不左顾右盼,说话很率直,这样判断她也没什么错吧。……对她的作品我也没什么兴趣,一次也没读过。对她的性格,也没什么反感。当时我对她感到不满的一点,就是她缺乏一个女子的魅力。一张脸看上去没什么血色,瘦削的双肩斜斜地耷拉着,我当时曾想,她要是再漂亮些就好了。不过,为人很爽直,完全不令人感到不快,即使动作有些粗暴也不会在意。……说她缺乏女性的魅力,倒也不是说她像个老太婆似的邋里邋遢,她只是缺乏女性的温情和柔美,举手投足都散发着活力,一双大大的瞳子里充溢着野性。[1]

在对谢冰莹的观察上,我们并未感觉到他太多的"他者"目光,他仿佛就像在叙说一个邻家妹子。虽然此时武田尚未去过中国,但中国人对他而言似乎并不是一个相隔遥远的异邦人。这里,我们隐约可以感觉到武田内心对于中国在文化上、人种上的某种连带感。

1937年秋,武田被派往中国战场。在安徽一带辗转期间,

---

[1] 武田泰淳「谢冰莹事件」『黄河海に入りて流る:中国・中国人・中国文学』、222-223頁。

第八章　他山之石，彼岸之花：武田泰淳的中国认知 / 375

他遇到了许多当地的农民。这些中国底层的民众在他心中留下了很深的烙印。

> 即便是哭泣或是欢喜的时候，他们的眼睛总也凝视着某个异常的地方。山民的脸被太阳晒得黑黑的，显得朴实无华，但他们的内心如青黛色的水潭一般，深不可测。连小孩似乎也深藏着敏锐的聪慧。我们这些士兵平素交往的多是怀着这样心灵的贫困山民。恐怕大部分的支那研究者和来支那旅行的人的眼中都没有留下过这些人的身影吧。但是他们创造出了构成东方文化源流之一的具有亚洲意义的支那。①

这是他当时写给朋友信函中的一段文字，及时地传递出了他观察的印象和感想。他将那些肤色黝黑、内心深沉的山民与东方文化、中国和亚洲连在了一起，他觉得这些生活在偏远山区的农民构成了中国社会的底色。

辎重兵时期他在杭州见到了两类不同的中国女性。

> 回上海的前一天我拐进了街边的一家支那料理店品尝包子。两位美丽的支那姑娘来到了我的桌边。一个穿着紫色的旗袍，另一个穿着桃色的旗袍。在一旁坐下时旗袍下露出了她们修长的双腿。好像是十八岁左右吧。窈窕的身体散发出了香油的香味，充满了婀娜多姿的风情。她们说

---

① 武田泰淳「土民の顔」『中国文学月報』第 44 号、1938 年。此处引自『武田泰淳全集』第 11 卷、221 页。

不喝酒的我是小孩，不知怎的我也喜欢上了这两个女子，付钱的时候将五十文铜板一个个地给了她们。……见过了这样如唐代传奇中的美丽的女性，也目睹过另一个喧阗吵闹的女人。好像是夫妻吵架时遭到丈夫殴打了的妻子，脏兮兮的脸上满是血迹，号啕大哭着向在小河石桥上晒太阳的我们走了过来，后面跟着一位像是母亲的老人，脸上充满了焦忧，再后面则是跟着一帮看热闹的人。①

上述的描述都近于日常生活的白描，虽只是一些非典型的场景片段，却可感受到武田对中国人的感觉。这种感觉积累起来就形成了他小说里的人物。他生平发表的第一篇小说《F女士的杨柳》就是以胡适的留美生涯为题材，但那时武田与中国的接触还只是停留在纸面的阶段。这篇小说虽也很有文学的感觉，胡适的形象却显得颇为苍白，只是一个醉心于欧美的先进文化、有志于中国自强的非常平面的人物。他出版的第一部小说集《才子佳人》，大抵是战时习作的整理修订稿，大部分与中国有关。比较有实际生活气息的人物出现在他自上海回国后陆续写成的一系列作品。

比如《月光都市》里的在某中日文化机构事务所做杂役的"阎姑娘"。当小说中的日本人"杉"得知"脸上血色不太好，19岁的年龄却有些孩子模样，一口宁波话，从早到晚喋喋不休，想要其他的杂役都听从她"的阎姑娘是一个基督徒时，"不觉对她瘦小的个子刮目相看。满口脏话地责骂对方、

---

① 武田泰淳「杭州の春のこと」『中国文学月報』第 59 号、1940 年。此处引自『武田泰淳全集』第 11 卷、246–247 頁。

第八章　他山之石，彼岸之花：武田泰淳的中国认知

稍有不满就非要吵嚷一番才肯罢休的阎姑娘，居然是个持有信仰的天主教徒"。一度她还成了杉的上海话教师。后来由于经济拮据，事务所决定将人缘不佳的阎姑娘辞退。那天晚上，在皎洁的月色下游荡于上海街头的杉，偶然与阎姑娘父女相遇，原来他们正赶往西区的教堂做礼拜。"也许是月光的缘故，像是涂了白粉的阎白净的脸显得异样的美丽，与平时恍若两人。"当她知晓自己已被裁员时，竟然没有丝毫的怨嗔，脸上露出的是不屈的神色和基督徒的自信。[①] 虽然阎姑娘这一人物是有原型的，但整个的故事让我们感觉到小说的结局是虚构的。很明显，作者有意给她抹上了些明亮色。那个时期，武田沉湎于阅读《圣经》。他相信，《圣经》有提升所有民族精神的力量。

在《野兽的徽章》中，武田描写了一个王姓的汉奸人物。在战败前武田居住在上海的一年多时间里，与其交往的不少中国人在战后都被定为了汉奸。在武田的笔下，"王是一个自日本留学时代起就以头脑明晰而著称的青年，能言善辩，政治上的动作也十分快捷。……当决定在上海就职时，就立即给所有的日本贵族院的议员发去问候的明信片，王的这种张扬的做派，自恃才高急于邀功的类型，可谓被占领地区的某类青年的极端代表。肤色白皙、相貌俊美，微微有些肥胖"。可当他好不容易在上海弄到了某公寓的一间房却被有军界背景的日本浪人夺去时，他就在私底下大骂所谓大东亚共荣政策。抗战胜利后，为了躲避对汉奸的惩罚，他竟然以其流利的日语伪装成日本人四处逃亡。武田在小说中虽然也反省了使部分中国人沦为

[①] 武田泰淳「月光都市」『武田泰淳全集』第1卷、150–167頁。

汉奸的日本人的责任，但对王那样的投机分子并无怜悯之情。因为他认为，无论是什么国家的人，王这样的人物，其基本的人品是负面的，这样的人物在任何一个民族中都会出现。①

对中国风物的叙说

这里的风物，主要指留下了中国历史的印痕、具有中国文化印迹的物象。这部分的叙说，实际上也展现了作为日本人的武田对中国历史和现实的切身感受和认识，是他体肤所触及的中国实像与心目中的中国意象的交织。

他初次踏上的中国土地是上海，但他为战争的惨象所惊骇，当时几乎没有留下描述的文字。辗转到了杭州，他开始触摸到了中国的风物。

> 尤其美丽的是西湖。春天仿佛是从围绕着湖水四周的所有的自然中生发出来的。湖心亭里已经飞来了春天的鸟儿。枯草和嫩绿的新草、春水和枯叶共同在阳光下熠熠生辉。从涂着朱漆的桥上可以望见鱼儿在幽暗的枯草的阴影下瑟瑟地游动着。暗绿色的博览会的纪念塔冷冷地矗立着，但在春天白昼的倦怠中也显得并不苦涩。湖心亭的墙上题写着各种各样的诗句，大概是昔日支那游客书写的吧。……登上西湖周边的山丘，桃花和梅花已经绽放出了桃色或红色的花朵。在某一小山脚下阳光照射不到的潮湿土地上，有一个石造的、壮丽的革命烈士墓。②

---

① 武田泰淳「獣の徽章」『新潮』1950 年 10 月号。此处引自『武田泰淳全集』第 1 卷、107－126 頁。
② 武田泰淳「杭州の春のこと」『武田泰淳全集』第 11 卷、245 頁。

第八章 他山之石，彼岸之花：武田泰淳的中国认知 / 379

1939年的冬天和夏天，他曾随军队两度来到武昌。

> 对这座闲静的城市我一开始就感到了一种亲切的感觉。与令人感到不安的繁华的犹如外国一般的汉口完全不同，武昌的街巷具有一种吸引我的独特的风格。妓女的衣裳固然有其夺人眼球的鲜丽，但武昌的衣裳则是一种与此不同、自悠长的生活传统中自然生发出来的简约素淡的衣裳。……黄鹤楼矗立在武昌江岸的高处，相隔黄褐色的长江，眺望着汉口和汉阳。……黄鹤楼的独特之处，在于它的象征力吧。①

因为黄鹤楼在历史长河中屡毁屡建，屡建屡毁，"我见到的是用红砖瓦建造起来的近代风格的楼房而已"。尽管如此，武田还是由此连想到了唐代崔颢、李白等吟咏黄鹤楼的诗作，想到了辛亥年武昌革命的风起云涌。"伫立在俯瞰汉口和汉阳、矗立在江上的黄鹤楼的一侧，我不禁感到了揭竿而起的男子的豪迈气概。心头不禁涌起了即便不能驾鹤飞去，也可乘着时代的风云大干一番的豪情壮志。哪怕像我这样的异国男子也有这样的感觉。"②

1944年6月起，武田在上海居住了将近两年，对西区的法租界尤其熟识。虽然洋风洋气是租界的主色调，但在租界的范围，其实际的居民大半仍是中国人，在法国梧桐掩映着的洋楼附近，依然存在着一个充满了中国人气息的世界。"随着暮

---

① 武田泰淳「黄鶴楼」『揚子江文学風土記』、1941。此处引自『武田泰淳全集』第11卷、268-269页。
② 『武田泰淳全集』第11卷、273页。

色越来越浓，两人在耳边满是周边居民喧嚣的声音中走到了环龙路，走进了一家酒馆。这家酒馆的店堂内总是散发着潮湿阴暗的酒瓮的气味。在长长的木板凳上坐下，嘴里啜饮着老酒，投眼向店外望去，对面是一家家摆满了商品、色彩华丽的糖果店和肉食店，仿佛是遥远的另一个世界。"① "长长的木板凳"，"散发着潮湿阴暗的酒瓮的气味"，这可说是感受历史和现实中国的两个关键物，中国庶民的生活样态和文化内蕴差不多都涵盖在里面了。

从以上的述论中可看出，以1945年为节点，大约此前的10年和此后的30年，差不多在武田生涯主要的40多年岁月中，始终与中国保持着不解之缘。在他增补版的20卷全集（不包括收录别人评论的第21卷）中，几乎有一半甚至更多的文字都与中国相关。这里笔者想讨论如下两个问题。

第一，昭和时代武田中国情结形成的缘由。

在昭和时代前期，由大正时代的民主主义思潮酿成的政党政治很快就趋于瓦解，日本整个国家走向了帝国主义时代。在日本国内，以军部势力为主导的法西斯主义在全国蔓延，共产主义和自由主义思想受到了严厉压制；在国外，对中国等国的扩张和侵略已经越来越肆无忌惮。中国长期的政局动荡和经济衰败也越来越显出日本在东亚的优势地位。历史积淀起来的中国憧憬已经在日本人（包括日本文人）心目中消解。1921年的中国游历，使自幼浸淫在中国古典中的芥川龙之介开始用冷眼来审视现实的中国；1920～1930年代曾屡屡踏上中国土地、写出了大量源自中国古典故事传奇的佐藤春夫，最后不惜以影

---

① 『武田泰淳全集』第11卷、119頁。

第八章　他山之石，彼岸之花：武田泰淳的中国认知 / 381

射攻击郁达夫、郭沫若的方式来坚定地支持日本政府的对华侵略政策；曾经狂热地喜欢中国并大叫"支那是我的恋人"[①] 的村松捎风，在1932年第一次上海事变后，立场就转向了日本当局一边。在这样的时代氛围中成长起来的武田泰淳等人，何以会形成深刻的中国情结？笔者认为有两个原因可以考虑。

第一个原因是青年时期萌芽的左翼思想，并因参加左翼活动遭到当局拘押而产生的对于当局的愤懑和反抗意识。自思想黑暗的1930年代初期起，他在闲静的寺院中阅读了《资本论》等马克思主义的著作。他后来回忆说："《资本论》无论从其厚重浩大的结构还是生动准确的表现方式，都充分具备了足以让人陶醉的魔力。"[②] 由左翼文献的阅读和因左翼活动遭受压迫产生的对于当局的对抗意识，使得他（或他们）对日本的体制和内外政策萌发了怀疑和批判意识。对于日本的侵华战争，他们内心一直感到十分的苦恼，以至于后来当局试图强行将他们的中国文学研究会纳入"文学报国会"的体系以配合当局的战争政策时，研究会不得已于1943年解散并停刊了机关刊物《中国文学》，以示反抗。笔者认为由左翼思想而引发的对于当局内外政策的反抗态度是武田等中国情结生发的一个重要缘由，因为并非早期具有左翼经历的日本文人均会如此。典型的如作家林房雄，大学时代即积极参加学生运动，曾是共产党的理论杂志《马克思主义》的编辑，后来又是日本无产阶级文学运动的一员主将，但被捕以后即彻底转向，不仅抛弃了左翼的思想，而且坚定地拥护天皇制和对外扩张的政

[①] 「序」村松梢風『支那漫談』。
[②] 武田泰淳「私と共産主義」『中央公論』臨時増刊、1956年8月。此处引自『武田泰淳全集』第13卷、217頁。

策,并且在战后也毫无反省,撰写了两大卷的《大东亚战争肯定论》来为战前日本当局的武力扩张政策辩解。

第二个原因也许更重要,就是早年对中国文学的耽读、与中国留学生的交往以及在中国战场上的实际体验(这些因素缺一不可),培植并加深了他的中国情结。当然,对中国文献的阅读并不能直接导致中国情结的产生。明治时期的思想家福泽谕吉少年时读过《论语》《孟子》《诗经》《书经》《世说》《左传》《战国策》《老子》《庄子》《史记》《汉书》《后汉书》等,尤其是《左传》曾经通读过 11 次,有趣的段落都可背诵,[①] 但他后来成了一个对以儒学为首的中国思想的激烈批判者和"脱亚论"的倡导者。不过,中国古典和现代文学作品无疑是武田等最初的中国意象的酿造源。就像鲁迅当年对被压迫民族的文学抱有极大的关切一样,身处主流之外的武田对于时风所贬斥的处于弱势的中国反而容易激起共鸣,更何况两千余年来中国文化一直是日本文化的培养基,中国文化的博大精深本身蕴含着无穷的魅力。与中国留学生的实际交往又使得武田增加了对中国的亲近感。当 1937 年秋天他被送往中国战场时,现场遍布的民众的尸体让他感到惊骇和痛楚,而一路的山川风物、古迹废墟也催发了他对此凭吊追怀的感伤。上述诸元素的叠合沉积,使得武田内心的中国情结愈加凝重深厚。

第二,武田的中国情结与日本人立场(或日本人身份)的关系。

中国情结是表示武田因中国文献、文物和个人的体验所形成的对中国的情感。这些情感在本书所引述的"中国叙说"

[①] 福沢諭吉『福翁自伝』講談社、1981、16–17 頁。

中已可窥其一斑。日本人立场或日本人身份,则是武田对本民族和国家的身份认同和思考问题的出发点。倘若忽视了这一点,我们的研究就会变得毫无意义。

作为一个具有左翼倾向并因此受到压迫的知识人,武田对于当局一直心存芥蒂和隔阂(他在战后对日本政府颁发的"文艺选赏"的拒绝,依然可看作一种对当局的拒斥行为),但这并不意味着他不具有日本人的立场或日本人的身份。堀田善卫在当年的上海日记中记述的武田获悉日本战败的消息时内心表露出来的失落和苦涩,充分说明了这一点。

从上海回日本后不久,他发表了这样的文字:

> 我们这些人虽然与中国文艺多有接触,但稍微静下来想一下,还是觉得日本的文艺更亲切。中国文艺犹如他山之石、憧憬的彼岸、异国之花,怎么也无法成为自己的东西。(夏目漱石、森鸥外、川端康成等这些作家)让人感受到一种血缘之亲。与此相比,中国的作品还是有一种隔阂之感。

这些话是真实的内心独白,因为这已是在言论自由的战后,他没有必要去迎合官方的意识形态。但同时,中国也已经切切实实地镌刻在他的心中,他明白无误地将过去的对华战争定性为"侵略战争",对曾经是侵略者一员的自己深加自责。战后他一直在呼吁日本与中国正式建立外交关系,1958年以后,他甚至主张中日合为一体:"我想,中国、朝鲜、日本不久将合为一体吧。……欧共体若能成立的话,从历史的必然性而言,日本和大陆什么时候也会统一的吧。虽然并不抱有实际的期望，但从一个梦想来说，我想中日联合是可能的。"①

也许，他最终的梦想是中国情结与日本人立场自然地融为一体。

1967年他在《扬子江畔》的后记中写道：

> 说起来，若加上战争中的两次经历的话，如今我已经五度伫立在扬子江畔了。对我而言，"扬子江畔"就意味着"中国大地"。但我只是一直伫立在中国的大地上，却绝不会融化在其中或沉落在其中，因为这不可能。即便我身处日本国内，长江之水也从没间断在我耳边发出滔滔的声音，使我不得宁息。我无法躲避开这令人呼吸急迫但又令人眷恋的流水声。每当去中国访问，我总觉得自己仿佛要被那片土地弹飞出来似的。可是，每当离开中国时，我都会感到有一种将我吸引过去的宿命的磁力。②

这段话大概非常生动非常形象地刻写出了武田内在的真实心境，刻写出了他的中国情结和日本人身份在其内心的纠结。这恐怕也是与他具有相同或相似体验和经历、持有类似视角的昭和一代人的心声。对于武田而言，日本人的身份或立场是他观察和思考中国或中日问题的基本出发点，而中国情结则是一个深重甚至是巨大的情感元素。这一情感元素在大部分场合会拉近他与中国的心理距离，从而增进和加深他对中国的理解力，但有时候也会削弱他对中国冷静的审察力和批判力。

---

① 武田泰淳「ひとりごと：日中合体論」『揚子江のほとり：中国とその人間学』、416-417頁。
② 武田泰淳『揚子江のほとり：中国とその人間学』、428頁。

需要指出的是，武田在他的时代虽非日本文化人的整体性代表，却也绝非个案。他是一个他这一个层面、这一个集团（这一集团在人数上也许并不庞大）的典型。

如今，昭和时代已渐行渐远，战争留下的阴影日益稀淡，中国文化的元素也在慢慢地被剥离。在新生代的日本人中，中国情结已经渐趋弱化，而日本人意识和日本人立场则愈益强烈起来。尽管如此，当日本人在思考日本和亚洲的命运和未来时，中国将始终是一个难以撼动的坐标轴和参照系。

后 记

我对近代日本作家对中国描述的兴趣，始于1992年我在早稻田大学做交换研究员的时候。那一年我在早大的图书馆内读到了许多1920年代前期日本人撰写的记述中国的文字，于是利用自己后来在日本各大学讲课的机会陆续搜集复印，带回国内继续研读和研究。先是将范围集中在上海，2013年由上海人民出版社出版了《近代日本文化人与上海（1923～1946）》，继而又试图将范围扩展至整个中国，目的是考察这一时期以作家为代表的日本人视野中的上海乃至中国的镜像，文本虽然多在文学领域，但我的关注点并不在文学本身，更多的是考察这一时期日本人对中国的认知。于是汲取了前书的部分内容，另外增写了四章，注重个案研究，形成了此书目前的内容，2020年6月以《困惑与感应：近代日本作家的中国图像（1918～1945）》的书名，由香港中和出版有限公司出版了繁体字版，内容和标题都由上海扩展至中国，但限于自己的学养，仍然较为肤浅，内容的范围也只是中国的一部分。

繁体字版问世后不久，惠蒙社会科学文献出版社的青睐，再出版简体字版，李期耀、石岩编辑对此书的书名和各个章节的编排、标题的设计又做了精益求精的修整，以至于有目前的形态与各位读者见面。在学界耕耘三十多年来，我自己一直只是个作者，并未体验过编辑的艰辛，但因有各种著作、译著和编著的付梓，对编辑为每一本书的出版所付出的巨大辛劳也略知一二，深感编辑们默默奉献的可贵，在此谨对社会科学文献出版社和本书的编辑，同时也向所有的编辑致以崇高的敬意和深切的谢意。

徐静波
2021 年 4 月 14 日于上海

图书在版编目(CIP)数据

同域与异乡：近代日本作家笔下的中国图像 / 徐静波著 . -- 北京：社会科学文献出版社，2021.6
　ISBN 978 - 7 - 5201 - 8130 - 3

　Ⅰ.①同… Ⅱ.①徐… Ⅲ.①中日关系 - 国际关系史 - 史料 - 近代 Ⅳ.①D829.313

中国版本图书馆 CIP 数据核字（2021）第 054084 号

本书由香港中和出版有限公司授权出版，仅限中国内地销售。

同域与异乡：近代日本作家笔下的中国图像

| 著　　者 / 徐静波 |

| 出 版 人 / 王利民 |
| 责任编辑 / 李期耀 |
| 文稿编辑 / 石　岩 |

| 出　　版 / 社会科学文献出版社（010）59367256 |
| | 地址：北京市北三环中路甲 29 号院华龙大厦　邮编：100029 |
| | 网址：www.ssap.com.cn |
| 发　　行 / 市场营销中心（010）59367081　59367083 |
| 印　　装 / 北京盛通印刷股份有限公司 |

| 规　　格 / 开　本：889mm × 1194mm　1/32 |
| | 印　张：12.375　字　数：287 千字 |
| 版　　次 / 2021 年 6 月第 1 版　2021 年 6 月第 1 次印刷 |
| 书　　号 / ISBN 978 - 7 - 5201 - 8130 - 3 |
| 著作权合同登记号 / 图字 01 - 2021 - 2417 号 |
| 定　　价 / 89.00 元 |

本书如有印装质量问题，请与读者服务中心（010 - 59367028）联系

版权所有 翻印必究